T â i - o â n

台湾学術文化研究叢書

フェイクタイワン

偽りの台湾から偽りのグローバリゼーションへ

張小虹［著］ 橋本恭子［訳］

東方書店

本書は蔣経国国際学術交流基金会の助成を受けて刊行された。

◉「台湾学術文化研究叢書」刊行の辞

王徳威

「台湾学術文化研究叢書」は日本、台湾、アメリカの学者の共同作業によって産み出された出版プロジェクトである。このプロジェクトは、古典から現代にいたる広義での漢学研究（Chinese Studies）における成果を、幅広く日本の読者に紹介し、関心を持っていただくための試みである。取り扱う領域は文学、歴史、社会、そして思想の各分野にわたる。この種の出版物は過去にも存在したであろうが、この叢書には、三つの大きな特徴がある。

第一に、これは広義での漢学研究の紹介にとどまらず、「研究者」こそが研究課題について思考し、構築し、再考する際の重要なファクターであることを強調したものである。この叢書の執筆者たちは現在、台湾、香港、北米といった各地に散らばっているが、彼らはいずれも台湾で大学教育を終え、海外に留学したか、台湾国内で研究を続けた経験を持っている。このため、彼らは方法論についての訓練、歴史的な視点、そして自地域の人文に対する関心について、他地域で大学教育を受けた者とは異なる特色を持っている。

第二に、この叢書では「孔子と儒教」、「明代の都市生活」といった伝統的な漢学研究のテーマにとどまらず、最近の新しい課題についても取り扱っている。例えば、「中国の山水画と東アジアの絵画との影響関係」、「清末小説の研究」などである。これは、私たちが漢学研究とは前人の成果を受け継ぎ未来を拓くものであり、また日々進化するものだと考えているためである。

第三に、もっとも重要なのは、私たちが「人」と「研究」が交わる場として現代台湾を位置づけていることにある。そのためこの叢書では、台湾を座標に据えた研究成果に中心を置きつつ、台湾から東アジア、更には東南アジアへとその視野を広げている。台湾のエスニックグループと世代別の変化から、満洲国での台湾人の境遇、さらには台湾が直面するグローバル化の試練に至るまで、それぞれはみな台湾の人文という要素が加わったからこそ、漢学研究の発展に独特で多元的な活力がもたらされたことを明確に示している。

伝統的な漢学研究は中国文明の精粋の表れであり、それ自体、代々受け継いでいく強固な価値を有し、「原道（あるべき道）」「宗経（宗とすべき経典）」といった神聖なる暗示をも含んでいる。しかしながら、中国はもはや不変の存在ではなく、中国に関する研究も時代とともに変化すべきである。本叢書の執筆者たちにとって、漢学研究は単なる「人が云うから我も云う」式の伝承ではない。中国の歴史文明が悠久に続いてきたのは、その豊穣なテクストとコンテクストが常に議論、解釈、批判の焦点となることで、脈々と続く対話と再考を生み出しているためである。

台湾の学術研究の過去数十年の飛躍的な進歩は、伝統との別れをその出発点としているが、依然としてその影響が続いていることも承知している。本叢書の執筆者たちは、こうした枠組みと状況を自覚しつつ、新たな見解を打ち出そうと試みている。各巻は、古典から現代まで、中国から台湾といった議論だけでなく人文上のカノンの転換、文化という場の変遷、政治的信念や道徳的信条および美学上の技法の取捨に至るまで考察を行っている。そして最も重要なのは、認識論的に、知識と権力、真理と虚構に対して思考と議論を続けていることである。

「台湾学術文化研究叢書」の構想、立案、そして訳書の選定は四人の編集委員（王徳威、黄進興、洪郁如、黄英哲）の議論を通じて行われた。この叢書の出版に関わっている専門家や学者はいずれも台湾の学術界で大きな業績を有している。彼らはそれぞれのテーマについて、新たな解釈を提起しており、彼ら自身のそうした研究態度と方法こそ、多年に及ぶ台湾の人文教育の成果を端的に示すものだといえる。最後に、この出版を引き受けてくださった東方書店に御礼申し上げる。

◉日本語版序　「偽」の不確定性

伝統文化の二元的価値観のなかで、「真」は明らかに大衆から遊離してお高くとまったもの、「偽」は常に誰からも忌み嫌われるものだが、では、一種奇妙で、曖昧な偽、偽であることで反対に、コントロールされた既成秩序からの逃走ルートになりうるような「偽」はないだろうか。本書『フェイク タイワン——偽りの台湾から偽りのグローバリゼーションへ』で苦心惨憺、じっくり考察しようとした「偽」は、「真／偽」二項対立の外にある「偽」であり、政治・文化・社会を隔てる境界線上に生じる事件であり、ラディカルな革命的転覆性を備えた「不確定性」であった。

伝統的な「真／偽」二項対立の中では、「真」であれ、「偽」であれ、「真」とは明らかなものであり、「偽」は確かなものであり、いずれも至高無上の「同一原理」に忠実に従っている。全く同じものは「真」、少々違うと「偽」となり、真は偽にはなりえず、偽も真たりうることあたわず、たとえほんのつかの間、偽を真と偽り、あるいは、真偽を曖昧にしえたとしても、「同一原理」がやはり真偽の最終判断基準となっており、玉石混淆は毫も許されない。だが、『フェイク タイワン』が考察しようとした「偽」は、一種不明瞭な「偽」、曖昧で疑わしい「偽」、既成の理性的なロジックと感性的な秩序を揺るがしうる「偽」、新たな文化イメージと新たな美学政治を創造しうる「偽」である。このような境界的な事件としての「偽」こそ、「同一原理」を基礎とする「真／偽」の二項対立を克服し、この二項対立上にある「階層秩序」を激震させ、高／低、上／下、強／弱、優／劣、善／悪といった安定的システムと絶対的秩序をもはやなきものにするのである。

ここでまず、最近深い感慨を覚えた日本のニュースのことからお話ししてみたい。二〇一五年、ミス・ユニバース日本代表に選ばれた宮本エリアナさんの外見がいかにも日米混血であったため、物議をかもしたことだ。アフリカ系アメリカ人の父親に、日本人の母親を持ち、長崎県で生まれたこの混血の美女は「十分日本的でなく」、肌も黒い上に、「外国人的な顔だち」であったため、日本を代表することはできず、その資格はないともいわれたのであった。日本語と英語を流暢に話す彼女は、日本生まれの日本育ちだが、「ハーフ」であることを理由に、幼いころから差別やいじめを受けてきた。それゆえ、ミス・ユニバースへの応募は「人種差別」への最も穏やかなスタイルによる抗議であったと公の場で語っている。

だが、ミス・ユニバースの宮本エリアナさんがかもした物議は、明らかに表向きほど単純ではない。「純粋血統論」を強調する日本人が彼女を目障りに思うのは、見るからに「混血」である彼女の外見が、単一で同質化された「日本美人」のイメージを完全に裏切っているからだけでなく、戦後の日米依存関係における権力―欲望という潜在意識をひそかに刺激し、日本人女性がアフリカ系アメリカ人男性に対して投影する人種を超えた性愛幻想を直に踏みつけているからである。彼女の存在は現代日本文化の「公然の秘密」であり、知られたくない隠し事でもあれば、おおっぴらに公開したい悪事でもあるのだ。もしそれを逆にして、日本人の父親とアフリカ系アメリカ人女性の組み合わせであったなら、「血統不純」という説はやはり成り立つとしても、それがもたらす脅威はいくらか弱まったかもしれない。だが、日本人の母親とアフリカ系アメリカ人の父親が引き起こすジェンダー、欲望、人種、階級間のいざこざは、宮本エリアナさんに対する日本社会の懸念をより深めたのであった。

一方、「多元文化論」を強調する日本人に言わせると、宮本エリアナさんが象徴するのは、まさに現在、転換しつつある日本社会であり、五十人にひとりの「混血児」が毎年二万人というスピードで増加しているという事実である。この比率と増加速度はかなり低いとはいえ、これが現している「異質性」は高度に「同質化」された日本に希望をもたらし、まさに「日本人」という既成の境界線の範囲を絶えず書き換え、盛んに拡大する。しかも、宮本さんの登場はより多くの「混血児」にデビューを呼びかけ、鼓舞し、二〇一六年のミス・ワールドコンテストで日本代表に選ばれたのは、日印混血の吉川プリアンカさんであった。インド人の父親と日本人の母親を持つ吉川さんが率直に語ったところによると、彼女がこのコンテストに参加したのは、ミス・ユニバース日本代表の宮本エリアナさんの激励を受けたためという。吉川さんも宮本さん同様差別を受け、「日本は東南アジアの一部か」と誇られたことまであったが、彼女と宮本さんの登場はまさに日本が多様な社会に向けて邁進していることの証であろう。

それはしたがって、純血性を乱す「偽日本人」を徹底的に除去すること、つまり抜本塞源〔災いの原因になるものを徹底的に取り除くこと〕が求められる一方、多様性への開放も必要とされている、ということである。つまり、宮本さんと吉川さんは「偽ミス日本」であり、代表の資格が備わっていないとみなされる一方、彼女たちは日本社会の現在の構造変化を象徴するともみなされているのである。伝統的な「真／偽」二項対立の思考において、抜本塞源を求める側は、当然、宮本さんと吉川さんは「偽」の日本人として受け入れられないということを強調するが、多様性への開放を唱える側は、彼女らは正真正銘の「真」の日本人であることを極力アピールしようとする。だが、伝統的な「真／偽」二項対立思考の外にある「偽」は、真か偽かを選んで判定するよう迫られているわけではなく、このコンテストの論争を「借り・経由し」て、真／偽の境界線上で生じる事件が、真でも偽でもあり、また真でも偽でもないことを見て取り、境界線上の安定性と強制性としての「真」・「偽」にラディカルに挑戦し、さらに「日本人」を血統・地域・歴史、および国民アイデンティティの本質的同一化とすることにも挑戦し、ひいては「日本的なもの」の中にある見てはいけない、聞いてはいけない、言ってはいけない、考えてはいけないものに挑戦するのである。

『フェイク タイワン』における「偽」の思考とは、まさに現代批評理論の「偽造の威力[1]」に呼応し、現在のグローバル化の非常事態に応えようとする一種の努力と試みであり、それによって「偽中国語映画」から「偽ブランド」「偽国民服」「偽台湾人」に至るまでひたすら思考することを続けてきた。「同一原理」への帰依は拒絶し、「多様性への開放」を手っ取り早い解決法とはせず、「偽」の不確実性、「偽」の創造性、「偽」の革命性に直に迫り、台湾をグローバルとローカルが折りたたまれる襞的思考[2]の地点とし、目下のグローバル化のうねりのもとで様々に揺れ動く不穏な「脱領土化[3]」と「再領土化」の過程を内外反転させようとしたのである。

『假全球化』の日本語版『フェイク タイワン』が順調に出版できたことに際しては、まず橋本恭子氏に感謝したい。私の中国語のレトリックは凝縮されており、しかもまた、複雑な理論概念のこじつけを好むが、橋本氏は徹頭徹尾真剣な態度で正確さを求められたため、私は度々冷や汗を流すことになった。言葉の表現から概念の説明に至るまで、橋本氏は煩を厭わず考証され、訳注も加えてくださったので、この日本語版はより多彩なものになっている。なお、『假全球化』が日本で出版できるのは、まさに王徳威先生、黄進興先生、洪郁如先生、黄英哲先生の共同計画から誕生した「台湾学術文化研究叢書」のおかげである。徳威先生は、私にとって学術界のお手本であり、スターでもあり、郁如先生は私と同様、歴史的服飾に深い関心を寄せておられる。また、英哲先生と夫人の李文卿先生とは長年来の親友である。私は日本語には明るくないが、東京は私が最も心にかけ、慕わしく思う都市であり、私の愛する妹が夫の山中氏、子どもたちの悠奨、盛奨、ゆかりと暮らす地でもある。日本で本を出せるということは、誠に心温まると同時に心躍る人生の一大事に他ならない。

張小虹

【訳注】

〔1〕「偽造の威力」は、本書で展開されるジル・ドゥルーズの「シミュラクル」論や「偽なるものの力能」を主に指す。

〔2〕原語は「綯摺」で、ドゥルーズが『襞――ライプニッツとバロック』(Gilles Deleuze "*Le pli - Leibniz et le baroque*", Minuit, Paris, 1988. 宇野邦一訳、河出書房新社、一九八八年一〇月）で展開した概念「襞／Pli」の訳語である。ここで張小虹氏は、グローバルとローカルという二つの世界を襞のように折り畳むことによって、分離しながら一つの世界につなげるという思考の作業を、台湾を舞台に試みたということであろう。

〔3〕本書自序の訳注〔4〕を参照のこと。

目次

凡例

一、中国語圏の人名は、基本的には漢字表記を用いた。イングリッシュ・ネームのある著名人については、初出箇所にカタカナのルビを振り、以降はカタカナのみとした。なお、カタカナ表記については、イングリッシュ・ネームだけでなく、ピンイン（普通話・広東語）を採用した場合もあり、その都度使い分けた。

二、そのまま引用した中国語、台湾語には、原語に合わせて、カタカナのルビを入れた。

三、原著にアルファベットで表記された語については、カッコに入れてそのまま用いた。フランス語著作の英訳が引用されている場合は、そのまま英訳を採用し、訳注などでフランス語原文を補った。

四、原注は（　）と漢数字、訳注は〔　〕とアラビア数字で表示し、各章の末尾に付した。短いものは割注とし、〔　〕で文中に入れた。

フェイク　タイワン

——偽りの台湾から偽りのグローバリゼーションへ

◉ 自序　もしも私が踊れないなら

私は小さいころからダンスが好きで、大きくなったらダンサーになるのだといちずに妄想していた。結局、ダンサーにはなれず、学者になり、本の山にうずまって頭を働かせることが、喜びのダンスを踊る唯一の方法となった。

「もしも私が踊れないなら、あなたたちの革命には参加しない」とは、ずっと好きだったアメリカの女性アナキスト、エマ・ゴールドマンの言葉である。〔1〕知性を働かせるということは、しなやかに回転しては宙を飛び、身体を曲げたり伸ばしたりしながら、あらゆる抽象的な知識を具体的な姿に変え、生命や記憶、情感と交わらせることだろう。ゴールドマンのいうダンスのイメージは、硬直化したドグマや枠組みをすべてふり捨てることであり、しきたりや規範の踏襲、反復は避け、予期できる当たり前のことや分をわきまえて自らを抑えるようなこともすべてしてはならないのだ。革命は一種の解放だというだけでは足りず、ゴールドマンはさらに革命の中で革命を行おうとし、革命の中で踊ろうとしたのであった。学術界に紛れ込んで十数年、私は猿まねでいつもゴールドマンの言葉を喜んで口にしてきた。もしも私が踊れないなら、研究などしないし、論文も書きはしない、と。

それゆえ、本書『フェイク　タイワン――偽りの台湾から偽りのグローバリゼーションへ』はグローバル化理論とジェンダー文化研究を論じた学術専門書であると同時にダンスの発表会でもあり、理論家とはまさにダンスの振付師のことで、デリダのいう「予期できないダンス」（incalculable choreographies）〔2〕を万華鏡のように繰り広げるのである。ここでのダンスは主に四つの演目から構成されている。「ハプティック・グローバリゼーション」（haptic globalization）ではグローバルな武俠ブームに見る東洋的軽功〔3〕をご覧にいれ、「偽ブランド・偽理論・偽グローバリゼーション」では売れ筋のグローバル商品の中でも高級ブランドを扱い、「帝国の新衣装」ではグローバルな政治舞台における民俗ファッションショーを披露し、「私たちはみんな台湾人みたい」ではグローバルなポップカルチャーにおける雑種コピーの技をお見せする。本書全体では、「グローバリゼーション」をめぐる文化批評と理論構築を目指すが、ソロダンスもあれば、デュオもあり、多数の手足が入り乱れて百鬼夜行するような乱舞もあり、ダンサーとダンスがもはや分かちがたく、意識と無意識が絡み合い、思惟と非思惟が抵抗しながらクロスオーバーするまでになるだろう。

もし書くということが、生命が言語や歴史、文化を通過するプロセスであるなら、学術書を書くことも同様である。『フェイク タイワン』は、私の六冊目の中国語による学術専門書であるが、それ以前の五冊は、『性別越界：女性主義文学理論与批評（ジェンダーの越境――フェミニズム文学理論と批評）』（一九九五年）、『欲望新地図：性別・同志学（欲望新地図――ジェンダー・セクシュアリティースタディーズ）』（一九九六年）、『性帝国主義（性の帝国主義）』（一九九八年）、『怪胎家庭羅曼史（倒錯家庭ロマン史）』（二〇〇〇年）、『在百貨公司遇見狼（デパートで狼に出会う）』（二〇〇二年）である。英米文学で博士学位を取得し、外国文学科で教えているとはいえ、これまで完成した英文の学術専門書は博士論文と昇格審査論文 *Sexual Imperialism* の二冊のみである。学位と昇格審査の請求がすんで以来、ときおり英語の論文を書き、中国語の論文を英訳することもあるが、中国語はすでに私にとって第一の学術言語になっている。

ではなぜ、まぎれもない英文科の教授が中国語で思考し、中国語で書くことにこだわるのだろう。それは、言語の親密性と創造力の点からいって、中国語は私の「母語」だが、英語は第一外国語であり、どうしても私の第一外国語は母語には及ばず、私の英語は中国語には及ばないからである。簡潔でわかりやすく表現しようとすると、英語なら歩くのがせいぜいだが、中国語だとダンスができるのだ。台湾の学術界で、心を落ち着け、安心して中国語で思考し、専門書が書けることは、贅沢な幸福であり、昇格審査や評価、学術の国際化（英語化）のプレッシャーを気にしないでいられるための選択でもあり、こだわりなのである。現在でも深く信じているのは、最も精密・敏感で微妙な思考のひだは、最も親密な、水を得た魚のような言語経験の中でしか生まれないということだ。私は英文によって考えるが、中国語は私の思考を通り抜ける。私は英文の中に探し求めるが、中国語は私を通過して自ら創造するのである。

多くの人からすると、私の中国語はかなり不純らしいが、おそらくだからこそ、私の中国語には雑種化されたイメージや、絶えず流動変化し、逃走する道筋の軌跡があふれているのではないだろうか。ここでの「不純」には全く異なる二つの解釈が可能だ。ひとつは、話し言葉から書き言葉まで、私の言葉は常に中英の入り混じった不純なもので、いい加減なピジンイングリッシュのように、中国語も英語も中途半端で、両方とも地に足がつかず、まともではないということ。だから私の中国語には「母語の中に外国語」が、私の英語には「外国語の中に母語」が含まれ、玉石混淆で、ごちゃごちゃとして耳障りなのである。もうひとつの解釈は、私の中国語と英語はそれぞれ異質な「流動」（rheology）を生むということだ。つまり、私の中国語は英語へと変化し、英語もまた中国語へと変化し、そうすると、単に私の中国語「母語」に英語という「外国語」が含まれ、私の英語という「外国語」に中国語の「母語」が入り混じるだけでなく、中国語そのものが「母語の中の外国語」へと開かれ、英語そのものも「外国語の中の母語」へと向かい、中国語と英語がお互いの「間」で異質の流動と変化を生むのである。これこそ二つの言語体系そのものの「脱領土化」[4]であろう。第一の解釈は、私のアカデミック・ライティングに対する皮肉と自嘲であり、第二の解釈はそれに対する最終的な自負である。

それゆえ、本書『フェイク タイワン』のすべての理論や概念は様々な言語の雑種化・脱領土化の方法で展開され、異なる言語や文化を越えた「掛け言葉」や「同音異字」によって、既存の理論的な思考スタイルを折り畳み[5]、解体し、組み合わせ、構築し、接続させ、反転させている。こうして、本書全体の最も重要な中心概念「偽グローバリゼーション」、「似不像」[6]と「四不像」[7]、「路径」〔「経路」の意〕と「入境」〔「入国」の意〕、「唯物」と「偽物」、「在地」（local）と「再地（引用）」（relocal）が生まれ、さらにGloballization、Glogocentrism、fasciNationなど、奇怪でユニークな言葉が生まれたのである。本書の新たな造語はすべて単なる純粋な言葉遊びではなく、新たな理論や概念への一種の接近であり、想像であり、創造の可能性でもある。これらの語彙は書きながら形成され、変形され、破壊され、書くことそのものを発展させ、中国語の文章の中で、中国語には外国語を描出させ、英語には新たな言葉を発明させる。思考の革命は永遠に言語の革命であり、しかも言語の革命には永遠に身体と知力のこの上ない喜びがともなうのだ。書くということは、修辞でも、文法でも、作文でもなく、言語の異質な流動変化の中を生命が通過することであり、言語の境界上の事件である。『フェイク タイワン』を書き終えた後でも、私は依然として中国語が私に思考の強度とエネルギーを最ももたらしてくれる言語であると、深く信じている。多くの疑問やプレッシャー（英文科の教授がなぜ英語で学術書を書かないのか）に向き合ったとしても、私にはやはりあの卑しく、且つ尊大な言葉を繰り返し使うことしかできない。英語では歩くのがせいぜいだが、中国語ならダンスができる。もしもダンスができないなら、私は研究したり、論文を書いたり、思想革命に身を投じたりはしないだろう。

『フェイク タイワン』を書くことはまた、歴史資料の中を生命が通過することでもあった。かつて一時期、理論にばかり夢中だった私は、歴史資料を罪の償いと思い、歴史に戻れば、もはやただ抽象的な思考の中を寄る辺なく漂うことはなくなり、再びしっかりと地に足を下ろして踏みしめられるようになるだろうと思ったのだ。かつて一時期、私は中国と西洋の服装史料の記述と図像に魅せられ、時がたつのを忘れるほど没頭したことがあった。そのとき、理論は軽くて柔らかく、歴史は重くて硬いと思い、ただひたすら重いものをいかに軽く見せられるか、柔らかいものと硬いものをいかに両立させられるかを考えていた。あとでようやくわかったのは、あらゆる理論は史料を「理論化」したものであり、史料に先立つ理論はなく、理論化されない史料もないということであった。歴史に立ち返るというのは回避することではなく、逃走することであり、それはまさに理論の逃走線[8]なのである。早期の中国語武俠映画の歴史がなければ「ハプティックスペース」〔haptic-space〕／「サイバースペース」〔cyber-space〕の理論分析もなかったし、かつての台湾の日本植民地経験と冷戦構造下の国際分業による加工産業史がなければ、「グローバル・ブランド中心主義」と「偽造越境ディアスポラ」の論述枠組みも生まれなかっただろう。また、中山服〔いわゆる人民服。中山は孫文の号。華人社会では孫中山と呼ばれることが多い〕の歴史がなければ、「国民の新衣装」の理論もなかったし、台湾の「哈日」と「哈米」[9]がなければ、ポストコロニアルの視点による「似不像」と「四不像」の批判的弁証もなかっただろう。つまり、『フェイク タイワン』の歴史資料は理論を検証するためではなく、理論を構築するために用いられるのである。

一冊の本としてまとまった『フェイク タイワン』が、目下の台湾文化に対する私の並々ならぬ関心と集中を改めて表明していることはいうまでもない。多くの人にとって、距離は美しいとは限らないが、距離というのは学術研究の要件であり、今日の台湾の文化的テーマは時間的にも、空間的にも、あまりに近く、学術に必要な時間的沈殿と批判的な距離に欠けている。「伝統的な学術」の「学術的な伝統」からいうと、今まさに発生し、発声しつつある文化的テーマは学術的とはいえず、厳粛でもなく、古典に依拠して立論する価値もない。ましてや、これらのテーマは、「武俠映画」「高級ブランド」「服装」「ポップカルチャー」など、いわゆる上流の席には出せない小物をめぐるものなのである。だが、現在の台湾で生活し、台湾社会の文化的な流動と脈動を時々刻々感じ取っていると、私にとって、こうしたテーマは社会からふつふつと湧き上がるダイナミズムであり、学術的にも高難度の挑戦なのだ。既成の解釈枠組みがなにもないところで、理論や歴史、政治、身体、文化的連結構造を大胆にも構築することは、今まさにこの時の台湾社会の異質な流動に応え、介入することなのである。思考が空の果てにあるのではなく、身近なちょうど今、このときにあるということは、ややもすれば、かえって最も遠いところよりさらに遠いユートピアにあるということだ。『フェイク タイワン』を書くことは、実質的且つ抽象的な時空の距離を解消し、グローバルを絶えずローカルに巻き込み、ローカルを絶えずグローバルに書き換えることであり、同時にそれはまた曖昧且つ不確定な境界を創造することでもあったが、今日の台湾の文化的テーマは、いつまでも「台湾」にのみ限られたものではないだろうし、「今日」にのみ限られたものでもないだろう。

ここで、私に長年、聯合文学系列の本を出させてくださっている聯合文学発行人の張宝琴氏の厚遇と心遣いに感謝の意を表したい。また編集長の許悔之さん、副編集長の杜晴恵さん、編集者の林佳蕙さんにも、出版に至るまでの忍耐強い思いやりに感謝したい。さらに、聯合文学学術審査委員会および二名の匿名審査委員の支持と励ましにもお礼申し上げる。なお、拙著のいくつかの章節の論文は、中国語または英語で国内外の学術誌に発表し、一冊にまとめるにあたりかなりの補筆修正を施したが、初出誌には本書への収録を許してしてくださったことを感謝したい。

またしても一冊の本が完成し、序文を書く苦しい時がやってきた。これらの文字はすべて時の記憶であり、記憶の銀河である。写真を撮るのが嫌いで、日記も書かない私にとって、論文は私の編年的な記録であり、ひとつひとつの段落の記述やひとつひとつの概念の展開は、台風の雨や照りつける太陽である。それはまた、小躍りするような喜びや疲労による消耗でもあり、さらに抑鬱、苦難、快活、ナルシシズムの絡みあいでもあり、すべてがありありと目に浮かび、文字の息遣いへと変わっていく。まるで、今まさにこのとき、机の前に座って序文を書いている私のように、髪の毛の一本一本、髪の毛の細胞のひとつひとつはすべて今晩の大雨の後の大気の湿り気を覚えており、窓の外のあるかないかのひそやかな香りの揺らぎを追いかけている。この想像上の小さな書斎に窓はなく、ドアもなく、壁もなく、私は明らかにささやかなスペースに留まっているが、すでに思考の星雲の中でダンスを始めている。天地はなんて広々としているのだろう。

【訳注】

〔1〕エマ・ゴールドマン（Emma Goldman、一八六九～一九四〇）。リトアニアのユダヤ系家庭に生まれ、アメリカで活動したアナキスト・フェミニスト。伊藤野枝に多大な影響を与えた。自伝、"*Living My Life*"に"If I can't dance to it, it's not my revolution."とある。

〔2〕"Interview：Choreographie：Jacques Derrida and Christie V. MacDonald," *Diacritics,* Vol.12, No.2, Cherchez la Femme Feminist Critique/Feminine Text（Summer, 1982）, The Johns Hopkins University Press.66-76. デリダとクリスティ・V・マクドナルドの対話はエマ・ゴールドマンから始まり、最後に"incalculable choreographie"への言及で終わっている。

〔3〕「軽功」とは、武侠小説の中で武術に精通するヒーローたちに欠かせない「特技」のこと。本書第二章のキーワードである。軽功を得意とする者は、常人の何倍もの速さで疾駆できるほか、草や木の葉を足掛かりに宙高く空を飛んだり、水面を渡ったり、垂直な壁を伝い登ったり、最高境地に達すると宙を自由自在に飛行する時もある。「軽功」は小説や映像での「幻想的」なものではなく、中国武術において体を軽くする功夫である。食事と、気功の元となった伝統的な気の訓練によって修得し、実際に空を飛ぶのではなく、高く跳ねたり速く走ったりするなど身軽になることを目的としている。金庸や古龍など武侠作家原作の作品、例えば『笑傲江湖』『倚天屠龍記』などは、登場人物がみな空を飛んでいるが、武侠小説に基づき実写化されたドラマはもちろん、「軽功」は次第にその他のジャンルにまで広がっていった。映画、ドラマなどの映像化作品では、ワイヤーアクションを用いて表現されることが多い。参照：http://www.cinemart.co.jp/article/blog/20160311000526.html

〔4〕ジル・ドゥルーズとフェリックス・ガタリが共同で提出したキー概念のひとつ。「脱領土化」（déterritorialisation）に先立つ「領土」（territoire）からいうと、領土は、いまだ分割されていない土地に刻印（マーキング）することによって誕生する。これに対し、「脱領土化」は、土地や物体＝身体が、ある特定の刻印から抜け出るときに起こる。別の機能や性質への「再領土化」をともなう「相対的脱領土化」と、あらゆる領土性の刻印から逃走する純粋な「脱」の運動としての「絶対的脱領土化」がある。参照：芳川泰久・堀千晶著『ドゥルーズキーワード89』（せりか書房、二〇〇八年七月）一五〇～一五一頁。

〔5〕「折り畳む」（plier）はドゥルーズが『襞——ライプニッツとバロック』で「襞」（pli）の概念を展開する際、用いた動詞である。ドゥルーズにとって、魂と物質は一つの襞の二重性であり、この一つの襞が二つの階を分割しているが、折り畳むことは、二つの階を分離しながら一つの世界につなげる方法であるという。参照：芳川泰久・堀千晶著『ドゥルーズキーワード89』（前掲訳注〔4〕）一九四〜一九五頁。

〔6〕以下四組の対の言葉は発音が同じか似ているかで、言葉遊びになっている。第一組が「sì bǘ xiàng」、第二組が「lù（rù）jìng」、第三組が「wéi（wěi）wù」、第四組が「zài dì」である。

〔7〕四不像（シフゾウ）は中国原産の鹿の一種。「麋鹿」ともいう。角がシカに、尾がロバに、蹄がウシに、頸がラクダに似ている（「像（似ている）」）が、全体として見ればどれにも似ていない（四つのものに「不像（似ていない）」）といわれることからこの名がついた。転じて、得体のしれないもの、なんともつかない状況を指す。

〔8〕「逃走線」（ligne de fuite）もドゥルーズのキー概念で、「向かうべき方向を決められたルートや丸く閉じられて安定した土台から溢れ出し、秩序づけられた構造や理想から逸脱する運動の軌跡」のこと。結果的に小さい影響しか与えないとしても、既存の構造を根元から揺るがせるようなもの、秩序の側からは決して予見しえないあたらしいものを出現させるあらゆる創造的な営みは、哲学的・芸術的・政治的・社会的であるを問わず、「逃走線」を引いているといってよい。その一方、逃走線は「あらゆる構造、意味、主体性などから逃れ去る一方で、それが極まり単純化されるとき、もはや創造の痕跡を何一つ残さず『自殺』する傾向がある」という。参照：芳川泰久・堀千晶著『ドゥルーズキーワード89』（前掲訳注〔4〕）一五八〜一五九頁。

〔9〕「哈日」（または「哈日族」）は、日本のファッションやサブカルチャーをオタク的に愛してやまない台湾や中国の若者の総称。台湾の漫画家、哈日杏子の造語で、「哈」は英語「hot」の台湾語訳。「哈米（族）」（原語は「哈美（族）」）は「哈日（族）」から派生した「アメリカ（美国）大好き」な若者のこと。同様に、本書第三章の「哈欧」は「ヨーロッパ大好き」な若者を指す。

◉第一章　緒論　偽りのグローバリゼーションという名

ポスト冷戦時代の金融、情報、労働力のグローバルな流通に直面して、「グローバリゼーション」は一種の理論概念を操作するものとして、当面の学術界の生態において向かうところ敵なしの言説的エネルギーを爆発させ、同時に、一致した結論に達しえない矛盾と衝突を展開してきた。「グローバリゼーション」が「グローブ〔地球〕全体」をひとつの経済、政治、社会、科学技術、ネットワーク、人権、疾病の巨大な「複合連結体」（complex connectivity）に凝集させるとき、我々はこの「全球一体化」の複雑なもつれと権力の配置をいかに論述・析出し、いかに認知・想像すべきだろうか。

早くは一九七〇年代のイマニュエル・ウォーラーステインの「世界システム」から、ここ数年来の文化理論におけるローランド・ロバートソンの「グローカリゼーション」、アンソニー・ギデンズの「脱埋め込み」論（disembedding）、ディヴィッド・ハーヴェイの「時空圧縮」（time-space compression）、アルジュン・アパデュライの「内部崩壊」（implosion）（全世界を在地化に「巻き込み」、在地を全世界に「拡散」させること）、ジグムント・バウマンの「グローバル新階層化」（グローバルな富裕とローカルな貧困）などに至るまで、すべてこの「複合連結体」に対して提出された分析枠組みとモデルである。なかには、国民国家の盛衰や消長から着手するものもあれば、グローバル企業体の分析、あるいは地域仲介と地域間連結を強調するもの、公民社会と「トランスナショナリズム」「マイナー・トランスナショナリズム」「コスモポリタニズム」あるいは「反グローバリゼーション」「オルター・グローバリゼーション」に重点を置いた研究もある。

ただし、分析の焦点が何であれ、現在、グローバル化理論がヘテログロシア的に百花斉放される[1]局面において、最も頻繁に目にする理論操作モデルは、グローバルな「一」体化ではなく、「二」項対立モデルの「構築」と「解体」であろう。なかでも最もよく知られているのは、グローバル／ローカル、統合／分離、同質／異質、中心／脱中心、求心／遠心、単一／多様、支配／転覆、固着／流動の二項分析法である。「グローバル／ローカル」の二項モデルの構築と解体の場合、「ローカル」を「グローバル」に組み込むにせよ（ロバートソンの提起する glocalization のように）、あるいは「グローバル」を「ローカル」に組み込むにせよ（lobalization のように）、いずれも視覚的文字と論述概念上の交錯を通して、「グローバル―ローカル」のダイナミックな弁証に到達しようとする試みである。換言すれば、グローバルの外で完全に独立した「ローカル」はなく、グローバルと相互書き換えや相互創造もされない「ローカル」もなく、「ローカル」というのは常に「グローバルな分化」（global differentiation）の一部分であり、「グローブ」もまさに「ローカル化」の途上で特異な地理的時空的な流動変化を起こしている最中なのである。しかし、このような内・外反転、外・内反転の脱構築方法は、具体的なケースを分析する上で、論述の多層性及び思考上の複雑さをうまく強化して、今まさに発生し、劇的に変動し、大規模ではあるが全面的にコントロールできない「グローバル化状況」に対して、概念上ではダイナミックな描写と分析を行おうとはするものの、同時に論述モデルそのものがこれまでの自己反復の度合いをはるかに超えて発展するため、結果として概念分析上の疲労と無力を生んでしまうのだ。

一、真／偽の外にある「偽りのグローバリゼーション」

本書の執筆は、まさにグローバル／ローカル、同質／異質、単一／多様などの分析枠組みと論述形態の自己反復が由々しき事態にある中で、改めて現在の文化的グローバリゼーションをめぐるテーマに切り込み、そこから逃走する新たな思考経路を提供することである。本書を『フェイク タイワン――偽りの台湾から偽りのグローバリゼーションへ』と名づけたのは、「真／偽」を当面の「グローバリゼーション」論にはなかった新たな分析カテゴリーとして、真／偽をめぐる二項対立モデルを構築・解体しようとするだけでなく、さらに「偽」の持つ多義性や不確定性によって「偽」を「真／偽」二項モデルの域外（the outside）へと開放し、「偽」を「偽なるものの力能」（ドゥルーズの用語。次ページで詳述）、つまりヴァーチャルな創造力の可能性へと開いていくためである。

まず、「偽りのグローバリゼーション」の「偽」とは何なのか、見てみよう。「偽りのグローバリゼーション」というと、一見、グローバリゼーションにはあらかじめ本物と偽物の二種類が設定されているように見える。もし「真のグローバリゼーション」が、国民国家の境界の消滅や資本・情報・労働力の自由な流通を指すならば、「偽りのグローバリゼーション」とはほかでもなく、各国経済の保護政策および様々な地域・社会・文化・人種・民族・宗教などの不断の抗争のことである。このような「偽」というのは、やはり「真／偽」二項対立の上に成り立つ「偽」であり、まず「グローバリゼーション」とはなにかを前提に、その標準的な定義に達しないものを、不完全な、あるいは瑕疵のあるグローバリゼーションであるとして、「偽」とみなすことである（不完全なものは、「真」と「善」の判断基準の上で欠陥があると見なされる）。この二項対立モデルが暴露する問題は、真／偽という上／下の「階層化」、およびこの「階層化」が引き出す善／悪の道徳基準にあるだけでなく、「同一ロジック」（the logic of the Same, the Semblance）の垂直運行を徹底的に開示することにもあり、かつ「起源」（the Origin）、「理念」（the Idea）、「原型」（the Model）との同一化への回帰をも指している。それゆえ、この真／偽二項対立の構築中には、真／偽二項対立の脱構築も現れる。つまり、あらゆるグローバリゼーションは十分グローバル化されておらず、すべて「偽りのグローバリゼーション」であり、一種の「理念―理想」（Idea-Ideal）や、抽象的な本質・起源である「真」のグローバリゼーションへの肉薄なのだ。

それゆえ、本書でいう「偽りのグローバリゼーション」とは、真／偽二項対立の下での「偽」ではなく、真／偽二項対立の外で「偽」を展開する試みであり、明確化したいのは、「グローバリゼーション」の境界設定の不安定さだけなく（我々にはただ一個の「地球」があるのであって、ただ一種類の「全球」〔中国語でグローバリゼーションは「全球化」〕があるわけではない）、より重要なのは、「偽」を水平面に離散・漂流させることにより、もはや真／偽を垂直軸的な二項の上下に区別したり、同一方向に向かわせたりしないことである。この「偽」を「真／偽」二項対立の外部に開放するキーポイントは、まさに中国語文脈の「偽」――中国語では「假」――の多義性に由来する。

「假」には動詞として「借」（りる）の意味がある。例えば、假借（借りる）・假道（経由する）・假手（手を借りる）・假扮（変装する）・假装（ふりをする）・假造（偽造する）など。

形容詞としては、「非真」〔真ではない〕を意味し、例えば、假冒（にせ物）、假貨（まがいもの）など。

接続詞としては、「若《も》し」の意味で、例えば、假如（もしも）、假使（もしも）、假設（仮に…とする）、假定（仮に…とする）など。

「偽りのグローバリゼーション」〔原文は「假全球化」〕の中で、「假」は形容詞でもいいし（まがい物のグローバリゼーション、すなわち偽造品のグローバルな流通）、動詞でもいいし（一種の生産・流通・消費のルートやネットワークとしてのグローバリゼーションにとって、それが達成されるのは、なにかを借用したり、経由したりしてである）、（動）名詞にもなりうる（「真／偽」ではなくむしろ、「真／偽」の二項対立外部での「偽」として。つまり、ゆるやかで不確定なものとしての「偽」、ヴァーチャルな変化生成としての「偽」、事件としての「偽」、「脱領土化」の可能性としての「偽」である）。

「偽」をヴァーチャルな創造力が余すところなく発揮されたものとするなら、ドゥルーズの「シミュラクル論」[2]（simulacra）における「偽なるものの力能」（the powers of the false）[3]を改めて詳述するに越したことはない。プラトン以降、西洋形而上学の伝統は上から下へのヒエラルキーを前提としており、最上層が「イデア」あるいは「モデル」、下層が「コピー」（すなわち、「イデア」あるいは「モデル」のイメージ、抽象理念の物質的体現）、最下層が「シミュラクル」（simulacra, copy of a copy）（すなわち、より劣化したコピーのコピー）である。だが、ドゥルーズの「シミュラクル論」は、「ヴァーチャルイメージ」の急進性としての「シミュラクル」を強調し、「モデル―コピー」の対応体系からは完全に離脱すべきであり、そうしてはじめて「表象の体制」（regime of representation）[4]からも脱却でき、最も純粋で絶対的な差異を持つオリジナルイメージになるという。ドゥルーズにとって、プラトニズムのイメージイデア論は、「同一」のロジックに基づいているが（モデルとコピーが絶えず否定と重複、同一化を通して双方がダイナミックに弁証する）、この「同一」のロジックは「真理」の安定を確実に保証するだけでなく、真＝善／偽＝悪の対応関係をも保証している。しかも、この真／偽、善／悪といった道徳化された区別の中で、それを運用するポイントは単にモデル／コピー、真実／イメージを区別することにあるのではなく、むしろ、二種類の本質的に異なるイメージを区別することにある。つまり、モデルを忠実に描いた「良いイメージ」としての「コピー」と、モデル／コピーの対応関係から離脱した「悪いイメージ」としての「シミュラクル」である。換言すれば、プラトンの形而上学の伝統において、最も下等で、これ以上ないほど嫌われた「シミュラクル」は、ドゥルーズの「シミュラクル論」では、唯一「表象の体制」からの逃走が可能で、アナロジーのメカニズムであるヴァーチャル影像を完璧に転覆でき、「表象の体制」の「域外」・「同一」ロジックの逃走線になっているのだ。[二]

まさにドゥルーズが『差異と反復』（*Diffrenrence and Repetition*）で述べているように、反復の中で時間的差異を抽出し、いわゆる「コピー」を「シミュラクル」に反転させ[5]、それによって差異の反復と始動に終止符を打ち、「現働的なもの」（the actual）[6]から「ヴァーチャルなもの」（the virtual）への逃走線をいかに打開するか、ということである。彼が明確に指摘しているのは、「他なるものへ生成する」（becoming-other）ことと「同じものへ生成する」（becoming-the-same）[7]ことの違いは、前者が偽の形態、後者が真の形態という点にあるのではなく、両者には

「偽り」と「見せかけ」程度の差異しかないという点である。「他なるものへの生成」は一種の「シミュラクル」であり、「起源」や「原型」という前提を完全に覆し、一種の「形態」(中国語原文は「版本」。フランス語は「figure」、英訳は「version」)としての可能性を完全に断ち切り、もはや同一方向には向かわず、「偽なるものの力能」を余すところなく展開し、それによって、「偽」の不確定性・予測不可能性・識別不可能性、さらに創造的パワーと「偽」の「脱領土化」をうまく開放するのである。

二、偽映画・偽ブランド・偽台湾シャツ・偽台湾人

それゆえ、本書『フェイク タイワン――偽りの台湾から偽りのグローバリゼーションへ』は「グローバル映像メディア」「グローバル商品流通」「グローバル帝国運営」「グローバル・ポップカルチャー」といった四つの大きな側面から、「偽りのグローバリゼーション」がいかにグローバルな経路を借りて、真／偽の権力ヒエラルキーを揺るがし、「思想の連結」と「差異の創造」の可能性を展開しつつ、「偽なるものの力能」をグローバルに離散させ、四方に流動させているのかを検討するものである。

第二章「ハプティック・グローバリゼーション」では、主に映画『グリーン・デスティニー』(原題『臥虎蔵龍』、以下『グリーン』)の「偽中国語映画」[8]としての可能性を探る。この映画は、トランスナショナルな人材・技術・資本の軽功飛行によって、文化労働の国際分業方式を確立し(台湾の監督、香港のスタッフ、中国大陸のプロデューサー、および中国・香港・台湾・マレーシアなどの役者、中国のロケ地、アメリカの録音など)、「グローバル東洋武俠ブーム」の潮流とグローバル「中国語映画」の奇跡的な興行成績を打ち立てた。だが同時に、『グリーン』の成功はかえってそのために「偽」中国語映画との批判を招き、セルフ・オリエンタリズムを咎められて、中国文化の正当性を失っ

たのである。しかも、『グリーン』のアイデンティティに対する疑問（台湾映画、西洋映画、外国語映画、ハリウッド映画、それとも外国人観客向け中国映画？）は、ひいては、李安《アン・リー》監督のアイデンティティにまで敷衍されたのであった（台湾人、アメリカ人、中国人、中国系アメリカ人、それともアメリカに居留する台湾の外省人？）。そこでこの章では、「偽中国語映画」の肯定的側面としての『グリーン』が、国際資本主義のグローバル映像商品の流通経路を「借り」て、文化イメージとトランスカルチャーの連結構造を「利用し」、文化的雑種性と文化翻訳の積極的な創造性、離散・流動の柔軟なアイデンティティをいかに「偽造」しているかを、改めて読み込んでいく。それゆえ、理論的枠組みからいうと、既存のグローバル化論の中で、この東洋武侠ブームのグローバルな流行を分析するのみならず、一歩進めて、この東洋武侠ブームが当面のグローバル化論をいかに「書き換え」ているか、また、現在すでに膠着化している、純正／雑種、ローカル／グローバル、同質／異質などの叙述モデルと「グローバル・ハリウッド」対「ナショナルシネマ」といった議論の枠組みをいかに打開し、それとは別の「軽功飛行─逃走線」（line of flight）〔line of light（軽功）と line of flight（飛行）をかけている〕の可能性を切り開いていきたい。

第三章「偽ブランド・偽理論・偽グローバリゼーション」で主に考察したいのは、現在の偽造品[9]のグローバリゼーションである。そこで、「中国・香港・台湾」をグローバル偽造工業の中心とする地理・歴史的文脈から出発し、「偽造ブランドグローバリゼーション」の生産・流通および消費の経路を叙述し、「偽グローバリゼーション」の下での「偽理論」の可能性──つまり、「偽」が偏在し、無から有を生み、識別不能になること──を展開したい。この章全体は、台湾の「偽」ルイ・ヴィトン（Louis Vuitton）「ブランド」の皮革製品を切り口に、一九八〇年代以降、日本を先導者とした「東アジア・ブランドブーム」とそれが牽引した資本と文化の論理、および身体的模倣を詳細に検討していく。ヴィトン・ブランドの偽造品という「複製」は、単にヴィトン・ブランドの本物を「複製」することにとどまらず、一種の文化的イメージの「複製」──日本がイメージするヨーロッパを台湾がイメージする——の中に、商品の「鏡像」と植民の「鏡像」の相互反射が氾濫することであり、そこにはまた経済・政治・文化・心理上の複雑な絡み合いも氾濫している。ヴィトンの偽物と本物は相互に対立はしないが（国際的な偽造品製造販売撲滅運動の厳格で迅速な推進）、かといってトラブルがないわけではなく（異なるルートと消費グループの平行発展）、生産・消費と複製の欲望が入り乱れる中で、「相生相剋」（五行思想で互いに影響を与えあうこと）のダイナミックな不確定性を展開し、互いに共謀したり、しのぎを削りあったりしながら、真正品と偽造品の奇妙な持ちつ持たれつの関係を露呈している。それゆえ、この章は「偽」の唯物的思考（偽造品の生産・流通は、グローバル化したルートをいかに経由し、グローバルな労働分業／下請け体制の構造と発展にいかに寄生し、かつそれをいかに揺るがすか）であり、また「偽」の哲学的思考（「真正ブランド」は「良いコピー」、「偽造ブランド」は「悪いコピー」であるが、両者とも「理念—ブランド」というロゴス（Logos）を最終的な理念—理想とする一種の接近である）でもあり、さらに「偽」の文化的思考でもある（台湾の高級品は、なぜ「哈日」による「哈欧」を文化アイデンティティとするポストコロニアルな経路で消費されるのだろうか、なぜ「偽造共和国」で知られる台湾で「偽」もの・「偽」ブランド、「偽」グローバリゼーションを論じることに、ローカルな歴史記憶が豊かに呼応し、理論的な発想の潜在力が漲っているのだろうか）。

第四章「帝国の新衣装」では、「偽台湾シャツ」をめぐる論争を通して、帝国植民地主義・ナショナルアイデンティティ・ジェンダー・服飾史および物質的記憶との相互的な接合関連を引き出したい。まず、近現代の植民地解放運動の渦中に「国民の新衣装」が現れた時点まで遡り、二〇世紀初頭のインドの「カディ」（khadi、インドで作られる粗い手織りの綿布）と中国の「中山服」を例に、西洋帝国主義の新衣装としての「洋服」と、インド・中国の新衣装としての「カディ」および「中山服」との間のイデオロギー対立を説明する。続いて、議論を今日のグローバル帝国時代に引き戻し、APECの非公式な国家元首会議における「政治民俗風ファッションショー」を分析対象として、偽の文化的国民衣装の「名」がいかにグローバル帝国の「実」となるのかを検討し、さらには、一種の

「政治対立」の符号／服号《シンボル》[10]としての二〇世紀の国民の新衣装と、一種の「文化的多様性」のショーウインドウ展示としての二一世紀の帝国の新衣装が、歴史的文脈や身体政治、権力配置上で見せる巨大な差異を比較する。最後に議論のポイントを現在の「台湾シャツ」をめぐる政治文化論争にリンクさせ、「台湾シャツ」を実際今まさに発生しつつあると同時に、ローカルな歴史文化の特殊性を有する具体的ケースとして、先行する二つの部分から発展してきた議論の枠組みを実証し、かつそれに挑戦していく。「台湾シャツ」にフォーカスした議論の部分は、政治化と歴史化の文脈で同時に解読を進めていくが、この語が日本統治時代に登場し、変遷したことを辿るだけでなく、さらに、それが目下のグローバル化論において「国民の新衣装」と同時に「帝国の新衣装」となることの様々な不可能性を考察する。

　第五章「我たちはみんな台湾人みたい」は、台湾の現在の「台客《タイクー》現象[11]」から出発し、「台湾人」を単一の出生・地域・歴史・血統・国籍といった確認体系からいかに解放し、いわゆる「根源」(roots)を不断に現れる複雑に絡み合ったトランスカルチャーの「経路」(routes)(James Clifford, Paul Gilroy)へといかに転化していくかを検討する。この章の第一のポイントは問題提起の方法を変えることにあり、それは、「台客は誰?」から「台客は誰みたい?」への転換である。もし「台客は誰?」という問いかけが、主体の身分やサブカルチャーのアイデンティティ、あるいはエスニック・グループ意識の識別を前提にしているとしたら(この身分証明が内／外の空間、あるいは過去／現在の時間的動態区分の上に確立されるのであれ、こうした前提はいずれも最終的には「自己／他者」の明確な弁別を指す)、「台客は誰みたい?」の方はグローバル／ローカル、自己／他者、主体／客体の相互衝突を指し、そこには現象の流動変化と内外の識別困難、真偽の分別困難、新旧の捨てがたい「イメージ衝突」(image crash)が充満するだろう。この章は「台客現象」の中でも真偽不明の「ヒップホップ台[12]」を例とし、「本物台湾人対偽物台湾人」、「本物台客対偽物台客」の二項対立の体系を無効にするだけでなく、さらにあらゆるローカルなものはすでに「再地引用」

（re-cite and re-site）[13]が展開するポップカルチャーの経路となっていることを証明していく。あらゆる「真」はすべて真に「迫り」、真を「なぞり」、真を「超え」たものであり、あらゆる「偽」は、「借り」、「経由し」、「利用し」、他人・他国・他文化の手を借りたものであり、もはや自己と他者、外国と本土、オリジナルとコピー、ローカルとグローバルは、明確な区別ができなくなっているのだ。そこで、この章第二のポイントは、「台客《タイクー》」と「台妹《タイメイ》」[14]の間のジェンダー軸を引き出すことで、「台客」論の男性中心主義と男性イメージを明確化し、さらに、「台妹」の「露店の偽造品」的な身なりと階級——特に省籍の違いが引き起こす言語的トラウマに焦点を当て、グローバル化した「再地引用」プロセスにおける時間的遅延と地域落差に対する批判を展開していく。

以上四つの主章は、テーマの扱いは異なるものの、いずれも「偽なるものの力能」をヴァーチャルな創造や脱領土化の可能性としている。もしあらゆるアイデンティティがいずれも「シミュラクル」（simulacre）であるならば、これらの章節が展開しようとする思考モデルは、次の一連の「もしも」に他ならない。

もしも「中国語映画」が一種の「理念（イデア）」と「原型（オリジナル）」であるなら、『グリーン』や『HERO』（原題『英雄』）、『LOVERS』（原題『十面埋伏』）はいずれも「それらしい」中国語映画であり、また「偽コピー」「悪しきシミュラクル」「偽中国語映画」であり、いずれも「中国語映画」の理念と理想を完璧に体現することはできない。

もしも「ブランド」が一種の「理念」と「原型」であるならば、本物も偽物もすべて「それらしい」ブランドであり、すべて「偽コピー」「悪しきシミュラクル」「偽ブランド」であり、いずれも「ブランド」の理念と理想を完璧に体現することはできない。

もしも「国民の衣装」が一種の「理念」と「原型」であるならば、中山服、チャイナ服、台湾シャツはいずれも「それらしい」国民の衣装であり、すべて「偽コピー」「悪しきシミュラクル」「偽の国民衣装」であり、いずれも

「国民服」の理念と理想を完璧に体現することはできない。

もしも「台湾人」が一種の「理念」と「原型」であるならば、我々はいずれも「それらしい」台湾人であり、すべて「偽コピー」「悪しきシミュラクル」「偽台湾人」であり、いずれも「台湾人」の理念と理想を完璧に体現することはできない。

換言すれば、この一連の「もしも」を詳述することは、「偽中国語映画」「偽ブランド」「偽台湾シャツ」「偽台客」の「偽」を通して、ダイナミックに流動変化する「脱領土化」のプロセスを展開させることである。だがそれは、一種の「同じものへの生成」の可能性としての「中国語映画」「ブランド」「国民衣装」「台湾人」に回帰して、「同一」のロジックを遵守し、繰り返し同一化する方法で自己を安定させ閉じ込めようとすることではない。むしろ、一種の「他なるものへの生成」の可能性として様々な変態・歪曲・折り畳み・組立を開放し、「起源」「理念」と「コピー」の前提を覆し、一種の付属「形態」となる可能性を断ち切り、「偽なるものの力能」を余すところなく開放し、至る所に湧出せしめ、グローバルに逃走させることである。

三、ポストモダンの「似不像《スープシアン》」[15]とポストコロニアルの「四不像《スープシアン》」

だが、本書では「偽りのグローバリゼーション」の理論と概念を展開すると同時に、ただ単純な脱構築を進めるだけでなく、ポスト構造主義の操作モデルの中に、歴史・地理・文化の特殊性を有するポストコロニアル批判をいかに導入しうるか、ということを真剣に考察していく。それゆえ、「偽りのグローバリゼーション」の中心的な理論概念と同時に発展し、相互に支え合うのが、まさに「似不像」／「四不像」をもう一つのペアとする中心的理論概念の論述空間である。もし「偽りのグローバリゼーション」の理論化が、中国語文脈の「假」の多義性から始まるなら、「似不像」／「四不像」の理論も同様に、中国語文脈の「似」と「四」の同音異字の曖昧や混淆、およびその曖昧や混淆が導く「貌同神似〔表情が極めて似ている〕」「似是而非〔似て非である〕」「似曾相識〔既視感〕」など多くの可能性から始まる。

もともと中国語の「四不像《スープシアン》」の典故は、「頭がシカに、尾がロバに、蹄がウシに、背がラクダに似」た「麋鹿」を指し、古くは「麈《チュー》」と呼ばれたが、後にどのような方面であれ、それらしくない、あるいは得体がしれない人や物を広く指すようになった。ただし、中国語では発音が同じで一字だけ異なる「似不像《スープシアン》」は、「似」という字の曖昧模糊と、衝突・破壊によって、「四不像」が前提とする明らかに識別可能な、独立し閉じられた単位〔シカ、ロバ、ウシ、ラクダ〕を揺るがして混ぜ合わせ、「四不像」がこの独立して閉じられた単位に依拠して産み出した「組み合わせ概念」〔シカの頭にロバの尾、さらにウシの蹄とラクダの背を足すと、イコール麋鹿になる〕に挑戦するのである。それゆえ、本書ではまさに中国語の同音文字の巧妙な連想を借用して、文化と国家を横切って流動する新たな理論・概念を作りたい。例えば、「似不像」と「四不像」の間を横すべりしていくような。もし伝統用語の「四不像」が純正で単一の判定基準から逸れているため、あるいは既定のカテゴリーの境界を曖昧にしたため、不当に低く評価されるなら、「似不像」の方は「四不像」の分類不能性と交錯・混淆性を有することで、かえって似ているような似ていないようなクリエイティブなイメージ接合（imaginary articulation）を、多元的、多方向的にどこまでも豊かに展開するのである。

もし英文脈の思考に戻るなら、中国語の「四不像」は英語のキメラ（chimera）に取りあえず対応できるかもしれない。キメラは、ライオンの頭、羊の体、蛇の尾を合わせた〔三不像？〕ギリシャ神話の火を吐く獣で、「怪物」、「妄想」、「荒唐無稽な計画」などの派生義がある。それに対し、「似不像」にはぴったり合うような英単語が見つからない。それゆえ本書では、「似不像」／「四不像」を横すべりさせることを理論概念とすると同時に、新たにシミュラリティ simularity という英単語を創造したい。それは、四不像と同じやり方で、similarity, simile, simulation, simulacrum（四つとも「相似」を意味するラテン語の similis に由来する）を結合し、相似・直喩・シミュラクル・シミュレーションの間で大きく揺れ動く、ごちゃごちゃと入り混じった一種の「既視感」を強調する。だが、「似不像」であれ、シミュラリティであれ、いずれも「原型」の頽落、あるいは失敗したコピーというわけではなく、その似て非なる急進性は、まさにグローバリゼーションの流動がもたらす「イメージ衝突」、およびこの「イメージ衝突」に牽引される歴史文化と地政学の「イメージの弁証法」を十分展開できるのである。

ただし、より重要なのは、「四不像」が前提とする閉じられた単位と組み合わせの概念を、「似不像」がうまく脱構築するとき、「四不像」はかえってときおり歴史の亡霊のようにフラッシュバックし、グローバリゼーションのプロセスに「文化的辺境性」の立場を際立たせることだ。それはまさに「経路」が「根源」の固着化と「辺境」の区分をうまく脱構築するとき、中国語の「入境《ルーチン》」が「路径《ルーチン》」（「経路」の意）の同音異字、またフラッシュバックとして、エティエンヌ・バリバールのいわゆる「境界の増殖」(multiplication of borders)[16]を新たに始動させ、グローバリゼーションのプロセスで境界を消滅させると見せて、同時にそれをまた再生・続出させるようなものである。本書が企図するのは、まさに読者に「似不像」と同時に、「四不像」という音を聞いてもらい、roots と同時に、routes を、「路径《ルーチン》」と同時に「入境《ルーチン》」をも聞いてもらうようにすることである。それゆえ、本書がどうしても疑義を呈したいのは、次のような点である。なぜ「似不像」の中に常に「四不像」が回帰するのか、なぜ我々は「似不像」によってグローバルな「再地引用」の中に生じる「イメージ衝突」や「迂回と転送」、「重複と変更」を肯定できるのに、物質の生産流通ルートにおける「四不像」の地域格差を解決できないのだろうか。なぜ「文化路径《ルーチン》」によって本物／コピーの対立とヒエラルキーを脱構築できるのに、「文化入境《ルーチン》」の地政学上の方向・時差・変移を解決できず、「文化入境」が呈する二流の周縁的な位置を説明できないのだろうか。見たところ流動・生成し、曖昧に揺れる「似不像」は、なぜ一瞬にして中国的でも西洋的でもないものや、得体のしれない「四不像」になってしまうのだろうか。なぜ「似不像」がグローバルに広がれば広がるほど、それはローカルな「四不像」ではないかという非難も多くなり、自分が「似不像」ではないかもしれないと焦れば焦るほど、他者を「四不像」であると非難する暴力も増えるのであろうか。なぜポストモダンのカーニバル的コスチュームのような「似不像」の中に、ポストコロニアルのトラウマである「四不像」が常に存在するのであろうか。

　さらに、本書で「偽りのグローバリゼーション」、「似不像」／「四不像」とともに展開する理論概念として、他にも「肉体的グローバリゼーション」（globallization）、「グローバル・ブランド中心主義」（glogocentrism）—「偽造の越境散種《ディセミネーション》」（fake dissemi-nation）、「魅惑国家」（fasciNation）など新たに作られた三組の理論概念がある。「肉体的グローバリゼーション」は、第二章のグローバル東洋武侠ブームに対する軽功イメージから発展した理論概念にぴったり符合するのだが、英語の globalization に小文字の l をひとつ加えて globallization とし、それよって、グローバル化した軽功飛行の中で抑圧され、排除された物質と肉体の側面（ここの複数形の「形而下」balls は、男性外生殖器の一部を指す）、および「ひとつではないこれらの国（国民）」と「ひとつではないこのグローブ（全球）」の新たな解釈法を強調している。〔二〕「グローバル・ブランド中心主義」と「偽造の越境散種」の方は、第三章の偽造ブランド・グローバル化の分析から生まれ、「グローバル・ブランド中心主義」を指す造語 glogocentrism は、globalization と「ブランド／ロゴス中心主義」の logocentricism（ここでの logos は、西洋形而上学の代表的な理性、ロジック、文字、真理であるギリシャ語の logos であり、また現在の消費文化研究によって、アルファベット図案や略語を用いて商品の表面に印刷した商標の logograms、あるいはその短縮形の logos である）を連結しようとしたものである。この理論概念が強調したいのは、まさに現在、商品のグローバリゼーションにおいて「ブランド中心主義」が一種の「ロゴス中心主義」として展開されているスタイルである。一方、「偽造の越境散種《ディセミネーション》」〔17〕（fake dissemi-nation）の概念は、脱構築学者ジャック・デリダ（Jacques Derrida）とポストコロニアル学者ホミ・バーバ（Homi K. Bhabha）に依拠し、全体的な統一性の内には常に絶えざる重複、絶えざる拡散の「代補」（supplement）と「差延」（différance）が存在し、全体性は決して達成されず、統一性は永遠に唯一無二の権威的な基準を持たないことを強調する。また、「グローバル・ブランド中心主義」と「偽造の越境散種」を「一組」とした分析概念についていうと、まさに両者は相生相剋の関係にあり、前者のグローバルな一体的求心力（剰余価値の利潤累積と市場イメージ、消費欲望の生産コントロールを主に指す）は、絶えず後者の遠心力によって緩められているのである。

さらに、「魅惑国家」〔原文は「魅国家」〕の理論概念は、第四章で服飾物質文化史の発展を整理する中で生まれ、同時に fasciNation という英語（小文字の n を N とすることで、魅惑の中に国家があることを強調する）と中国語の「媚」と「魅」〔中国語の発音は両方とも mèi〕の言葉遊びをしているが、それは政治的トレンドの「魅力」であると同時に、歴史記憶の「亡霊」のことでもある。「魅惑国家」はいかなる起源も本質的な国民（服）アイデンティティも脱構築し、「表面」（服装）によって「深度」（歴史の深さはまさに服装という表面にある）に代え、「インターフェース」（interface）によって「表面（フェース）」（文化的なインターフェースである服装記号の交換は、まさに衣服の雑種的な表面でなされる）を押し広げる。しかも、「魅惑国家」の中では、まさに二一世紀前後のグローバル化された差異符号としての国民衣装の「魅力」と、二〇世紀前後の植民地史としての国民衣装の「亡霊」がオーバーラップしているのだが、両者の衝突と重なりは、グローバル化した政治舞台の上で周囲に「魅力を発揮」しながら、「亡霊のゆらめき」のようにも見えてしまうのだ。

それゆえ、本書の理論枠組み上の展開は、やはり中国語と英語、母語と外来語の間の文字の転換を発想の起点とするものの、ポスト構造主義系統の単一の理論を忠実に援用したり、ひとりの理論家の理論を踏襲したりするのではなく、台湾の特殊な社会文化と歴史的文脈から出発し、既存の理論概念と接続させたり、反転させたりしながら、新たな異質の構造を展開していくことになる。これら「偽りのグローバリゼーション」の「偽理論」――「似不像」と「四不像」、「肉体的グローバリゼーション」「グローバル・ブランド中心主義」「偽造の越境散種」および「魅惑国家」の理論は、「偽造」に関わる理論であり、「借り物」に関わる理論でもある。すなわち、既存のポスト構造主義理論（起源・ロゴス・中心の攪乱）とポストコロニアル理論（模倣・雑種に対する文化協商）に、歴史的な敏感さや理論的な複雑さ、グローバルなローカル文化批判力を備えた学術的思考を移動して発展させることであり、本書はまさに過去五年間の執筆プロセスにおいて自らに向けた最も重要な期待でもある。

引用文献

Appadurai, Arjun. *Modernity at Large*. Minneapolis : U of Minnesota P, 1996.
Balibar, Étienne. *We, the People of Europe ? : Reflections on Transnational Citizenship*. Trans. James Swenson. Princeton: Princeton UP, 2004.
Clifford, James. *Routes : Travel and Translation in the Late Twentieth Century*. Cambridge, MA.: Harvard UP, 1997.
Deleuze, Gilles. *Cinema 1: The Movement-Image*. Trans. Hugh Tomlinson and Barbara Habberjam. Minneapolis : U of Minnesota P, 1986.
――. *Difference and Repetition*. Trans. Paul Patton. New York: Colombia UP, 1994.
Giddens, Anthony. *The Consequences of Modernity*. Stanford: Stanford UP, 1990.
Gilroy, Paul. *The Black Atlantic : Modernism and Double Consciousness*. London: Verso, 1993.
Harvey, David. *The Condition of Postmodernity*. Cambridge : Blackwell, 1990.
Robertson, Roland. "Glocalization : Time-Space and Homogeneity-Heterogeneity." *Global Modernities*. Eds. M. Featherstone, S. Lash and R.Robertson. London: Sage, 1995.25-44.

Tomlinson, John. *Globalization and Culture*. London: Polity Press, 1999.（『全球化与文化』鄭棨元／陳慧慈訳、台北：韋伯文化、二〇〇一）

Wallerstein, Immanuel. *The Politics of the World-Economy*. Cambridge: Cambridge UP, 1984.

【原注】

（一）「偽なるものの力能」のもうひとつ別の議論のポイントについては、ドゥルーズの「時間イメージ」論も参考になる。伝統的な映画が与える「運動イメージ」（movement-image）とはすなわち間接的な「時間イメージ」のことだが、それが間接的なのは、運動（movement）（カメラの運動とモンタージュの運動）を行動（action）（つまり伝統的映画の写実主義的「行動イメージ」）に誘導し、いわゆる真理を全体的および単一アイデンティティを論証するためのイメージにしているからである。だが、第二次大戦後の映画は、もはや行動が「感覚—運動の図式」〔sensory-motor schemata/des schèmes sensori-moteurs〕にはなっておらず、またもはや人と世界の総体的な有機的体制にもなっておらず、この切断と曖昧な「真実」はかえって時間を「運動イメージ」（カメラの運動とモンタージュの運動）の間接表現から逸脱させ、「時間イメージ」の中に直接浮上させる。しかも、この直接的な「時間イメージ」が展開するのは、まさに「偽なるものの力能」が前もって仮定された真理を揺るがして横すべりさせ、時間が二項対立面の確定的な形態としての真／偽を変貌させ、さらにあらかじめ弁証された統合性の中で、絶え間なく螺旋状に上昇拡張する空間イメージに取って代わり（絶えざる否定・重複・同一化）、「存在」（being）〔Etre〕を「生成」（becoming）〔devenir〕に変えることである。ドゥルーズの言うように、「偽なるものの変貌が真なるものの形態にとってかわる」〔the metamorphoses of the false which replace the form of the true〕のだ（Time-Image, p.134）〔日本語版 p.187、フランス語版 p.176〕。〔訳注〕日本語訳は、ジル・ドゥルーズ著、宇野邦一・石原陽一郎他訳『シネマ２＊時間イメージ』（法政大学出版局、二〇〇六年一一月）を、フランス語版は、Gilles Deleuze. *CINÉMA 2 L'IMAGE-TEMPS*, Les Éditions de Minuit, Paris, 1985 を参照した。

（二）ここのグローバル（global）は balls を持つ物質・肉体的な想像の globall へと変化し、武俠映画の軽功飛行的「物質性」とリンクする。本書第二章の『グリーン・デスティニー』の「ワイヤー」撮影プロセスに関する分析を参照のこと。

【訳注】

〔1〕原文は「衆声喧譁・百花斉放」。紀大偉によると、王徳威が一九八八年に評論集『衆声喧嘩：三〇与八〇年代的中国小説』（遠流出版公司）を出した後、台湾では学術界から民間に至るまで「衆声喧嘩」（「喧譁」とも）という語が広く流行したという。これはミハイル・バフチンの用いた概念「ラズノレーチエ」（英訳は「heteroglossia／ヘテログロシア」）の中国語訳で、日本語では「言語的多様性」と訳される。バフチンは、ドストエフスキーの小説に様々な登場人物の「様々な声」が同時的に存在していることに気づき、小説は多様な背景（年齢、性別、社会階級など）を持つ人々の多様な話し方（ヘテログロシア）を導入し、組織化したものであると説いた。中国共産党の文化政策スローガン「百家争鳴」にも近いが、ここではあえて「衆声喧譁」を用いているため、「ヘテログロシア的に百花斉放される」とした。参照：紀大偉『同志文学史――台湾的発明』（聯経、二〇一七年二月、四〇～四一頁）、ミハイル・バフチン著、伊東一郎訳『小説の言葉』（平凡社ライブラリー、一九九六年四月）。

〔2〕〝simulacra〟の邦訳は、「シミュラークル」「シミュラクル」「見せかけ《シミュラクル》」など、訳者によって異なる。本書では、「シミュラクル」を採用した。同様に、〝image〟も、「イメージ」「イマージュ」「影像《イマージュ》」などと訳されている。本書では『シネマ1＊運動イメージ』（財津理・齋藤範訳、法政大学出版局）の訳注を参照に、「イメージ」とした。中国語原文は「影像」。

〔3〕原語は〝puissances du faux〟。訳語「偽なるものの力能」は、ジル・ドゥルーズ著、宇野邦一郎・石原陽一郎他訳『シネマ2＊時間イメージ』第六章「偽なるものの力能」（法政大学出版局、二〇〇六年一一月）に依った。

〔4〕張小虹氏によると、ドゥルーズは早くも『アンチ・オイディプス』第三章で「表象の体制」の概念を提起しており、それには「大地的表象」（第五節）、「野蛮な、あるいは帝国の表象」（第七節）、「資本主義の表象」（第一〇節）が含まれるという。参照：ジル・ドゥルーズ、フェリックス・ガタリ著、宇野邦一訳『アンチ・オイディプス』上・下、河出文庫、二〇〇六年一〇月。「表象の体制」とプラトンとの関連については、『差異と反復』結論部（英語版は二六二～二七七頁、日本語版は（下）二四六～二八三頁、フランス語版は三三七～三五五頁）を参照のこと。参照：財津理訳『差異と反復』（下）、河出文庫、二〇〇七年一〇月。

〔5〕英語版二九三頁に〝an imitation is a copy, but art is simulation, it reverses copies into simulacra〟とある。日本語訳は「模倣はひとつの似像（コピー）であるが、芸術は『見せかけ（シミュラクル）』であり、すべての似像（コピー）を『見

せかけ（シミュラクル）』のなかで転倒させるものである」（財津理訳『差異と反復』（下）、河出文庫、三二三頁）。フランス語版は三七五頁を参照のこと。

〔6〕ここで注意すべきは、中国語原文の「実在」と財津理訳『差異と反復』（*Différence et répétition*）の「実在」が異なる原語に対応している点である。張小虹氏の「実在」は英訳“*Difference and Repetition*”の“the actual”の訳語であるのに対し、財津理氏の「実在」はフランス語“le réel”の訳語である。『差異と反復』において、“l'actuel”と“le réel”は明確に区別される概念であり、中国語でも西洋哲学の“realism”が「実在論」と訳されることを考えると、日本語訳の方が妥当であろう。張氏に確認したところ、“l'actuel”の中国語訳は複数あるとのことで、本書に出てくる『差異と反復』のキーワードは以下のような中国語訳に訂正してほしいと指示があった。わかりやすいように、原語・翻訳対照表を挙げておく。

フランス語原文	英訳（Paul Patton）	中訳（張小虹）		日本語訳（財津理）
		原文	訂正後	
le réel	the real	表示なし	真實	実在的なもの
le virtuel	the virtual	潜在	虛擬	潜在的なもの
l'actuel	the actual	実在	實現	現働的なもの

中国語原文の「潜在」は日本語訳「潜在的なもの」と同様、英訳“the virtual”とフランス語原文“le virtuel”に対応しており、ここに違いはない。張氏は「虛擬」への変更が望ましいとのため、本書では、「ヴァーチャルなもの」を採用した。なお、“l'actuel”の日本語訳は「アクチュアルなもの」「現実的なもの」など複数あるが、現在、「現働的なもの」が広く使われているので、本書もこれに倣った。

〔7〕「他なるものへ生成する」と「同じものへ生成する」の原語は“devenant autre”と“devenant le même”。「同じものへ生成する」ことには矛盾が含まれる。なぜなら「生成」（becoming / devenant）することは、同一性への回帰にはなりえないからだ。ドゥルーズは、ニーチェの「永遠回帰」を論じる中でこの点に触れ、「永遠回帰」は、《同一的な》ものの回帰を意味しえないと述べている。というのは、永遠回帰は、同一的なものとは反対に、すべての先行的な同一性が廃止さ

れ解消されるような世界（力《ピュイサンス》の意志の世界）を前提にしているからだ。「永遠回帰」は「同じ物〔自体〕」を帰還させるわけではなく、帰還するものは、《全体》でも《同じ》もの、あるいは先行的な同一性一般でもない。ただ、もろもろの極限形式だけが帰還するのであり、限界へとおのれを展開して力《ピュイサンス》の果てにまで赴き、変化しながら互いのなかへと移行する諸形式だけが帰還するのである。ドゥルーズは『シネマ2＊時間イメージ』でもこの点に触れ、「ニーチェは、『力への意志』という名のもとに、偽なるものの力能を真なるものの形態にとってかえ、真理の危機を解決するのであり、決定的に、とはいえ、ライプニッツとは反対に、真理の危機にけりをつけ、偽なるものとその芸術的で創造的な力能をそれにとってかえようとする」と述べている。参照：ジル・ドゥルーズ著、財津理訳『差異と反復』（下）（前掲訳注〔4〕）一二一〜一二四頁。同、宇野邦一郎・石原陽一郎他訳『シネマ2＊時間イメージ』（前掲訳注〔3〕）一八三頁。

〔8〕原語は「假華語電影」で、「偽中国語映画」と訳したが、この場合の「中国語」には中国の共通語だけでなく、香港で使われる広東語や台湾の閩南語などが含まれる。

〔9〕原文は「仿冒品」。現在、日本では知的財産権を侵害する物品は、「偽造品」「模倣品」「模造品」「偽ブランド品」「海賊版」「ニセモノ」等々、と呼ばれている。その使われ方はまちまちで用語例も確立されておらず、経済産業省が開設している政府模倣品・海賊版対策総合窓口のサイトでは、「模倣品」＝「特許権、実用新案権、意匠権、商標権を侵害する製品」、「海賊版」＝「著作権、著作隣接権を侵害する製品」と定義されている。一方、内外の有名ブランドの代理人として偽造品対策を業務とする弁護士のサイト「偽造品対策情報室」では、「権限が無いのに他人の商品の表示や外観を真似て他人の商品であると誤解されるような商品を製造すること」を「偽造」と呼び、そのようにして偽造された商品を「偽造品」と呼んでいる。第二章で論じる、ルイ・ヴィトンの日本公式サイトでも「偽造品」を使用しており、本書のキーワードも「偽」であることから、訳語にも「偽」を用いることにする。その際、単独の「仿冒品」は「偽造品」とし、「名牌仿冒品」は「偽造ブランド品」とした。ただし、「自序」の「偽ブランド・偽理論・偽グローバリゼーション」や、本章第二節のタイトル「偽映画・偽ブランド・偽台湾シャツ・偽台湾人」のように、「偽」が羅列される場合は、統一感を考えて「偽ブランド」とした。参考：http://www.anti-fake.info/teigi

〔10〕中国語では「符」も「服」もfúと発音するため、シンボル＝符号としての服装に「服号」という造語を当てている。

〔11〕「台客」は、第五章のキーワード。もともと戦後中国から台湾にやってきた外省人が、戦前から台湾にいる本省人に向けた

蔑称である。外省人は本省人が標準中国語を話せないことや、身なり服装の俗っぽいこと、立ち居振る舞いの粗雑なことをバカにしていた。詳細は第五章の分析に譲る。

〔12〕第五章のキーワード。原語は「嘻哈台」。「嘻哈」は「ヒップホップ」の音訳で、「ヒップホッパー」は、「嘻哈客」と訳される。「台」は「台湾的なダサさ」を表す形容詞。両方合わせることによって、ヒップホップやヒップホッパーのおしゃれなイメージと台湾的なダサさを併せ持つ「台湾的にダサいヒップホップ／ヒップホッパー」という意味になる。

〔13〕原文は「再地引述」。本書第五章二一三頁に具体的な説明がある。英語の注「re-cite and re-site」からわかるように、グローバルな要素をローカルな場で引用し、定着させること。

〔14〕第五章のキーワード。「台客」の女性版。濃厚な台湾カルチャー色と時代遅れのファッションが特徴。

〔15〕中国語の「似不像」（sìbúxiàng）は「似ていないようだ」の意味で、「四不像」（sìbúxiàng）と発音が同じ。なお、「四不像」と「似不像」の対概念は、ドゥルーズとガタリが『千のプラトー』で展開した「条理空間 Espace Strié」と「平滑空間 Espace Lisse」に対応すると考えていいだろう。条理空間とは、碁盤目状に区切られた空間であり、「縦糸と横糸、ハーモニーとメロディ、経度と緯度」などによって区切られ、縦横の明確な方向性をもつ「織物」である。それに対し、「平滑空間」とは「圧縮によってえられる繊維の錯綜があるだけ」の「フェルト素材」である。フェルト空間は、「権利上無限であり全方向に開かれていて限界をもたず、表も裏も中心もない」空間、「固定されたものと動くものの区別をせず、むしろ連続変化を配分していく」ような空間である。条理空間のように全体を均等に割りふる空間とは異なり、平滑空間は、部分的なつなぎ目によって、その場でピースが組みあわされてゆく「パッチワーク」的な空間なのである。つまり、「滑らか」というよりは無限定に「つぎはぎ」しうる空間であり、それも要素を足してゆくことで「連続変化」するようなノマド空間なのだ。参照：芳川泰久・堀千晶著『ドゥルーズキーワード89』（前掲自序訳注〔4〕）一七〇～一七一頁。

〔16〕バリバールは一九九二年に上梓した『民主主義の諸境界』（Les Frontieres De La Démocratie）以来、歴史的・政治的な「諸境界」（複数のボーダー（borders）という意味）に関心を払ってきたが、グローバリゼーションによる諸境界の消滅をいささかも信じていないと繰り返し述べている。諸境界の衰退や消失とは別に、新たな境界の増殖が見られるという理由については、『ヨーロッパ市民とは誰か』（松葉祥一・亀井大輔訳、平凡社、二〇〇七年一二月）第六章を参照のこと。

〔17〕原語は「仿冒跨國離散」（fake-dissemination）。"dissemination" は、ジャック・デリダの「散種」（「ディセミナシオン

Dissémination」）とホミ・バーバの「国民の散種」（「DissemiNation」）に由来する。デリダの「散種」の概念とは、「意味を繁殖させて通常の意味論的な空間を破壊すること」だが、これによってデリダは、プラトンのロゴス中心主義の脱構築、および文学理論における主題論的分析の批判を試みた。それは、意味が自らを分割しながら他と関係し、それに置き換わりながら自己を反復していく働きそのものを肯定しようとするものであり、いかなる意味でも背後の全体的な意味を前提しないものである。一方、バーバはデリダの「散種」を下敷きに、「国民の散種」という概念で、自由主義的国民国家の内部矛盾や国民内部に見られる文化的境界性の構造を問題にしている。つまり、外部の諸国民＝他者に対立するものとして創出される「国民」は、実は「水平な」社会観の下に文化的差異を均質化してしまうような近代的な記号ではなく、少数者の言説や争いあう人種の異質な歴史、敵対する複数の権威、文化的差異の緊張した位置関係によって、内部から規定されたものであるというのだ。そのとき、文化的差異の脅威は、もはや「他」民族の問題ではなく、一なる民族自体が抱える他者性の問題となる、という。ホミ・K・バーバ著、本橋哲也・正木恒夫他訳『文化の場所――ポストコロニアリズムの位相』「第八章　国民の散種――時間、語り、近代国民国家の周縁」（法政大学出版局、二〇〇五年二月）を参照のこと。

◉第二章　ハプティック[1]・グローバリゼーション

『グリーン・デスティニー』（以下、『グリーン』）は、なぜグローバルに売れたのだろう。まさか国民や文化を越境できる軽功のおかげ、というわけでもあるまい。

この映画は興行的にグローバルな勝利を収めたが、その文化現象が考察された際、二種類の解釈が現れた[一]。第一が、オリエンタリズムの批判的角度から、『グリーン』は「西洋人のために撮られた武俠映画」であり、異国情緒によるセルフ・オリエンタリズムやセルフ・ハリウッド化によって、中国文化の正統性を完全に失っている、というもの。第二が、文化翻訳と雑種化という積極的な創造性を強調し、古代中国文化の「江湖」（俠客が所属する特殊な社会）イメージによって、国民至上主義／男性中心主義／文化正統主義の膠着状態を打破し、現在の華人ディアスポラ群の多様で流動的なアイデンティティを強調している、というものだ。

本章では、上記二種類の代表的な批評的論述とは別に新たな道を切り開き、『グリーン』のグローバルな大流行とは三種（実質的な意味と隠喩を兼ねる）の「軽功」が相互に呼応しあった結果であるとみなしたい。すなわち、第一に、武俠映画ジャンルにおける「気論」[2]が人体を修業の場として、重力と人体工学の制限を超えた空中飛行を可能にしていること。第二に、現在のグローバル化論における「脱埋め込み」（disembedding）[3]と「権力の無重力状態」[4]について考察すること、つまり、映画という文化商品が資本と情報のスピーディーな流通を通して、テレメディアによって「ローカル性」という地域的な制約を超え、身軽に世界中を漫遊できるということ。第三に、「ポスト映画時代」のデジタル化論と「サイバースペース」の発展が、電子ゲームからコンピューター・アニメーションのSFX、ヴァーチャルリアリティー、俳優の演技に至るまで、新たな科学技術認識論に基づき、過去の制限から完全に解放された自主性と移動性を積極的に構築し、さらに「脱物質化」「脱身体化」「脱地域帰属化」された超速移動によって、「空間」を「場所」から切り離し、[5]「ヴァーチャル」を「真実」から解放したこと、である。しかも『グリーン』は、撮影から配給まで、映画美学から文化受容に至るまで、いずれもちょうどいい具合にこれら三種の非常に強力な空中軽功を重ね合わせているのである。古典的武俠映画の軽功が、ポストモダンのグローバル化された飛行に出会い、さらにヴァーチャルリアリティの超速移動に遭遇して、『グリーン』の「グローバルな流行」(global popular)は生み出されたのであった。[二]

だが、表面的な三種の高速移動はいずれも軽功飛行のように見えて、かえって異なる文化的感性と受容のあり方を呼び起こす。伝統的な武俠映画と古代中国のイメージに詳しい観客は、軽功と「気論」の関係や「空洞」(empty)と「空動」(void)の違いを知っており〔本章訳注29を参照のこと〕、刀剣武俠映画と拳法カンフー映画の違いや古典武俠映画と新武俠映画の違いを見抜くことができる。一方、伝統的中国武俠映画をよく知らない欧米の観客や中国語圏の若い世代は、『マトリックス』[6]の新SFアクション映画や『マリオブラザーズ』などのゲームから無重力の飛翔やジャンプ、空中移動などをイメージすることができる。そこで、『グリーン』のグローバルな大成功に伴い、多くの中国系監督が多国籍の資金とチーム、グローバルな配給スタイルで闘志満々我先に武俠映画を撮るようになった。例えば、張芸謀《チャン・イーモウ》の『HERO』(『英雄』)と『LOVERS』(『十面埋伏』)、何平《ホー・ピン》『ヘブン・アンド・アース天地英雄』(『天地英雄』)、徐克《ツイ・ハーク》『セブンソード』(『七剣下天山』)、陳凱歌《チェン・カイコー》『PROMISE 無極』(『無極』)、呉宇森《ジョン・ウー》『レッドクリフ』(『赤壁』)などだが、あっという間に江湖が湧きかえり、活況を呈した。ただし、この「グローバル東洋武俠ブーム」を前にして、本章が実際、理論的に企図しているのは、単に既成のグローバル化論の中でこの東洋武俠ブームの文化現象を評価したり、批判したりするのではなく、さらに一歩進めて東洋武俠ブームが現在のグローバル化論をいかに「書き換え」ているのかを考察することである。グローバル化論の「虚擬空間《ヴァーチャルスペース》」[7]が武俠映画の「凌虚空間《ハプティックスペース》」に出会った場合、この「虚」はその「虚」に対して、一体どのように「天馬行空」や「凌波虚歩〔8〕」的な微妙な変化を生むだろうか。一方では、民族の伝統文化的特色を最も備え、「海外」（に「離散した」）華人向けにことさら故国の文明をアピールすると言われる武俠映画は、もう一方では、最も雑種化された映画ジャンルのひとつであり、一九二〇年代末から二一世紀に至る史的発展の過程で、早くも様々な（ポスト）映画ジャンル、例えば、日本の時代劇、アメリカの西部劇、マカロニ・ウエスタン、ハリウッド・ミュージカル、アニメ、SF、ゲームなど――を雑多に混淆してきた。この武俠映画の史的発展と文化受容をめぐる「多国籍性〔原文：穿国性〕」（transnationality）は、あるいはまた、現在、すでに硬直化した純正／雑種、ローカル／グローバル、同質／異質などの論述スタイルと、「グローバル・ハリウッド」対「ナショナルシネマ」といった議論の枠組みを打開し、もうひとつの「軽功飛行―逃走線」（line of flight）の可能性をいかに創出するであろうか〔三〕。

そこで、これらすべてのグローバル化論に関する新たなタイプの思考を、『グリーン』に見る空中飛行の「軽功」から論じていきたい。

一、トランポリンとワイヤー：空中軽功の連続性と非連続性

中年になって恰幅のよくなった周潤「發」《チョウ・ユンファ》〔「發福」で太るの意味がある〕は、いったいどれくらい太っているのだろう。英語の同音異義語で同じ質問をすると、How FAT is Chow Yun-Fat？となる。ではなぜこのような質問をするのだろう。『グリーン』の最も有名な竹林のシーンで、大俠客のチョウ・ユンファと玉嬌龍《ユイ・チャオロン》役の章子怡《チャン・ツィイー》は一面青緑色の竹林で格闘し、空中で場所や位置を変え、浮きつ沈みつ、身軽でロマンティックな舞を披露する。木洩れ日が揺らめき、官能性が漂うこの竹林のシーンは、早くから現代武俠映画の正典

となっていた。ただし、いかにも体重のありそうなチョウ・ユンファと華奢なチャン・ツィイーが共に樹海を軽々と飛翔するさまを見たり、恰幅のいい中年体型をしたチョウ・ユンファが竹の梢から落ちずに、スマートに立ち、頑迷なチャン・ツィイーを正しい道に導こうとしても、重力に少しも引っ張られていないのを見ると、我々はやはり大侠客のチョウ・ユンファがなぜこんなにも軽々と飛べるのだろうと問わずにはいられない。

映画の撮影技術からいうと、答えはとても簡単で、『グリーン』の大部分の軽功飛行のシーンは、すべて役者を太いワイヤーで空中につるして撮っているのである。[四] アン・リー監督は映画的自伝『十年一覚《じゅうねんいっかく》映画の夢』〔原題『十年一覚電影夢』は唐の杜牧「遣懐詩」の「十年一覚揚州夢、贏ち得たり青楼薄倖の名」のもじり〕の中で、この作品の軽功撮影のプロセスで苦労したことを次のように語っている。

> 人は吊らなければ飛び上がれないわけですが、それは、我々が重力のある世界に生きているからです。実際、役者にはコントロールする力がなく、それは地上にあります。我々が使用したワイヤーは全部合わせれば役者の数倍重く、役者本人はワイヤーに合わせて揺れ動くのが精いっぱいでした。当時、地上では二〇から三〇人の武芸のスタントマンが支えており、チャン・ツィイーには八人、チョウ・ユンファには少なくとも一二人、多い時には二〇人がついていたのです。彼らがしたのは、「軽きがごとく、重きを挙げる」作業でした。人をほんのわずか軽功飛行させようとすると、大勢がワイヤーを引かなければならず、辛くて吐いた人もいましたが、彼らはいずれも袁和平《ユエン・ウーピン》のスタッフでした。（張靚蓓 p.330）

表面的には非常に軽やかで美しい格闘シーンは、工事用のウィンチを出動させてワイヤーを吊るしただけでなく、相当数の武術家が地上で必死にワイヤーを引いてくれたおかげで、チョウ・ユンファとチャン・ツィイーはようやく地上五六階のビルの高さのところをひらひらと舞ったり、武芸を披露することができたのである。

しかし、アン・リー監督から冗談交じりに「国粋」的と呼ばれたこのワイヤー吊りは、香港武俠映画の製作過程で土着の方法から練り出された秘伝の妙技であった。武俠映画発展史を振り返ると、「軽功」の撮影法は基本的に二つあり、ひとつがトランポリン、もうひとつがワイヤーを用いる方法である。(五) まずは、トランポリンの方から見ていこう。あるインタビュー記事の中で、香港の著名な武術指導者の韓英傑《ハン・インチェ》(龍虎武師出身。[9] 中国語武俠映画初の正式な武術指導で知られ、著名な役者・監督でもある)は、最初期は格闘シーンにトランポリンが使われていた点に触れ、「一九六一年に私は岳楓《ユエ・フォン》が撮った『燕子盗』に参加したのですが、そのとき立ち回りシーンにトランポリンを使ってみようとしたのです。七×五フィートのトランポリンを使って、女性主人公林黛《リンダ・リン》の代わりにトランポリンの上で飛び跳ね、カメラがパンすると、敵の頭上を飛び超えました」と語っている(劉成漢 p.319)。韓英傑の談話によると、当時よく使われたトランポリンは、長方形、正方形、円形、低脚型、傾斜型など多種多様で、「傾斜型の高さはわりと低かったものの、飛び跳ねると高く跳べたし、大きな変化もつけられました。面積は二×二フィートから七×五フィートまで、いろいろでした」という(劉成漢 p.321)。軽功がトランポリンを頼みにしたのは、跳躍力によるだけでなく、撮影技巧による映像を加味してのことであった。最もよく見られたトランポリンの運用法は「編集法」である。「まず地面から跳躍するシーンを撮り、次に屋上に落下したシーンをつなげるのですが、これが素早く屋根を伝い、壁を乗り越える『飛簷走壁』という軽功になるわけです。その間に空中でのとんぼ返りのシーンを挿入すれば、より高度な技になります」(蔡國榮)(六)。トランポリン運用法にはもうひとつ「逆回し」[10] があり、「大俠客は実際、屋根の上から下に飛び降りるのですが、逆回しで撮影してから正しい方向で映すと、敏捷できびきびしているように見える」のである(蔡國榮)。もっとも、この方法は映像が若干不自然に見えるので、次第に使われなくなった。

だが、トランポリンによる軽功を神業のように撮り、映画的な美感と躍動感を兼ねそなえていたのは胡金銓《キン・フー》監督をおいてほかにない。言ってみれば、『グリーン』の竹林シーンはキン・フーの『俠女』に出てくる竹林シーンへのオマージュであろうが、両者の違いは、一方が竹林の上での格闘、もう一方が竹林の中での格闘であり、さらに軽功を表現する撮影方法も映像美学も全く異なっている。それまで京劇の躍動感（伴奏の銅鑼や太鼓、チャンバラ場面での切った張ったや、舞台の出入りなどでの見えを切る動作を含め）を映画にうまく転換できると自負していたキン・フーは、トランポリンの逆回しを拒否していた。その不自然さを嫌っていたからだが（胡金銓 p.105）、かといって、ワイヤー吊りも作業が大規模になる割に（大量の時間と資金を投入する必要があった）、きれいに撮れないのを嫌って、あまり使わなかった（胡金銓 p.148）。キン・フーの武俠映画の軽功飛行は、大部分がトランポリンによる編集法だが、その独特なアングルと編集の方法は、ある種のスピード感と迫力に満ちた美的雰囲気を生み出し、数ある映画の中でもこれこそ最高と思わせる。キン・フーはかつて軽功の撮影技術について次のように述べていた。「人は螺旋状にくるくると飛び上がることはできません。身体的に不可能です。ただし、映画の中ではできるのです。例えば、トランポリンに乗れば、空中にジャンプできます。まず、彼が最初にジャンプするところを撮るのですが、最初のシーンは、彼に画面のフレーム左側に向かって跳んでもらいます。次に反対側に飛んでもらい、方向を変えながら何度もジャンプのシーンを撮るわけです。その後で編集技術を使いさえすれば、螺旋状に飛んでいるような効果を生み出せます。今、説明したのは簡単な例に過ぎませんが、最初にこれを使ったのは『俠女』でした。短いコマのフィルムを繫ぎ合わせると、網膜の残像現象によって、観客には螺旋状に飛んでいるように見えるのです。この編集技術によって、カンヌ映画祭で高等映画技術委員会グランプリを受賞しました」（胡金銓 p.107）。

しかも、『グリーン』でキン・フーにオマージュを捧げたアン・リーは、「軽功」に対するキン・フーのずば抜けた造詣が、回転動作としての軽功だけでなく、モンタージュ手法による編集技術にまで及んでいることも、当然十分理解していた。「舞台の出入りを、スクリーン上では衣裳がひらひらと舞うように表現し、とんぼ返りや回転動作は軽功に変えるのです。キン・フーはトランポリンを使って跳躍の動作を異なる角度から撮影した後、モンタージュで繋げ、スクリーン上で連続的な躍動感を生み出して『軽功』に見せたのですが、その手法は、エイゼンシュタインやヒッチコックの範囲を出ていません。『俠女』の竹林劇は、ヒッチコックの『鳥』で鳥に突かれて殺される場面や、『サイコ』の浴室での刺殺シーンと同様の手法なのです」（張靚蓓 p.437）。映画評論家のディヴィッド・ボードウェル（David Bordwell）も同様の鋭い観察によって、キン・フーの武俠映画の「軽功」は「建設的編集」（constructive editing）法によって、人類の身体には不可能な技を展開していると指摘している（*Richness*, p.26）。ボードウェルは映画発展史を整理し、この「建設的編集」が一九一〇年代にアメリカ人によって創始され、二〇年代のソ連映画人に改めて応用され、確立されたと認めている。この技術は、困難であったり、危険であったりする動作をいくつかに分割して、各部分を一つの独立したシーンによって説明し、観客が自分の目で全過程を見られない状況下でも、頭の中で一つの完璧な動作を構築するよう仕向けていた。同時にボードウェルは、武俠映画の発展史に拠って、この「建設的編集」の技法は格闘場面、特に武術の名手の回転や跳躍を描くのに最適であると指摘している（*Richness*, p.26）。さらにこの武俠軽功の「建設的編集」は、ボードウェルが論じたキン・フーの「一瞬の美学」の重要な映像スタイルになっていた。[七]

だが、『グリーン』の軽功は、トランポリンとモンタージュを捨て、ワイヤー吊りで一気呵成になされている。ワイヤーによる軽功はトランポリンのそれと同様、「長い歴史を持つ」武俠映画の伝統であった。ワイヤーは広東語で「威吔《ワイヤー》」、英語 wire の音訳である。香港武術の指導者・韓英傑の回想を引こう。「『威吔』が出てきたのは、早くは広東語の神怪剣劇映画、『如来神掌』（一九六四）の大鳥、怪物などで、武俠映画のニューウエーブが出てきてようやく大々的に広まりました。『威吔』とはスチールワイヤーのことですが、私たちが最初に使ったのは太い種類のもので、吊り下げると一千キロ以上ありました。役者はまず、帆布か革製の女性用水着のようなレオタードを身に着けるのですが、腰の後ろに四、五か所、ワイヤーを通すための穴が開いていて、腰の前で縛るようになっていました。ワイヤーの端は、空中にあらかじめ設置しておいた支柱、あるいはワイヤーに通してあり、数人が別の端を引っ張るのです。ワイヤー吊りのカットを撮るのに少なくとも五、六時間の準備作業が必要でした。敵の頭上を斜めに飛んでいくカットはまだよいのですが、空中をバランスよく飛ぶカットはずっと複雑でした」（劉成漢 p.320-321）。

そして、『グリーン』は今に至るまでワイヤーによる軽功が最もあますところなく発揮された武俠映画なのである。しかもその徹底ぶりは、現代のコンピュータ技術の発達のおかげで、より太いワイヤーとさらに強力なクレーンを使っても、それが目立たない点にあるだけでなく（ポストプロダクションの際、ソフトウェアのおかげでワイヤーは簡単に消せる）、さらにその撮影スタイルを作り上げるには、カメラをアクションに沿って動かせば、一気にできるという点にあった。換言すれば、『グリーン』の中では、俠客や俠女だけでなく、カメラでさえも軽功ができなければならなかったのである。もしもキン・フーのカメラによる軽功が「建設的編集」であるならば、アン・リーのそれはモンタージュではなく、カメラも人と同様、ワイヤーで吊るされ、空中撮影をすることである。アン・リー自身の説明によると、「役者がクレーンで五、六〇フィート、あるいは一〇〇フィートの竹林の上空にまで吊り上げられるとき、カメラもその高さまで吊り上げられなければならないのです。なぜならレンズは役者を水平に捉えるか、もっと上の方から撮影しなければならないからです。撮影班は機材を自家製の足場に固定し、さらにクレーンで吊り上げます。レンズは役者の高さに合わせて移動し、風のまにまに揺れ動きます。竹林シーンは九〇パーセント、ワイヤー吊りによって撮りました」という（張靚蓓 p.332）。ここから『グリーン』の軽功には二重の難度の高さがうかがえる。第一に、役者とスタッフを極度に苦しめるワイヤーは、空中でぐるぐる揺れ動き、位置と動作のコントロールが非常に難しいということ。第二に、カメラを吊るすワイヤーは人物と同じ水平の位置を保たなければならず、カメラも安定させ、ぐらぐらさせてはならないということ。そこで、カメラマンの鮑徳熹《ピーター・パオ》は讃嘆すべきハイレベルの技術を披露したのであった。『グリーン』のカメラはただ飛べるだけでなく、ときには人より高く飛び、武侠映画には珍しい空中飛行の俯瞰シーンを提供したのである（過去の武侠映画の多くは、軽功を下から上に撮影していたが、現在はコンピュータのおかげで、ようやく上から下へ撮れるようになり、ワイヤーが見切れる恐れもなくなった）。役者が飛び、カメラもそれに合わせて飛ぶとき、『グリーン』の軽功は身軽に屋根を伝い、壁を乗り越えるシーンを、モンタージュによる「非連続的」な動作の編集ではなく、身体を起こしてから飛び立ち、着地するまでの「連続的」な動作として表現し得たのである。

ただし、キン・フーの竹林シーンはトランポリンの軽功とモンタージュによるもので、アン・リーのそれはワイヤーの軽功と連続撮影によるものであると、ただ表面的に比較するだけでは不十分であろう。それは単にそれぞれの好みの問題というわけではなく、映画の撮影製作技術の発展と映像美学の連動に関わっているのである。我々はこのトランポリンとワイヤーによる軽功の「技術の差」が、二つの軽功映像に見られる「美学の差」をいかに構成しているかを追究する必要がある。キン・フーの竹林シーンの映像はリズムが簡潔、迅速で、ついていけないほどスピーディーな編集法により、侠女の徐楓《シュー・フォン》は身を翻して竹に飛び上がるや、まっすぐ立ち上がり、一挙に飛び降りる。実にダイナミズムやスピード、迫力に満ちている。一方、アン・リーの竹林シーンは、闘いであると同時に男女の戯れであり、刀剣を交えながら互いの胸の内を乱れさせ、譚盾《タン・ドゥン》[11]の計算の下に、緻密ではるかな音楽が緑波打つしなやかな竹林の海に、朦朧、恍惚とした情緒を添えている。このときの軽功は欲望と潜在意識の飛行だが、当然、「形を断ち切らない」連続滑走と連続撮影（非連続的編集による躍動感とテンポの早さではなく）のおかげで、ようやくこうした光と影のたゆたうロマンティックな雰囲気を「一気呵成」に仕上げられたのである。この「一気呵成」には別の深い意味があり、中国武術拳道と撮影スタイルの一種の潜在的な連結方式を含意している。まさに中国刀剣拳法の研究に余念のないアン・リーが次のように論じたとおりである。「拳道は自然でなめらかであることで、はじめて拳法の型を連続させることができるのです。形が途切れないということは力を滞らせません。力が滞らなければ、意志が満ち溢れ、意志が満ち溢れれば、物腰が落ち着くのです」（張靚蓓 p.346）。アン・リーにとって、ワイヤー軽功は「形の途切れなさ」や「物腰の落ち着き」といった中国武術の含蓄ある内容を表現するのを助け、『グリーン』の竹林シーンを「一気呵成」に仕上げることで、武術と撮影、技術と美学が相互的に呼応するようになっていた。（八）トランポリン軽功とワイヤー軽功には映像上の絶対的な優劣の別はないが、映像感覚と美学の雰囲気はまったく異なっており、それは、軽功によって誰でも飛べるが、その妙味はそれぞれ異なる、ということを意味している。

二、筋肉と内気、剛健と柔軟

以上の通り、武俠映画『グリーン』の「軽功」の見事な技術や真の秘訣は、ハイテクSFXによるのではなく、昔ながらの労力集約法によっていることがわかった。軽功は少しも「高」く（ハイテク）はなく、「低」い（ローテク）のであり、少しも「軽」くはなく、巨大なクレーンと二〇人が一人を支え、必死にワイヤーを引かなければならないほど「重」い。それでもワイヤーがあり、労力の集約もあり、熟練した香港の武術スタッフがいさえすれば、大俠のチョウ・ユンファがいくら太っていても、「軽々と」天空に飛び上がり、自由自在に竹林の上空を駆け巡ることができるのだ。だが、武俠映画の撮影技術とは別に、大俠のチョウ・ユンファが竹の梢に優雅に立っていられるのはなぜなのか、なにがそれを可能にしているのだろうか。いったいどのような文化的イメージ、どのような哲学と美学の伝統が、屋根をつたい、壁を走り、風に乗って飛ぶような武俠映画の軽功に、人々を夢中にさせるのだろう。

古今東西の文化的伝統には、いずれも人類が原始的飛行を夢見たかすかな手がかりが残されている。ただし中国と西洋では、飛行を想像する文化的表現に相当な違いがある。西洋では、飛行イメージの多くが異物を頼る形で確立しており、科学の発展による人体工学や流体力学に従うにしろ、超自然的な黒魔術に向かうにしろ、飛行イメージの多くは補助器具に頼っていた。熱気球やグライダーから飛行機、ロケットまで、ギリシャ神話のイカロスの蠟で作った翼から、魔女の箒、魔法使いの杖や棒まで、ティンカーベルの透明な羽根からスーパーマンのマント、スパイダーマンのロープまで、西洋の飛行イメージには常に辿ることの可能な「手がかり」があり、それなくして空高くは飛翔できない。翻って、中国の飛行イメージといえば、科学実験的な経路とは別に、文化的潜在意識に浸透しているのは「空中」飛翔であり、補助器具を借りない身体による飛行なのである。西洋人からすると思いもよらない（あるいは、でたらめであると非難される）ような軽功のイメージは、中国古代思想の気論や身体観と深い関係があるのだ。『グリーン』の大俠チョウ・ユンファの空中に浮遊する身体を理解するには、まず中国の哲学から美学、武術から芸術に至るまで一貫した「気―身体」を理解する必要があるだろう。(九)

まず、現代の日本思想史研究者栗山茂久の著書 “*The expressiveness of the body and the divergence of Greek and Chinese medicine*”[12]（『身体的言語――中西文化から見た身体の謎』）に付された二枚の図版から論じよう。同書左側の図版は、滑壽〔元代の大医学者、約一三〇四～一三八六〕の『十四経発揮』（一三四一年）から取られたものであり、右側はヴェサリウス〔Andreas Vesalius、ベルギーの医師・解剖学者、一五一四～一五六四〕の『人体の構造　七巻』（Fabrica、一五四三年）からのものだが、この二枚の図像を横に並べてみれば、すぐさま大きな違いに気づく。左図の身体は脱力して下方に垂れ下り、全身、上から下まで経絡と鍼灸のつぼの名称がびっしり書き込まれている。右

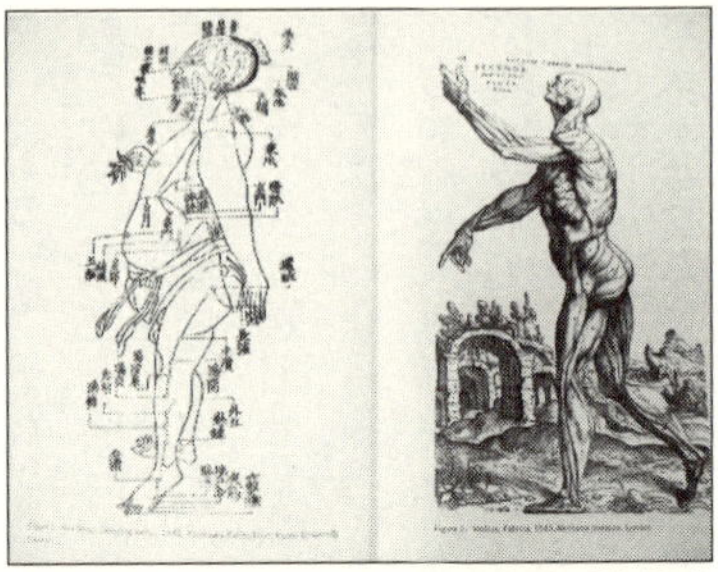

中国語版（栗山茂久著／陳信宏訳『身体的言語：従中西文化看身体之謎』究竟出版社、2001 年）より転載

図の身体は、頑丈でたくましく、筋肉組織は緻密で、筋もはっきりしている。一方は、ゆるやかで、柔らかく、平面的で重心が下にあり、もう一方は、緊密、剛健、立体的で、息を胸いっぱい吸い込み、上を向いている。この中国と西洋の図像の並置は、栗山茂久がまさに同書で中―西文化の異なる身体観を比較した重要な出発点であった。栗山によると、一方の重点は気血と経脈にあり、もう一方は筋肉組織と構造にあるという。しかも、左図のまったく筋肉のない鍼灸の人体像は、たるんだ身体が必ずしも中年太りや太鼓腹を意味するわけではなく、生命力が小腹に集中していることを強調し、リラックスして、ゆったりとした身体の容量を示しているのだ（栗山茂久 p.241-242）。まさに現代フランスの漢学者フランソワ・ジュリアン（François Jullien）が次のように言うとおりであろう。「中国人は解剖学にさほど関心がないため、中国の解剖学は依然として粗雑な段階にある。形態学の要素、例えば、器官、筋肉、腱、靭帯などに対する中国人の認識や特徴に対する興味は、『内』と『外』の交流の質、また、人体そのものを維持する生気に対する関心には遠く及ばない。中国人から見て、衣服を着ていない人体がいとも簡単に袋のように描かれても別にかまわない、という理由はここにある。人体というのは、もともと多くの穴が空いた容器なのだ。だが、これは極度にデリケートで細やかなエネルギーを装着した容器で、しかもエネルギーの伝送は注意深く追跡しなければならない」（p.70, 75）。左図の革袋やエアバッグのような養生した人体とは反対に、右図に描かれているのは西洋解剖学の伝統からくる筋肉質の人体だが、筋肉構造が把握され、コントロールされているため、自主的な意志と自発的な動作の重要性が際立っている。表面的にはそれぞれ虚と実の身体に見えるが、実際はいずれも各自の文化的伝統における「豊満な」身体イメージの表現なのである。栗山によると、「中国の養生した人物像の豊満さは、生命力

が外部に流出して損耗するのを避け、精力と時間の流失を拒むことから来ている。一方、筋肉的な人物像の自主性は、自主的な行動力、および意志によって独力で形成され、自然や機運の影響を受けて変化することはない」という（栗山茂久 p.288）[一〇]。

この筋肉男と空気袋男を比較した後、再び『グリーン』に戻り、大俠チョウ・ユンファの身体を点検すると、問題のポイントが「肥満」から「弛緩」へとすでに移行しているように思われる。武俠映画の大俠にとって、結局、太ることは由々しい問題なのだろうか、あるいは弛むことの方が問題なのだろうか。もちろん両者とも大したことではない。というのは、表面的な肥満、あるいは弛緩というのは、むしろ文化意識の上で「内気」と「内勁《ないけい》[13]」の充溢を意味するからである。大俠チョウ・ユンファは体の力を抜いてふうわりと竹の梢の上に立ち、風に揺れながら意識的に思考を丹田に集中させ、リラックスして全身の主要関節（脊柱・肩・肘・腕・寛骨・膝・踝）を緩め、柔らかな全身の筋肉にはまったく力を入れず（二重の「無重力状態」）、それによって、緩やかで柔らかく、ゆったりとした身体容器に内気を漲らせることができるのである。この緩やかで柔らかい身体が呼応するのは、まさに「軽きがごとく、重きを挙げる」軽功であり、表現しようとするのはまさしく剛柔併せ持ち、虚実相呼応する（太極）武術である。

だが、このような脱力した柔らかな身体というのは、男らしさを強調するアクション映画や鍛え抜かれた技にこだわるカンフー映画にとって最大のタブーであった。香港のスター、チョウ・ユンファは八〇年代の香港で一世を風靡した警察銃撃戦映画により一躍有名になり、『男たちの挽歌』や『ハード・ボイルド　新・男たちの挽歌』などの「マーク」役で、ジョン・ウー監督による香港ノワールの暴力美学とアクション映画のスタイリッシュな格闘の精髄を見事に表現していた。彼がアクション映画で見せる身体は、筋肉の塊を決して強調せず、八〇年代のハリウッド・アクション映画のボディビルダーやマッチョマンとは全く異なっている。もし当時のハリウッド・アクション映画の大スター、シルベスター・スタローン、アーノルド・シュワルツェネッガーが繰り広げるむきだしの筋肉美学に、アメリカ新右翼・共和党のレーガン政権下における白人男性の純粋な「男性的」イメージ（Ciecko, p.226）が充満しているとしたら、チョウ・ユンファの身体は、敏捷でたくましい腕前を武器に砲火銃弾の中で死線を彷徨う「動作中の身体」（body in action）であろう。ボディビルダーやマッチョマンが彫像のような静止動作や姿勢だけを披露しているのとは違うのである（Tasker, p.73）。筋肉の塊がなくても表現は可能であり、本物の武術やカンフーができずとも、チョウ・ユンファが十分使えたのは、彼のアクション映画の身体的魅力が生き生きとした表情やスタイリッシュな衣装、性格化された動作からきていたからだ[一二]。

だが、香港のアクション映画時代であれ、ハリウッドに移って活躍するようになってからであれ（『アンナと王様』『リプレイスメント・キラー』『バレット・モンク』）、若いころ、あるいは中年のチョウ・ユンファであれ、もし彼が『グリーン』で繰り広げたようなリラックスした柔らかい軽功の身体と、この種の身体が男性身体のアクション映像を内在的に覆す力を完璧に理解したいなら、アクション映画（香港式とハリウッド式）の文脈の他、武術映画（the martial art film）の伝統的な身体映像の違いにも一層注意しなければならないだろう。一般的に武術映画は「武俠映画」と「カンフー映画」に分かれるが、この二つのタイプの歴史的発展と映像美学の違いこそ、『グリーン』のリラックスした柔らかな軽功の身体を理解する鍵である。香港の映画研究者呉昊はその著作『武俠功夫片（武俠カンフー映画）』の中でかなり生き生きと真に迫った、かつポイントを押さえた方法で、武俠映画とカンフー映画の違いを比較し、次のように述べている。

> 武俠映画は刀剣や武器による格闘、カンフー映画は拳と脚による格闘（刀や棒が少々加わることはあるが）というように、格闘動作は明らかに異なる。映像美学の上でも大別され、武俠映画は奇怪で幻想的なアクション

の特撮（天空を飛び地中を駆け、空中で切り合う）や雰囲気作り（達人がいかに一撃必殺の決闘をするか）を許容し、見かけ倒しでもかまわない。一方、カンフー映画は拳と脚の動作による「地上戦」（特撮を加えると、格好よく鮮やかだが、実際は役に立たない拳術でありペテンの技であると謗られる）と、長時間の激闘（素手の殺人は容易ではない）を重視し、見かけ倒しであってはならない。両者は異なる形式の暴力であり、異なる感覚器官の刺激を備えてもいる。（p.145）[一二]

ただし、武俠映画とカンフー映画の発展概略史からいうと、両者は確かにシーソーゲームのような関係を繰り返し、互いに影響しあい、複雑にもつれあってきた。今のところ一九二八年に上海明星公司が撮影した『火焼紅蓮寺』を武俠映画ジャンルの起源とすることが多いが、粗末な特撮効果によって武術・神仙・妖怪をテーマとした「神怪武俠映画」ブームが生まれ、一時、銀幕には刀剣がひらめき、俠客や俠女が天を舞った。だが、それは四年にも満たぬ短いブームであり、頭の固い守旧派や関係機関の攻撃を受けて、勢いはぴたっと止み、「神怪武俠映画」の製作を専門にしていた天一公司も香港移設を余儀なくされた。[一三] 五〇、六〇年代は広東語・台湾語の「神怪武俠映画」が流行したが、一九六五年にショウ・ブラザーズが「カラー新武俠世紀」のスローガンを打ち出すと、ハリウッド・アクション映画の手法によるリアルなシーンと格闘動作に加え、カラーの大スクリーンがアピールされた。「新武俠映画」の名称を初めて冠したキン・フーの『大酔俠』や『残酷ドラゴン・血斗！　竜門の宿』（『龍門客桟』）、『俠女』などは文人の武俠世界を構築し、張徹《チャン・ツェー》の『片腕必殺剣』（『独臂刀』）シリーズから生まれた男性的な暴力美学は一大センセーションを巻き起こした。[一四] 七〇年代初頭、ブルース・リーの「カンフー映画」が現れると、それまで武俠映画にひっくるめて呼ばれていた「拳法映画」が全世界に知れ渡る。「当初、まだ『カンフー映画』という名称はなく、単に『拳撃映画』や『拳脚映画』と呼ばれるか、『武俠映画』の名称を踏襲するかであった。

おおよそ一九七一から七三年にかけて、ブルース・リーが香港に戻って映画を撮り、拳で天下を驚かして初めて、『カンフー映画』の名称が生まれ、Kung Fuという英語も世界にとどろいたのである」（呉昊 p.145）。ただし、カンフー映画が全世界に向けて破竹の勢いで進撃する一方、武侠映画がこれによって停滞を余儀なくされたというわけではない。七〇年代半ばには楚原《チュー・ユエン》が古龍《クーロン》の小説を改編した「唯美的文芸武侠映画」シリーズの『流星・胡蝶・剣』『天涯・明月・刀』が、八〇年代初頭には『サンダーボルト　如来神掌』（『如来神掌』）、『チャイニーズファイター　天空伝説』（『六指琴魔』）などの「SF武侠映画」が、続いて、ツイ・ハークや譚家明《パトリック・タム》らのSF・漫画・爆破とCG技術を結合させた「新武侠映画」、九〇年代にはツイ・ハークの『ワンス・アポン・ア・タイム・イン・チャイナ』（『黄飛鴻』）と『スウォーズマン』（『東方不敗』）のシリーズが登場し、最後に『グリーン』が最新の「グローバル東方武侠ブーム」をもたらしたのである。武侠映画とカンフー映画のシーソーゲームのような消長や盛衰の交代は、両者の間に持続的な相互影響を生んだだけでなく、映画のジャンルが転換しても旧習は変えがたく、期待を裏切るようなことも度々起こった。例えば、実際カンフーのできる李連杰《ジェット・リー》は、ツイ・ハークの『ワンス・アポン・ア・タイム・イン・チャイナ』シリーズに出た際、飛んだり跳ねたりの動作にワイヤーを用い、無重力軽功を披露したため、偽物であると誹られた。主人公の大侠、黄「飛」鴻は飛ぶことができず、ひと飛びしても本物のカンフーにはならず、ジェット・リーには罪がないのに、軽功を披露するやその努力は水泡に帰してしまったのである（Abbas, p.31-32, Dancer, p.47）。また、カンフー映画の期待を抱いて『グリーン』を見た観客は、格闘アクションが少なすぎたり、テンポが遅すぎたり、特撮が多すぎる点に失望を隠せなかった。

　ここで二つの英単語の微妙な違いを借りて、武侠映画とカンフー映画の違いを披露してみたい。「格闘」のfightと「飛行」のflightは、たったひとつの子音lがあるかないかの違いである。もし唐突な奇想でlを「象形文字」に無理やり見立て、それをぱっと身を起こして垂直に上昇する視覚的イメージ（トランポリンを用いるのであれ、ワイヤーを用いるのであれ）とするなら、武俠映画特有の「軽功」は、まさにカンフー映画の地上の「格闘」fightを武俠映画の空中「飛行」flightに転換させたものではないだろうか。（またはその逆で）カンフー映画の格闘は地に足がつき、実際の拳と腿、鍛え上げられた肉体により、生身の格闘を武術の最強の表現とするが、武俠映画の軽功は反対に地上を離れ、重力に逆らい、表面的にはおそらく武術の演技者が苦労しないですむように編み出された幻想的な特殊技術によるアクションなのだ。だが、背後には丹田の気を養い、そこから徐々に全身にくまなく巡らせる（気が体内を伝導する）という「学理」がある。筋肉・皮膚・骨を鍛えるのが所謂外練、精神と気を鍛えるのが内練だが、筋肉・皮膚・骨を鍛える技は目に見えるが、精神と気を鍛える内在的な修養は簡単には見えない。そこで、役者には表情や態度で示すことが要求されたり、武器の腕比べや格闘の過程で内気によって相手を弾き飛ばすような間接的な手法が求められたほか、軽功の空中飛行こそまさに最も視覚効果のある内気の表現とされたのである。さらに、ここでちょっとした冗談をご披露しよう。もしフェミニズム映画研究者のリンダ・ウイリアムズ（Linda Williams）が著書『ハード・コア』（Hard Core）でいうように、ポルノ映画で不可視のオルガズムを可視化させるキーポイントが「マネー・ショット」（the money shot）（男性役者の体外射精は目で見ることができる）にあるというなら、武俠映画の知覚できても目には見えない内気を可視化するキーポイントのひとつは、軽功飛行にあると言えるのではないだろうか。軽功が武俠映画の「マネー・ショット」になれば、映像消費上でも訴求力となり、映像哲学と美学の上でも象徴性が出てくるだろう。

冗談は冗談として、香港式とハリウッド式のアクション映画の違い、および武俠映画とカンフー映画の違いを検討した後で、我々はようやく『グリーン』の中で竹林の頂を漂う大俠客チョウ・ユンファのリラックスした身体を理解できるようになる。そこで展開される重要なポイントは明らかにゆったりとした構えの「内気」であり、猛々しくも軽率な「筋肉力」ではない。大俠客チョウ・ユンファが大俠客たる由縁は、手眼身歩法（太極拳の基本動作」という拳脚の一連の動作にあり、肩・肘・腕・胯〔腰の両側と股との間の部分〕・膝を自在に運用し、「目と心の合一、心と気の合一、気と身の合一、身と手の合一、手と脚の合一、脚と胯の合一」をすることにある。つまり、心体の力が合一した協調的なリラックス状態になってはじめて、急なること驚鴻の如し、静かなること山岳の如し、動くこと脱兎の如し、静かなること処女の如しといった「含胸抜背《がんきょうばっぱい》、虚霊頂勁《きょれいちょうけい》」[14]の動作も展開でき、エネルギーを内に秘めた武術の能力を表現できるのだ。アン・リーはデビュー作の『推手』から、中国の「意を用い、力は用いぬ」太極武術をかなり専門的に研究しており、それを修身養性〔身体の健康を保ち、精神を涵養する〕の気功の一種「動功」とみなすだけでなく、さらに奥深く精緻な隠喩の方法で、華人社会の相互影響や倫理的対処といった潜在的原則と人生哲学へと転化させていた。しかも、『グリーン』はさらに武芸と武徳、情感と信仰をひとつに融合し、大侠客チョウ・ユンファの空中飛行は、全身虚無の境地でリラックスした状態の下に内気の集中と運行を披露すると同時に、「上下相従い、内外相合い」、無為自在で、霊気が澄み渡り、空虚な修養の境地を繰り広げるのである〔もちろん女弟子兪秀蓮《ユー・シューリン》に対する関心やユイ・チャオロンの登場は、重力や人情の葛藤から完全に開放される修練に対する大々的な挑戦であった[一五]〕。

だが、『グリーン』の軽功が真に精彩を放つのは、やはりリラックスした身体が見せる「内気」であり、同時にそれが全編の美的雰囲気になっている点で〔単に侠客と侠女のみ軽功ができるのではなく、映画全体までも虚実と剛柔の間を周遊している〕、そのためこの作品は衣装から装飾品、山水から建築物、書道から剣道、音楽からアクションに至るまで、すべて意気〔太極拳は「意気運動」と言われる〕が運行される上での集散や虚実の相互影響、剛柔の相互補完の詩的イメージを呈しているのである。まさに、『グリーン』の撮影中にアン・リー監督と武術指導のユエン・ウーピン〔八爺〕の間で交わされた興味深い会話のようである。

（八爺も）こんな風に私に聞いたことがありました。「あなたはいったい闘いが欲しいの、それとも詩的な雰囲気が欲しいの。」私はこう答えました。「私たちはある種の『詩的な雰囲気』を闘いによって出すことはできないかな。」彼はいつものようにしきりにため息をつきながら言いました。「文人は大風呂敷を広げるね」。（張靚蓓 p.331）

だが、武俠映画としての『グリーン』の最大の魅力は、単に詩的な雰囲気を打ち出しただけでなく、それを映像化し、全体に貫通させ、聞かせたことにある。[一六]『グリーン』が文人武俠映画として感動を呼ぶのは、そこでの軽功が伝統的な通俗武俠映画のように派手な立ち回りで人気を煽り、興行成績を伸ばすような宣伝効果ではなく、動作もまた華やかなうわべだけのトリックではなく、深みのある文化的密度を備え、哲学から美学へ、芸術から養生へと至る一貫した「活気のある気品」を放っているためであった。

まず、大俠チョウ・ユンファが竹林シーンで身に付けた衣装から見てみよう。それは簡単なデザインの白っぽい長袍《チャンパオ》〔丈の長い中国服〕で、柔らかなシルクリネンの素材が、たゆたうようなドレープに極上の美しさを醸し出している。さらに、内側と外側の袍《パオ》が連動し、身体の動きに合わせて漂うようなグラデーションを生み、よけい柔らかに見えるのだが、それは、彼が安徽省歙県のシーンで着ていた重量感のある黄麻の長袍とはかなり異なっている。大俠が気迫を内に秘めた姿で竹林の頂に飄然と立つと、緑なす竹はしなやかに湾曲して、彼の白っぽい長袍の襞の揺れを引き立たせ、一種ダイナミックな静けさを表現する。このような動中に静あり、静中に動ありのキーポイントのひとつは、『グリーン』の軽功の「衣装と身体の一体化」にあり、ひらひらとした袂は「奮起する内気」の換喩である。[一七]もともと大俠の「気概」と「姿形」は、このように衣装の質感と躍動感に頼って表現されており、軽功の文化イメージからいうと、大俠チョウ・ユンファの衣装のたゆたうようなドレープは、彼のリラックスした身体に劣らず重要である。中国伝統芸術のイメージでは、衣装の「軽功」の方が身体の軽功よりも、むしろ全体的な影響を及ぼすとさえいえるかもしれない。解剖学から出発した西洋の人物画の伝統では、着衣の人物像を描く際、まず裸体、次いで衣服を描く決まりだが、それはちょうど裸体画を描く際、骨と筋肉の位置を定めた後で皮膚と肉で覆い、そうしてようやく筋肉の所在が明確になるのと同様である（栗山茂久 p.123）。だが、中国の人物画の伝統にあっては、ただ「天の衣は舞い上がり、一面に風動く」ばかりで、あたかも身体の実体と筋肉や骨組みの構造が完全に消失したかのように、山水の景物と一体化している（Kuriyama, Hay, 余蓮）。衣装の漂うような波動は、奮い立つ万物の気に合わせ、人とそれを囲む山水との親密な関係を繰り広げるのである。もし不可視の気が武侠映画では空中軽功によって表現されるなら、人物画では言うまでもなく衣服の波動によって表現されるのだ。「衣服の波動とその作用はまさにここ、つまり、衣服の裾、襞、袖、帯に見られる。なぜなら服装が編み出す波状のネットワークだけが人体内部の経絡のネットワークを外部に鋭く表現できるからである。人体はエネルギーの流れに貫かれ、鼓動を通して韻律ある脈動を伝えられるのだ」（余蓮 p.76）。大俠のチョウ・ユンファが竹の梢に立ち、衣装の袖を風になびかせるのは、身体の軽功であり、衣服の軽功でもあり、一種の「身体の消失」（解剖学的な筋肉身体の消失）であると同時に「身体の披露」（「気—身体」の体現）なのである。（一八）

はたして『グリーン』の軽功は極めて優れたもので、人ばかりか、カメラも、衣装も、ひいては全体の空間シーンでさえも飛ぶことができなければならないのであった。この映画は美術デザインから音楽指導に至るまで、すべてが「軽功」を武侠映画の「詩的イメージ」として、武侠映画の「詩的イメージ」を軽功の十分な可能性として生き生きと展開している。さらに、スモークやカラーフィルターといった、時代劇の雰囲気づくりに用いる通俗的な手法を放棄し、中国の水墨画の写意（中国画の手法のひとつ。微細な描写をせず、情趣の表現に重きを置く）による視覚的伝統を選んだ。美術指導の葉錦添《ウィルソン・イップ》は、色彩の処理上、強いコントラストを捨て淡泊な含みを出し、色彩の濃度を洗い流して中間色を選び、細心の工夫で広々とした心地よいスペースを造形している。[14]『グリーン』の空間は空っぽで、フレーミングは余白を重視し、変化に富んだ捉えがたい美しさを保っている。室内のシーンはかなり広々としており、例えば鏢局《ひょうきょく》〔旅客や貨物輸送の保護に当たった一種の運送業〕の天井の高い原木を使った建物の場合、前景は簡素だが、後景は重層的な構造で、画面の外枠の部分は変化に富み、光と影が行き渡っている。その上、音楽が雰囲気を醸し出すにつれ、タン・ドゥンはカスタネットと小太鼓の打楽器を銅鑼と太鼓に替え、舞／武と追跡シーンの動作のリズムを組み合わせて、馬友友《ヨーヨー・マ》に七弦琴特有の弦を撫でて押さえつける指法でチェロを演奏させている。加えて、雲南・貴州地方の楽器「把烏」〔フルートに似た管楽器〕が独特の音色でロマンティックなシーンを細やかに描き、はるか昔の物静かな詩的情緒を生み出している。武術の軽功を芸術の軽功にリンクさせた『グリーン』のスタイルは、中国の気論が映像芸術上で完璧に理解された活気あふれる試みであり、文章論の「養気説」[15]、絵画論の「気韻説」[16]、書道論の「運気説」[17]〔気は筆墨の中に滲み出る〕、および各種芸術理論上の「虚静説」[18]「神思説」[19]「物化説」[20]の想像可能な空間をひとつに溶け合わせている。『グリーン』には、能去《たちさり》・能就《たちどまり》、能柔《やわく》・能剛《こわく》、能進《すすみ》・能退《しりぞき》〔『三国志』南蛮討伐の巻〕という身体修行があり、能歩《あゆみ》・能居《とどまり》・能臥《よこたわり》・能游《あそぶ》の空間イメージもあり、すべては大いに緩やかで、大いに柔らかな気を全身に行き渡らせる方法で、離合と虚実の中を転化し、「気感」を「体感」(the haptic) とする一種の「ハプティックスペース」を見事に作り出し、現代の武侠映画にはきわめて稀な芸術的な成果となっている。

ここでいう「ハプティックスペース」にはふたつの重要なレベルが含まれる。ひとつは、美学空間の観念で、もうひとつは主体具現化の観念である。美学の観念についていうと、香港映画研究家の林年同が、早くも『中国電影美学』の中で、「ハプティックスペース」という言葉によって、中国映画発展史に見られる独特の空間意識を論じていた。彼にとって、西洋の「視覚構造」の空間理論は、近大遠小の一台の固定カメラによる撮影の透視体系に従っているが、中国の「ハプティック構造」の空間理論は、透視空間の外に展開する水平空間を意味し、前方が広く、後方が狭い透視空間ではなく、左右に広々と広がった平らな空間〔早期の「戯人電影」〔最初期の舞台人による映画〕と四〇年代後半の第二期の「文人映画」〔左翼文芸者による映画〕に代表されるが、アントニオーニから小津安二郎に至る水平線式の平面化空間も含まれる〕で、開放的・分散遠心的・平面配置・進退自在であり、スクリーンの外枠によって制限されていない。だが、武侠映画の軽功から発展してきた本稿の「ハプティックスペース」と、主に中国絵画論から発展してきた林年同の「游目騁懐《はるかに見渡し》・往復吐吶《あちこち見回す》」といった平遠〔山水画で前山から後方の山を眺望する構図〕空間には、表面的には少なからず通じ合うところがあるようだ。それは、いずれも「気」の充溢や流動、遍在を際立たせ、宇宙の気がその形態の間にいかに貫通・遍在し、事物の「変化」に潜入しているかを明確化しようとしているからである。ただし、本稿の「ハプティックスペース」がより明確化したい部分は、武侠の身体的内勁《ないけい》〔人体に潜在する力量〕としての「気」と武侠シーンの情趣としての「気」との連結である。

さらに、本稿における「ハプティックスペース」のより重要な側面は、空間と事物の間・気の存在と運動の間にある分離不可能性である。「古代中国で理解されていた空間とは、事物と分離して万物を受容する絶対空間ではなく、気の存在と運行の形式であった。空間の分布と様態は、完全に気の運行によって変化していたのである。それゆえ、気の存在と運行の特性は、まさに空間の特性でもあった。このような観念の集中した表現は、張載〔北宋の理学家。一〇二〇～一〇七七〔一〇七八の説もある〕〕の二つの言葉の中に現れている。すなわち、「太虚即気」〔太虚は即ち気なり〕・「太虚無形、気之本体」〔太虚無形は、気の本体なり〕[21]である。まさにこのような思想に導かれ、中国伝統絵画の作品には景物の外部を覆い、しかも景物を左右する空間の枠組みは決して存在しなかった。画家が追究したのは、美しい線によって流動する気韻を表現することだったのである。[22]作品の空間というのは、景物運行のプロセス、およびそれらの相互関係と存在の方式であった」〔劉長林 p.127〕。もし西洋の「絶対空間」が無一物の空《くう》から始まり、万物を収容して終わりとするなら、中国古代の武侠的「ハプティックスペース」とは、気の集散・具現化と運行を意味し、前者の「空」間は「空洞《コントン》」（empty）だが、後者は「空動《コントン》」（void）[23]（空間の「間」とは、時間運行のプロセスと変化のこと）であり、前者の空間が向かうのは「抽象的思惟」（abstract thinking）の発展であるのに対し、後者の空間が導くのは「身体的思惟」（body thinking）の可能性である。

もし「天地の化育を賛け」〔『中庸』三八第二二章〕、「天地の一気に遊ぶ」〔『荘子』大宗師篇第六の六〕といった表現で軽功を論じるのは、年寄りじみた古臭さの焼き直しであるというなら、ここで再び中英翻訳上の偶然の一致を運用して、理論概念を発展させることも可能だろう。中国語の「気」は英語では一般にchiと音訳されるが、もし軽功の「軽」をching[24]と音訳するなら、うまいぐあいに軽功の「軽」chingは「気」chiのing形となり、「軽」は「気」の動名詞、あるいは「気」の現在進行形になるのではないだろうか。『グリーン』という武侠映画の「ハプティックスペース」の「空動」が、軽功ching gongをうまく気の現在進行形にしたわけではあるまいが。同じ理屈からいえば、本稿の中国気論の援用もいわゆる伝統への「回帰」では決してない。なぜなら、気論そのものが変化とプロセスの「脱本質化」を強調しており、さらに映画と武侠映画ジャンルの軽功を気論に強引に合体させているからである。それは一種の気論のing形でもあり、気論の再度の「発言」（enunciation）と「身体的遂行性」（performativity）に他ならない。しかも『グリーン』によって中国気論を迂回し、西洋の透視抽象空間と対比させて構築する「ハプティックスペース」は、両者の間の混成的な場に介在する文化協商なのである。

三、「ハプティックスペース」と「サイバースペース」の「似不像」

ただし、もし中国の気論がまったくわからず、何が陰陽五行・八風四時・天人合一[25]かも知らず、武侠映画とカンフー映画の発展史の流れやジャンルの特色にも詳しくなければ、『グリーン』の生き生きとした軽功場面を見ても、真に理解できないというわけではないだろう。本章第一節では、映画撮影の角度から、大俠チョウ・ユンファの空中軽功の「技術の可能性」について論じたが、ワイヤー吊りと労力の集約によって、大俠チョウ・ユンファははじめて「軽きが若く、重きを挙げる」というように、竹の梢に飛び上がれたのであった。一方、第二節では、「イメージの可能性」を切り口に、「気」の ing 形としての空中軽功が、『グリーン』の中で格闘動作や衣装・武器・多層の建築物の間を転々と移動しながら、「雲気に乗り、飛龍を御して、四海の外に遊ぶ」（『荘子』逍遥遊篇）といった文化的な理想を、手を伸ばせば触れられるような身体の修練と空間イメージにいかに変えたのかを見てきた。本節では「技術の可能性」と「イメージの可能性」を検討した後、『グリーン』の第三の空中軽功がグローバル文化の上で「受容される可能性」を見ていく。

この部分の考察で特に強調したいのは、グローバル映画文化を受容する上での「トランスカルチュラル」と「トランスナショナル」のダイナミックな転換である。『グリーン』の第三の「受容の可能性」は、本物、あるいは本場の「中国性」（Chineseness）を再現する中で形成されるわけではなく、また完全に「雑種的」な文化翻訳と転換というわけでもない。ここで再び中国語の同音異字の巧みな連想を借用し、トランスカルチュラルとトランスナショナルな受容に関わる新たな理念を創造したい。それは、「四不像《スープシアン》」から生まれた「似不像《スープシアン》」（“simularity”、類似性）である。もし伝統的な単語「四不像」が純正で単一の判断基準を逸脱しているという理由で、あるいは既定のジャンルの境界を曖昧に混淆させたために貶められるなら、「似不像」の方はまさに「四不像」の分類不能と夾雑・混淆を有することで、かえって似ていると同時に似ていないクリエイティブなイメージ接合（imaginary articulation）や、多様で多方向的な豊さをとめどなく展開するのである。もし「似不像」の概念が英語に転換されるなら、ここで私の作った新たな語彙“simularity”に鮮明に対応できるはずであり、四不像のスタイルで

similarity, simile, simulation, simulacrum（四つとも皆「相似」のラテン語幹 similis に由来する）を結合し、幻影に似た既視感を強調するだろう。現在、『グリーン』のトランスカルチュラルな受容を論じた評論にしばしば見られる「文化的差異」、「文化的減価」、「文化的誤読」などの論点によると、中国と西洋の文化的価値や美的感受性、社会心理の違いが、この映画を受容し、解釈する上で整合できない差異（廖炳恵）を生みだしているという。比較的ポジティブな評者は、「文化翻訳」の創造性（Lee）と映画を多元的に見る浮動的な位置（Martin）を信じ、比較的ネガティヴな評者は「文化的誤読」という窮状（Chan）を危惧する。だが、本稿では空中軽功を出発点とした議論のポイントを、軽功の「文化翻訳の可能性」（cultural translation）ではなく、「トランスカルチャーの接合性」（transcultural articulation）に置き、「文化的差異」、「文化的減価」、「文化的誤読」の有無はここでの考察のポイントにはならず、「似不像」のイメージ接合と映像の横すべりがいかに生じるかという点が、最大の関心となる。

　では、『グリーン』の空中軽功の「似不像」とは、いったい何なのだろう。香港のカンフー映画とアクション映画が世界的に流行っているのは、身体動作の格闘がわかりやすい国際言語になっているからであり、ブルース・リーが威力を発揮しさえすれば、詠春拳《えいしゅんけん》〔広東省を中心に伝承されていた徒手武術を主とする中国武術〕であれ、截拳道《ジークンドー》〔ブルース・リーが生み出した武道〕であれ、ムエタイ、空手道、テコンドー、ボクシングであれ、すべてが簡単に通じ、文化や民族の境界は存在しないと、かつては誰もが考えていた。ただし、カンフー映画やアクション映画が、「玄人は腕前を見るが、素人はただ面白がる」という理由で国際的に流行したのであれば、武侠映画の軽功はどうだろう。無重力の「非写実的」な軽功は、明らかに普遍的でわかりやすい国際言語ではないため、中国気論や武侠映画の素人は、外的な補助器具に頼る必要のないこの種の空中飛行を、文化イメージのレベルでいかに受容し、鑑賞すればいいのだろう。そこで、本稿では「似不像」的思考を切り口とし、『グリーン』がトランスカルチュラルに受容されたことを二種類の映像空間の巧妙な重なりであると考えることにする。一つは前述した気感を体感とする「ハプティックスペース」で、もう一つは、現代のデジタル理論とコンピューターテクノロジーから出発した「サイバースペース」（cyberspace）である。『グリーン』のグローバルな流行というのは、「ジェーン・オースティンを武侠に出会」わせる（『グリーン』上映時の宣伝文句のポイントのひとつであり、アン・リーの一九九五年の作品『いつか晴れた日に』に対応している）というより、むしろ「ハプティックスペース」を「サイバースペース」に出会わせるようなものであった。以下で、二つの「サイバースペース」の例を挙げ、それがいかに『グリーン』の空中軽功のトランスカルチュラルな受容性を大幅に引き上げたかを検討したい。

第一に考察したい例は、アメリカ映画『マトリックス』が『グリーン』に一歩先駆けてグローバルに流行したことにより、後者の軽功がいかに手軽に人々の心に深く浸透したか、という点だ。『マトリックス』の登場によって、武術は欧米映画界でＢ級映画の地位から流行のＳＦに一変しただけでなく、東洋の「軽功」はＳＦアクションにおいて新しい視覚効果の焦点として正式に承認され、観客の耳目を一新し、感嘆させたのであった。アン・リー自身、『マトリックス』の成功について深く言及したことがあるが、ある意味それは『グリーン』のウォーミングアップであった。

『マトリックス』は先端の科学技術とハッカーを結合させたＳＦ映画で、主人公は長衣をまとい、ＳＦＸを使ったプロモーションビデオ的な映像です。けれど、脚本はそれをうまくまとめ、最後までじっくり見させるようになっていて、興行成績はかなりよかったのです。『マトリックス』は実際、武術が欧米で初めて大躍進した例ですが、一九九八年の時点で、欧米の観客は中国のカンフーになんらかのイメージを抱いていたものの、意識の上では普遍的であっても、実在のものとは受け入れられず、そのため映画の中で「武闘・軽功」の部分にはやはり科学的な解釈が必要でした。それは人類の幻覚の中にのみ存在しうるものであり、人間がイ

メージする世界にほんの一時的に発生しうるものだったのです。（張靚蓓 p.449）[二〇]

そのようなわけで、全身黒ずくめの長衣をまとったキアヌ・リーブスが空中移動したり、回転したり、ジャンプしたりしながら、念力を頼りに弾丸を躱《かわ》すのを見たことがあれば、全身白ずくめのチョウ・ユンファが竹林の天辺を漂い、浮き沈みするのは簡単に受け入れられるはずであった。同時に忘れてならないのは、『マトリックス』の武術指導ユエン・ウーピンがまさに『グリーン』の武術指導でもあり、『グリーン』がアメリカで配給された際、『マトリックス』の熱烈なファン（Chan, p.57）と袁家班〔ユエン・ウーピン率いる武術スタッフ〕の拳法動作に夢中なファンを特にターゲットとし、マーケットを設定していたことだ。他にも、キアヌ・リーブスのかなり女性化、「東洋化」された身体表現が、九〇年代のハリウッド・アクション映画における男性身体の可能性を部分的に書き替えただけでなく（Ciecko, p.226）、『グリーン』でチョウ・ユンファが見せた柔らかい身体を受容できるような度合いを大幅に引き上げた点も軽視してはならない。東洋のカンフーと西洋のＳＦＸを標榜する『マトリックス』は、重力に逆らう軽功を不可能なものはなにもないＳＦタイプのイメージの中にはめ込み、「非現実的」な軽功をＳＦ武闘アクションの中に成立させ、『グリーン』の武術スタイルと武侠身体観のためのウォーミングアップとして、武侠映画とＳＦアクション映画の「似不像」的接合可能性をうまく創出したのであった。[二一]

第二に考えたいのは、（日本の）テレビゲームのグローバルな流行である。ここでは、テレビゲームのグローバル消費にまで戦線を拡大するつもりはないし、テレビゲームの東洋思想（禅、気功、武術）やトランスナショナルな文化的影響（全世界がいかにアジアを消費するか、あるいはアメリカ市場に対する日本文化の反撃）についても論じない。ただ、テレビゲームのファンタジックな世界における無重力ジャンプが、『グリーン』など新世紀の武侠映画に文化受容の空間的可能性をいかに提供したかを論じてみたい。まず、武侠映画とテレビゲームの現代的連携関係について見てみよう。比較的全体的な思考の道筋からいうと、それは（ポスト）映画時代のデジタル連結とメディアミックスのことである。現在、映画のプロモーションには多種多様な娯楽ネットワークを展開し、映画・小説・ビデオ・DVD・テレビゲームと各種周辺商品を組み合わせて、市場をヒートアップさせる必要がある。『グリーン』の場合、映画がグローバルに大ヒットした後、同名のテレビゲームも勢いに乗じて発売された（パームトップ型のGBS、PC、PS2、Xboxとオンラインゲームを含み、ゲームの中ではじめて軽功アクションを取り入れたことを売りにしている）。さらに、現代の映画とテレビゲームの間では早くから密接な相互影響が見られ、テレビゲームから改編された映画もあれば、映画から改編されたゲームもある。また、ゲームと映像および映画の語り（原文は「電影叙事」で、ディヴィッド・ボードウェルの映画研究“Narratioin in the Fiction Film”の中国語訳でもある）の相互影響は、現代映画研究の新しい焦点のひとつになっている（『マトリックス』はゲームの美学から多大な影響を受けた一例である）。続いて、カンフー映画だけにターゲットを絞った特殊な文脈からいうと、「テレビゲーム／漫画のファンタジー」と「SF武俠」はアクション映画のサブジャンルを分析する上で早くから重要な項目になっていたことがわかる。カンフー映画の多くは、『ティーンエイジ・ミュータント・ニンジャ・タートルズ』（Teenage Mutant Ninja Turtles.1990）や『ストリートファイター』（Street Fighter）などのようにテレビゲームやテレビアニメシリーズから発展してきたが、特に八〇年代末、九〇年代初期のニンジャ・タートルズ・ブームによって、アジア武術は任天堂のゲームシステムを通し、大挙してアメリカに押し寄せたのであった。このブームは当時、テレビゲームやカンフーアニメ映画が盛んに生産されていたことにも直接反映している（Desser, “Martial”, p.90）[二二]。

だが、映画配給上のメディアミックスとカンフー映画の「テレビゲーム／漫画のファンタジー」的サブジャンルの側面とは別に、『グリーン』とテレビゲームのさらに重要な連結スタイルは、無重力の身体運動と空間の視覚的表現に見られる。[二三]映画学者ディヴィッド・ディーサー（David Desser）が香港武俠映画の、キン・フー『俠女』とツイ・ハーク『蜀山奇伝　天空の剣』を論じた際に指摘したように、「テレビゲーム／漫画のファンタジー」と「SF武俠」のサブジャンルは、武俠映画の巧みな技と不可思議な「空中飛行」を、理解可能で熟知されたものに変えてしまったのである（Desser, "Martial", p.101）。ここでテレビゲームの『スーパーマリオ』を例に挙げるなら、主人公のマリオはアニメの人物のように小柄だが精悍で、濃い眉に大きな鼻、ひげを生やして小さな帽子をかぶり、東洋文化を直接連想させるようなものはなにもない。その上、このゲームの面白さはストーリー展開（大魔王クッパに攫われたピーチ姫を、マリオが必死で救う）や、登場人物の心理や性格の描写（マリオが「立体的人物」（round character）である唯一の可能性は、丸々と太った体型にあるだろう）にあるのではなく、擬人化された空間の「標的物」（cursor）としてのマリオにあり、ゲームプレイヤーは、彼を断崖に飛び込ませたり、海中から雲の中にジャンプさせたり、次々と現れる危機と罠の中を逃げ回らせるのである。ゲームプレイヤーにとってマリオを操縦する快感は、なんといってもスピーディーな空間移動と豊富な場面転換の中で、無重力状態で上から下まで自在に移動する快感を味わうことにある。（二四）大俠のチョウ・ユンファはマリオに少しも似ておらず、『グリーン』も『スーパーマリオ』に全く似ていないとはいえ、「テレビ画面」でマリオが飛んだり跳ねたりするのを見慣れたゲームプレイヤーは、当然「映画のスクリーン」で飛んだり跳ねたりするチョウ・ユンファを見ても、おそらく少しも違和感を覚えないだろう。もし『マトリックス』が古代中国の山水風景をSFのシーンに「接合」できる可能性があるなら、『スーパーマリオ』も当然、王爺府（伝説の名剣「碧名剣《グリーンデスティニー》」を託された鉄貝勒の屋敷）や鏢局、大砂漠、竹林をテレビゲームのシーンに「接合」できるのである。両者はいずれもトランスカルチャーを受容する際に武俠映画の軽功が巧みに横すべりする例だが、地を飛び、空中移動する『グリーン』の軽功を見ても怪しいと思わず、かえって殊更熟知したような美感と快感を経験するのは、そのためである。

　つまり、グローバル文化を受容する場としての「似不像」（simularity）は、「ハプティックスペース」と「サイバースペース」にイメージの接合と映像の横すべりの可能性を生んだわけだが、忘れてならないのは、この両者の間にはおそらく巨大な差異が存在しているということだ。ここで一歩進めて、この差異の所在を考察するが、そのポイントは決して理論の正当性を講じようとすることではなく、「ハプティックスペース」はそもそも「サイバースペース」ではないと詳述することでもなく（両者はもともと「似不像」の方法で重なり合い、「誤読」の問題は存在しない）、これら両者の間に可能な差異性を、グローバル飛行を論じる際の「出発点」にしなければならないということである。では結局、「ハプティックスペース」（原文：凌虚空間）の軽功と「サイバースペース」（原文：御虚空間）の飛行はどう違うのだろう。前者の「虚」と後者の「虚」とはまた何が違うのだろう。ここで我々は、先に論じたflightについての理論的差延の部分を敷衍してみてもいいだろう。もし英語の子音l（それはまた、vertical, visual and virtualの三つのvが、縮めた体を真っ直ぐ起こしたものである）によって、カンフー映画の生身の格闘fightが、武俠映画の軽功飛行flightに変わるなら、我々はf-lightのlightによって説明すべきであり、以下では、「軽い」lightと「光」のlightとの違いを、「ハプティックスペース」と「サイバースペース」の差異の所在に発展させていきたい。

まず「サイバースペース」と「光」としてのlightが哲学と美学の上で可能な連結について、見てみよう。デジタルコンピュータの創造する「サイバースペース」は、幾何学的なX、Y、Z軸によって構成される3D立体グリッド（碁盤目）空間で、この空間概念にはいまだかつて明確に説明されたことのない西洋的イデオロギーと伝統が充満し、そこにはデカルト的空間[26]や客観的レアリスム、直線的観点などが含まれる。この「サイバースペース」の優位な観点とは、すなわち距離を保持した客観的観察にあり、あたかも「カメラ」の背後に隠れた自我が世界《シーチェ》（視界《シーチエ》）（中国語では世界と視界は同音shìjiè）に向かって開かれた窓を眺め、彼／彼女の存在する環境とは距離を隔てているような具合である（Pryor & Scott, p.168）。それゆえ、「サイバースペース」の「光」は「啓蒙」（en-light-enment）

的な抽象的理性を意味し、「サイバースペース」における「男根ロゴス視覚中心主義」(phallogocularcentrism)の至高の地位を際立たせる。また、視覚至上主義に対する「サイバースペース」の絶対的な依存は、それを空間モデルとするあまたのＳＦやゲーム映像の中に早くから見られた。『マトリックス』のカンフー・シーンの場合、ユエン・ウーピン指導の格闘動作と軽功のとんぼ返りはむろん精彩を放ち、『ストリートファイター』や『モータルコンバット』『鉄拳』(Tekken)などのゲームのカメラ運びをＳＦカンフー画面に転換させる努力もむろん成功しているが、『マトリックス』の中で視覚的にことさら震撼させられるのは、ＣＧが生み出す「弾丸飛行」である。この「弾丸飛行」の時間の状態は細大漏らさず拡大され、映像もミクロな時間を拡大しているが、決して伝統的なクローズアップとスローモーションではなく、「アナロジー」から「デジタル」まで、３Ｄモデルとデザインソフトによって模擬的に作り出されたヴァーチャル物体であった。[二五] この「弾丸飛行」はボードリヤールのいう「ハイパーリアリティー」[27]の遍在を完成させ、あらゆる透視法に生じうる暗い死角に「光」を当て、「ヴァーチャルリアリティー」を赤裸々に出現」させるのである。[二六] まさにヴァーチャルリアリティー研究者が嘆いているように、「このような世界においては、いわゆる『言われていない』(non-dit)、『見たことのない』(non-vu)、『思いもよらない』(non-pens)ものはもはやない」(Jean Hauser, p.18)。ロバート・スタムのいうように、「デジタル化された映像を捉え、同時にバザン〔André Bazin、一九一八〜一九五八〕的な映像(空間的真実性と時間的延長性)の「脱実体化」(Robert Stam, *Film Theory : An Introduction*, p.429)を進めるなら、『マトリックス』のサイバースペースのイメージの中で、本物の飛行の視覚ポイントは、重力に逆らった「ヴァーチャル(ノン)リアリティー」のワイヤーによる「軽功飛行」にあるのではなく、３Ｄデジタル特殊効果による「ヴァーチャルリアリティー」の「弾丸飛行」にあり、この徹底的に「脱実体化」された飛行は、捏造できるだけでなく、細大漏らさず観察され、監視され、修正されることが可能である。

だが、この「男根ロゴス視覚中心主義」主導の「サイバースペース」は、当然、現代のポストコロニアル理論が「啓蒙の光」によって展開する一連の「白色神話」批判をかわすことができない（白色を抽象的理性とする哲学的伝統から、白色人種を至上とする帝国植民地の心性まで）。『マトリックス』のSF場面であれ、『スーパーマリオ』などテレビゲームの「異次元世界」に対する欲望であれ、それらすべてがある種の「空間の華やかな消費」と空間征服の幻想に満ちているからだ（Fuller & Jenkins, p.62）。ちょうど現代のデジタル理論研究者の多くが指摘するように、ゲーム（およびゲームから発展したSF映画ジャンル）と西洋帝国植民地主義イデオロギーの影響下にあったトラベルライティングは、似たような空間の占有と征服の欲望を表しているのである（Fuller & Jenkins, p.62）。さらに面倒なのは、このSFゲームの帝国植民地主義的メンタリティは、前述の西洋哲学の伝統におけるデカルト的身／体二元論[28]と結びつき、それによって、純粋心理的で脱身体化した「大脳的自我」(a cerebral self) は、「サイバースペース」の「ソフトウェア」に主導され、「ハードウェア」や身体的な拘束を受けない全能で超越的な主体となり、抽象化され、デジタル化されたグリッド空間で絶えず外部に向かって自由に拡張し、天上天下万能なものとなるのである。

だが、このポストコロニアル的空間イデオロギー批判のほか、本稿でより関心があるのは、「サイバースペース」の「光」と「ハプティックスペース」の「軽」が、現代のグローバル飛行論と「軽功」の映像美学に一体どのように異なる影響を生み出しているかという点である。というのは、もし「光」が「サイバースペース」の身体と空間、主体と客体、内在と外在を分離させるなら、「軽」は「気」のing形として、「ハプティックスペース」を身体と空間、主体と客体、内在と外在を相互に絡みつかせる場にしているからだ。「ハプティックスペース」の「軽」は「光」の理性と視覚の抽象形式ではなく、気感を体感へと「具現化」(embodiment) することであり、ただ筋力を完全に放棄し、全身をリラックスさせた状態に置くことによって、気が流動して全身に行き渡り、ようやく人体は燕のように「軽」くなって、そうしてこそ、はじめて「軽功」となり、空中飛行できるようになる。「ハプティックスペース」は内外のエネルギー転換に頼っているため、身体は空間から離れて独立して存在できず、内部は密閉状態となって外部からきっぱりと区切られることはない。この二種類の全く異なる空間イメージは、さらに完全に異なる「体感」経験をもたらす。「サイバースペース」のいわゆる「体感」（the haptic）とはすなわち、センサーグローブ〔仮想空間でのさまざまな動作を可能にするセンサー付き手袋〕やセンサーコートを通して生まれる身体表面の接触・温度・圧力のシミュレーションを指し、ヴァーチャルリアリティーの視覚・聴覚・嗅覚・味覚と自分自身の身体的感受性などのシミュレーションとまったく同様、すべてデジタル情報処理のジャンルに属している。生命体と機械の融合したいわゆるサイボーグ（cyborg）——それが真の身体であるかどうかの議論は後回しにするとして——はスクリーン上の「カーソル」や「ポインター」に転化し、コントロールボタンやジョイスティック、テープデバイス、センサーグローブやセンサーコートの操作を通して、身体動作および空間征服上で完全に自由であるという幻覚を生む[二七]。一方、「ハプティックスペース」の「体感」は、身体によって気の存在と流動をいかに「体現」（embody）するかを強調しているが、知覚可能性を備えたこの現象学的空間は視覚のみを重視しているわけではない。つまり、軽功によって気の流動運行を「視覚化」するものの、この不可視のものを可視化するポイントは、知覚できるが不可視の（tangible but invisible）気を遍在させる点にある。それゆえ、「ハプティックスペース」の軽功飛行は表面的には何の下地もなく起こり、外在的な補助器具〔魔法の杖や空飛ぶ箒〕は必要ないように見えるが、実際はミクロとマクロの「気—身体」の相互関係（co-relation）や相互依存（co-dependence）なのである。一方、「サイバースペース」の軽功飛行は、表面的には外在的な補助器具に頼る必要があるように見えるが、空間と相互に分離した主体イメージの上では、単独で閉じられているだけでなく、さらに超越的、「脱体現」（disembodied）的でありうる（この超越的・「脱体現」的主体はまさに単独で閉じられた主体の「抽象化」であり、単独で閉じられた「身」体を超越した「空位」the empty subject position になる）。簡単に言うと、「サイバースペース」と「ハプティックスペース」の違いは、「空位」と「体現」の違いであり、「空白」と「余白」の違いであり、また「空洞」（「虚」の抽象化）と「空

動」（「虚」による連結、「虚」による介在）の違いなのである。〔29〕

ここで我々は、この「サイバースペース」と「ハプティックスペース」の理論的比較を、哲学方面の考察から、再び映像の比較分析に戻したい。本章第一節で、『侠女』と『グリーン』の竹林シーンを比較し、前者のトランポリンによる軽功とモンタージュが、後者のワイヤーによる軽功と連続撮影と明らかに異なることを証明してきた。我々はここでもうひとつ別の竹林シーンを加え、「ハプティックスペース」と「サイバースペース」の軽功飛行の映像画質の違いについて比較してみたい。チャン・イーモウの『LOVERS』も雄大な竹林シーンによって武侠映画にオマージュを捧げているが、この過度に視覚的なSFXを運用した竹林シーンは、「体現」的な軽功を「非体現」的な3D特撮効果に転換してしまう。『LOVERS』の竹林劇は、コントラストの強いプロモーションビデオスタイルの鮮明な映像により、武侠の完璧な「視界」を繰り広げ、『HERO』に出てきた国境に押し寄せる敵の大軍、黒い鎧の軍団を、ここでは地上を離れて竹林上空で猛り狂う黒雲のような悪勢力の追手に変え、空中飛行は妖怪変化のように見える。一方、『HERO』で書法館を滝のように襲った矢は、『LOVERS』では天から無数に降り注ぐ竹槍に変わり、さらに自動誘導の短剣SFX（『マトリックス』の銃弾と『HERO』の水滴神功〔弾丸ではなく水滴で相手を打つ〕に呼応しているが、注意すべきは、この映画の英語タイトルが*House of Flying Daggers*であることだ）が加わり、ぐるりと回って腰のところから真っ二つに斬るという、武侠映画が早くから日本の時代劇に学んだ腰斬法によって、男女の主人公を悩ませる密生した竹の群れを瞬時にして一斉になぎ倒してしまうのである。〔二八〕チャン・イーモウの竹林シーンは視覚至上主義の絶対化であり、その初志は大スクリーンの色彩とSFXの魅力によって、映画館から失われた観客を取り戻すことにあったのかもしれない。ただし、SFXに頼りすぎたことを見落としたため、単に観客の目を見はらせただけで、武侠映画が打ち出せる知覚可能だが不可視の情趣の余白を完全に失うことになってしまった。キン・フーの竹林シーンはスモークやライティング、前景遮蔽法、トランポリン軽功やモンタージュなどによって、独特の動作スタイルや映像リズム、「空山霊雨」（山水画のような美しさ。キン・フー監督の一九七九年の映画タイトルでもある）の美感を創出していた。アン・リーの竹林シーンは漂うようなワイヤー飛行によって竹林の上を行き交い、格闘も感情細やかで、軽功も官能的であった。一方、チャン・イーモウの竹林シーンは、ワイヤーもモンタージュも使っていたとはいえ、過度の「ハイテク」ＳＦＸのために、キン・フーやアン・リーの武俠映画が創出した竹林の情趣に太刀打ちできていない。アクバー・アッバス（Ackbar Abbas）がいうように、ツイ・ハークの武俠映画がＳＦＸを真の主人公にしてしまい、武俠映画の「身体的消失」を招いてしまったのなら、チャン・イーモウが『グリーン』のグローバルな流行に乗って撮影した『HERO』と『LOVERS』は、『グリーン』の「ハプティックスペース」をＣＧの「サイバースペース」に一変させてしまい、「気―身体の消失」を招いたのであった。アン・リーの軽功飛行は気の img 形であり、知覚可能でも不可視の気を可視化したが、チャン・イーモウの特撮飛行は「光」を「男根ロゴス視覚中心主義」の img 形としたのである。両者の軽功はいずれも不可視のものを可視化させたが、前者が知覚形式で体感経験を可視化し、可視を不可視に転換する一方、後者は純粋視覚の抽象形式による可視化で、可視化を最終目的として、「光」の照射の下に曇りを一掃し、一望のもとに絶対的な可視化を行ったのであった。

四、グローバル化の耐えられない軽さ

だが、以上のように「ハプティックスペース」と「サイバースペース」を比較したのは、映像美学に現れたふたつの軽功飛行の差異性を明確化するためだけでなく、むしろ、「グローバル商品」の軽功飛行イメージとしての現代映画に立ち戻ろうとしたためである。『グリーン』が飛べたのは、軽功飛行の映像が人口に膾炙していたことに加え、軽功飛行のグローバルな配給が大幅な利潤を獲得できたからであった（もちろん我々は、飛行機の中で『グ

リーン』を鑑賞するというもうひとつの軽功飛行の場面を想像することができる)。ただし、「グローバル商品」を実際と隠喩の軽功飛行として扱う前に、まず「グローバル人」の実際と隠喩の軽功飛行について見ていきたい。現在のグローバル化時代にあって、「移動性」(mobility)はすでに最も重要な階層分化の要素となっている。フルスピードの移動というのは、空中をスピーディーに移行する時間短縮機としての飛行機であれ、情報の高速道路としてのインターネットであれ、いずれも時空を圧縮した無重力状態に世界を突入させている(John Thomlinson, *Globalization and Culture*, p.5)。かつてのいわゆる上層階級と下層階級は、今日では垂直線の上方を飛行する「グローバル人」と下方を爬行する「ローカル人」に転化し、前者は富める遊牧民、後者は貧しき定住民である。その上、今日のグローバル化の重大な成果のひとつは、「グローバル人」を地域的な制約から切り離して自由に飛行させ、空間の偉大な独立戦争から完全に離脱させたことにある(Zigmunt Bauman, *Globalization : The Human Consequences*, p.9)。ここから見るに、「グローバル人」の実際および隠喩上の軽功飛行は、飛行機に乗ったり、インターネットをしたりするのであれ、ビデオ通話を用いるのであれ、あるいは、投資や注文、資金管理をするのであれ、いずれも重力の制限(肉体、地域、空間、物質、国境、文化の垣根)を脱したように、脱物質化された「権力の無重力状態」に燕のごとく軽々と到達できるということである(Bauman, *Globalization*, p.22-23)。一方、「グローバル商品」の軽功飛行は、「グローバル人」の軽功飛行と表面的には異なるもののその本質は同じである。どちらも物質的身体を抽象化するプロセスを通して、「使用価値」を「交換価値」や「象徴価値」へと転換し、商品を資本や貨幣同様、グローバルに自由に流通させているのである。ある程度のところでいえば、これら両者の軽功飛行イメージは現在の「サイバースペース」をモデルとするグローバル飛行論に属し、それが最終的に強調するのは、脱物質化・脱体現化という抽象形式である。

すでに「サイバースペース」と「ハプティックスペース」の違いを比較してきた空中軽功をめぐる本稿の理論

展開は、現在の「サイバースペース」を基礎としたグローバル化論に、これまでとはどのように異なる想像の可能性を提供できるのだろうか。ここで我々は再び本稿の理論展開の過程で出てきたキーワード flight に戻ろう。このアルファベットはこれまでの議論で、概念上三種類の展開を順次見せてきた。第一に、拳脚カンフー映画の格闘 fight から刀剣武俠映画の軽功 flight に転換するキーポイントは、まさにアルファベットのlの、空中を垂直に飛ぶ軽功飛行のイメージにあること。第二に、f-light にある light の「軽」と武俠映画の「軽功」の連結は、身軽であってこそ燕のように軽く飛べるということ。第三に、「光」としての f-light の light は、「ハプティックスペース」で「体現」された軽功飛行を、いかに「サイバースペース」の「脱体現化された」軽功飛行に転換するか、ということであった。一方、ここで展開したい第四の概念は、flight を「逃走」としてドゥルーズの「逃走線」(line of flight) と連結させ、軽功と逃走を「脱領土化」の共通イメージとすることである。本稿が最後のこの部分で展開させたい第一の「軽功飛行―逃走線」は、まさに英語の global の語尾にもうひとつのlを加えようとする試みである。カンフー映画の格闘 fight にlを加えると武俠映画の軽功 flight になるが、ではグローバルの global にもうひとつlを加えると、現在すでに「脱領土化」したグローバル化論（同質化／異質化、グローバル化／ローカル化）は、どのように異なるイメージ空間を展開するだろう。

まず、globall は ball の存在を強調する。第一に想像できるのは「形而下」の複数形の balls だが、それは男性外性器の一部として、penis のように phallus へと容易に抽象化されるようなことはないものの、明らかな性差の標識を備えている。それゆえ、「サイバースペース」の抽象的で全体的な global は、いったん balls を持つや、身体的になる（ジェンダー化された男性身体を原型とするが、西洋の伝統的二分法の男／女、心／体、精神／物質、文明／自然におけるジェンダー・コードではなく、ただ女性だけが身体であり、身体を有するというわけでもない）。このように身体的な globall は、さらにグローバル化した軽功飛行の物質的肉体的側面を我々に気づかせてくれる。「軽功」による地上を離れた飛行イメージとはすなわち、身体的な制約と物質への依存であり、絶対的な自由と無限空間の征服ではない。『グリーン』の軽功飛行が労働力の集中（軽功は少しも軽くなく、高くもない）を必要としていたように、「グローバル商品」の燕のような身軽さというのは、往々にして国際的な権力分配の不平等構造のもとに構築された労働力の分業であり、「グローバル人」の「高来高去」（垣を越え、屋根を越える武技）という優れた軽功が、時として覆い隠すのは、「ソフトの楽観主義」と「ハードの悲観主義」の分裂である。[二九] Globall に加えられた英語の l は、このときすでに単なる下から上への跳躍だけでなく、上から下への落下となるが（地面から垂直に飛び立った軽功には必ず落下するときがあり、短い飛行であれ、長い飛行であれ、下降する瞬間がある）、ただしこの落下には根が生えることはなく、「根源」（roots）を「経路」（routes）に転化し、飛行と落下の間（「飛行」と「爬行」の二項対立ではない）、抽象形式と物質的な肉体の間で転換を続けるのだ。

　Globall に関する第二の想像は、「形而上」的には単数形でありながら、集合名詞としての ball になることである。もし global が「地球」を指すなら、「ハプティックスペース」の飛行を出発点とした想像の globall は「気球」（気の球体）を指し、中国の気論に従い、丹田を球心として、四方八方に発散、往復し、大小宇宙に共通の気場（エネルギー場）を開くだろう。この「気球」はまた「気求」（気は至るところに分布し、呼吸することは外部に気を求めることで、内外が流通する）であり、それによって、「全球」（glob）は「全求」（個人の身体が世界に通じるようになること）となり、「全球人」（グローバル人）は一種の「全求人」と相互依存関係になるのである。もし、「サイバースペース」の軽功飛行が一種の内在的で自発的な表現として（ゲームのような）デジタル・ヴァーチャル運動の場に確立され、（ゲームする主体のような）単一で閉じられた主体の「筋肉」運動の自主的操作と自主的意志を展開するなら、「ハプティックスペース」の軽功飛行は、一種の気の「蘊動《ユントン》」（動き）としての運動《ユントン》であり（「蘊動」と「運動」は中国語では同音 yùndòng）、気を内外上下四方に流通させ、身体をインターフェースのように外部と循環させて主体を解放し、気場とするプロセスである。このプロセスは気の流れを絶えず変化させて、呼吸と体の動きを緊密に結びつける。そこでballを含むgloballが現れるや、身体も生じ、身体が生じれば、「体現」することも、「体感」することもできるようになるのだ。例えば、空中飛行する大俠のチョウ・ユンファには身体もあり、ballsもあるように、それは『グリーン』の製作総指揮ジェームズ・シェイマスが「with Chow Yuen-fat in a harness, hanging by his balls sixty feet up in the sky」〔チョウ・ユンファは彼のballsによって空中六〇フィートのところにぶら下がっている〕(Teo, "We") と形容したような身体であるばかりか、より重要なのは、大俠が表す「精を気に純化し、気を神に純化し、神を虚に返す」という「気球」と「気求」〔気を求める〕の身体である（もちろんもはやとうに脂肪太りや筋肉のたるみの問題ではなくなっていた）。

globall に ball(s) を持たせ、地球を気球に変え、全球を全求に変えた後、本稿がここで試みたい第二の「軽功飛行—逃走線」は、「グローバル・ハリウッド」対「国家映画」の硬直した論述スタイルに焦点を当て、オルタナティブな脱領土化思考の可能性を提起することである。もしglobalがgloballに一変するなら、硬直した論述の局面を打開するもうひとつの可能性は、もしかしたらnational 対 transnational の二項対立（「トランス国家」を、国民国家のコントロールから脱却し、国民国家を持続的に凋落させるものと見なすなら、この二項対立は二つの異なる方向に向かうだろう。ひとつは「国家」から「ポスト国家」への直線的で段階的なイメージに服従することであり、もうひとつは「国家」によって「グローバル化」に積極的に反抗することである）を、(trans) national の「私の中にあなたがいて、あなたのなかにわたしがいる[30]」——つまりすべてのtransnational の中にはnational があるだけでなく、すべてのnational はすでにtransnational というわけだ——に転換することだろう。[三〇] ここでのtrans は、映画製作および配給・消費プロセスの越境だけでなく、想像（映像）の共同体としての国家が不断に構築と脱構築を繰り返すダイナミックなプロセスをも指している。こうした思考の積極性は現代中国語映画の研究にことさら顕著だが、盧暁鵬（Sheldon

Hsiao-peng Lu）が一九九七年に編集した中国語映画論集『トランスナショナル中国語映画』（*Transnational Chinese Cinema*）という書名には、単一民族の覇権的イメージを脱構築する思考がすでに展開されていた。まさに彼が同書の「序」で述べているように、「中国映画」と総称される中国語映画は、早くから伝統的な定義による国家映画ではなく、文字通りの「トランスナショナル映画」であった。彼の指摘によると、いわゆる中国は複数の異なる政治地域と実体を含み、中国語映画の製作・配給および消費も、一九九〇年代にはトランスナショナルな資本主義のグローバル化時代に突入していたという。中国語映画の登場はいわゆる「中国性」に対して、文化・ジェンダー・エスニックグループなど多方面に疑義を投げかけたが、さらに重要なのは、中国の「国家」映画の構築がまさに中国語映画そのものを抑圧するトランスナショナルな特質の中でなされたことであり、「中国の『国家』映画は適切なトランスナショナルな文脈でのみようやく理解されうる」ということである。

同様に、映画研究者クリス・ベリー（Chris Berry）は中国語映画とナショナリティーを論じるにあたり、ポスト構造主義とポストコロニアルの「想像された国民」（imagiNation）と「国民の散種」（dissemiNation）の論述スタイルを取り、民族的な色彩、特長、形式をことさら強調したがる中国映画を脱構築し、差異と雑種性を許す「ポストコロニアル空間」（postcolonial space）を提供して、中国語映画における「国民国家」の呼称に替えようとした。彼はかつて二つの興味深い論文タイトルをつけたことがあるが、要点を押さえてその理論を説明すると、一つは「一国を二とする／もまた一国である」“A Nation T(w/o) o”であり、もう一つは「ひとつではないこれらの国」“These Nations Which Are Not One”である。この二つのタイトルの記述法は非常に創意に富み、台湾・香港・中国大陸間の複雑な相互関係（「一国二制度」「ひとつの中国」「一辺一国」「両国論」「ひとつの中国、各自の定義」など）を巧妙に示しているが、「ひとつではないこれらの国」の概念はさらに理論的なダイナミズムを備えているように見える。なぜなら、それはフランスのフェミニズム理論家リュス・イリガライ（Luce Irigaray）の「ひとつではないこの性」（This Sex Which Is Not One）に直接呼応しているからである。[31]イリガライの「ひとつではないこの性」はやはり西洋の「男根ロゴス視覚中心主義」を唯一の基準とすることへの批判であった。イリガライは著書の中で女性の身体イメージである「両唇」を提起し、男性の身体イメージが「陰茎」から「男根」への隠喩的同一化（metaphoric identification）であることと区別している。イリガライの「両唇」と本稿で前述した「双球」（globall の複数の balls は、男性身体の別種の「換喩」イメージとしての可能性であり、陰茎―男根の「隠喩」とは異なる）は、いずれも「一でもなければ二でもない」のだが、なぜなら一と二は両方とも「単一性」（oneness）の「固体化」されたイメージの上に構築されているからであり、もし流動や交換、変更があらゆる固定化されて閉じられた単一性を打破できるなら、「両唇」と「双球」はすでに「一」より多く、また「一」より少なくなる。さらに重要なのは、「両唇」と「双球」は当面のナショナリズム論に「隠喩的同一化」以外の可能性を提供し、「両唇」あるいは「双球」（前に展開した「気球」と「気求」も含む）が展開するのは、まさに「換喩隣接性」（metonymic proximity）の往還想像空間である。クリス・ベリーの「ひとつではないこれらの国」の素晴らしさは、まさにジェンダーの身体的政治言語を当面のナショナルな政治論にうまく進入させ、流動・交換・変更の「トランスナショナル」な想像空間を打開したことにある。

もう一つ別の理論的独創性を同様に備えた観点は、ミーガン・モリス（Meaghan Morris）の香港アクション映画研究に見られる。彼女の指摘によると、現在、グローバル映画に対するイメージは、多分にハリウッド大作工場のジャンルに限られているというが、彼女はハリウッドが当面の世界映画の覇権的運営に関わっていることは軽視しないものの、同時に、ある特定の歴史的時空の映画研究では、「グローバル」と「ハリウッド」は切り離して考え（普通に認識されている「グローバル・ハリウッド」ではない）、「非ハリウッド」的グローバル映画の文脈を明確化させるべきであるという。彼女は一九七〇年に撮られた『新座頭市・破れ！唐人剣』（『独臂刀大戦盲俠』、Zatoichi Meets The One-Armed Swordsman）を例に、香港アクション映画のグローバル発展史とトランスナショナルな文化的影響について説明している。この作品は香港と日本の合作で、日本映画の座頭市シリーズとチャン・ツェーの片腕必殺剣シリーズを合体させ、日本の映画監督安田公義がメガホンをとり、グローバルに配給された（興味深いのは、この作品には二種類の結末があり、ひとつは座頭市が剣士に勝ち、もうひとつはその反対で、それぞれの市場の好みに合わせている）。だが、香港アクション映画の製作は、一九七三〜八五年の多国籍出資による合作時代であれ、一九八五〜九三年のビデオ直接配給時代であれ、一本の映画の生産は、アメリカの監督、イスラエルのプロデューサー、ルクセンブルグの出資、アジアの助監督とスタッフといった、「トランスナショナル」なチームによることが可能であった。香港のアクション映画は近年になってようやくグローバル化したわけでも、近年ようやくハリウッドに進出したわけでもなく、香港のトランスナショナルな映画工業の発展史を見れば明らかなとおり、香港アクション映画はすでに「グローバル映画」であり、その重要な製作・配給・消費モデルは、現在のいわゆる「グローバル市場超大作」（globally marketed blockbuster）にも決して引けを取らなかったのである（p.185）。しかも、ミーガン・モリスの研究が提供しているのはまさに新しい解釈モデルであり、「アメリカ以外の国際都市のローカルな文脈で、いかにグローバル映画を理解するか」（"how to understand global cinema from a non-American, but cosmopolitan local context"）ということであった。

　これらの傑出した中国語映画研究は、すでに「ひとつではないこれらの国（国民）」と「ひとつではないこの地球（全球）」の新たな解釈モデルをうまく提起し、すでに領土化された「グローバル・ハリウッド」対「国家映画」の議論枠組みにはもはやこだわっていない。だが、本章の結論部分で、我々は再度「ひとつではないこれらの国」と「ひとつではないこの地球」の理論概念から、『グリーン』の具体的な分析とそれがもたらした「グローバル東洋武俠ブーム」に戻りたい。まず、ここにはアン・リー監督の、映画界の「グローバル（全球）人—全求人」としての「トランスナショナリティー」の問題がある。アン・リーはどこの国の人かと、現在まで彼の流動的で多重な身分には絶えず疑問が投げかけられてきたからだ。彼は台湾人、アメリカ人、中国人、中国系アメリカ人、あるいはアメリカに居留する台湾の外省人だろうか。「ディアスポラ・アイデンティティ」、あるいは「弾力的市民権」(flexible citizenship、政治的な権利ではなく経済を基礎とした市民権)を論じる際、中国語映画監督の中でアン・リーが一番引き合いに出されるのも不思議ではない(Dariotis and Fung, Shih)。しかも、彼の作品は台湾の中央電影公司制作の『推手』(一九九二年)や『ウェディング・バンケット』(一九九三年)、『恋人たちの食卓』(一九九四年)を含め、ハリウッドの映画会社による『いつか晴れた日に』(一九九五年)、『アイス・ストーム』(一九九七年)、『楽園をください』(一九九九年)、『ハルク』(二〇〇三年)まで、すべてスパンの大きなジャンル・地域・国民・文化的差異を見せている。二〇〇〇年の『グリーン』はまさにアン・リーがインディペンデント映画とハリウッド映画、芸術映画と大衆映画の間を長いこと彷徨っていたときの最高傑作であった。しかも、これらの作品がアン・リーのアイデンティティに対して投げかける疑問は、『グリーン』のアイデンティティにまで及んでいるのである。つまり、この映画は、「台湾映画」なのか、西洋映画(配給時の「中国製西洋映画」)か、外国語映画、ハリウッド映画、あるいは「外国人のために撮った」中国映画なのだろうか。だが、これらの問いの背後にある前提は、まさに固定的で単一の本質化したアイデンティティであり、もし「ひとつではないこれらの国」、「ひとつではないこの地球」の角度から見ると、「私の身分は不明です」というばつの悪さは、文化的な位置づけの相対的な流動性をかえって積極的に開放する。「国の栄誉を高め」、「故郷に錦を飾り」、台湾総統の接見を受けたアン・リーは、「生え抜きの」台湾人であるとしても、やはり永遠に「外人」(外省人・外国人・台湾同胞)であり、台湾コンプレックス・中国コンプレックス・アメリカンドリームの絶えざる葛藤の中で揺れているのだ。[三一] まさに彼の『グリーン』のように、ひときわ「民族色」を備えた武侠スタイルを取り入れても、あるいは「文化中国コンプレックス」、ひいては「龍の伝承者」[32]のような「民族主義コンプレックス」を盛り込んでも、永遠に「外国映画」なのである(ここでの「外」はポスト構造主義理論の「アウトサイド」を指すが、このoutsideは必ずしもinsideと対立せず、outside the inside / outside dichotomy、つまりインサイド／アウトサイドという二分法の外部である[二二]。

「外人」のアン・リーと「外国映画」の『グリーン』は、ハプティック・グローバリゼーションにおける「ひとつではないこれらの国」と「ひとつではないこの地球」の転倒性を具体的に説明している。しかも二一世紀の「グローバル映画」の成功例として、二〇世紀の「グローバル映画」であった武侠映画の輝かしい歴史を我々に気づかせてくれるのだ。『グリーン』は（非ハリウッド主導の）「文化労働の新多国籍分業」による撮影スタイルで、「ハリウッドと香港映画が過去十数年間、大陸で磨いた方法を結合させ」（張靚蓓 p.372）、台湾の監督、香港のスタッフ、大陸の制作および百名を超える人員、中国・香港・台湾・マレーシアなどの役者、大陸のロケ、アメリカの録音によって作られている。これが注目を促したのは、単にこれに続く「グローバル東洋武侠ブーム」だけでなく、さらにそれ以前の「グローバル東洋武侠ブーム」であった。武侠映画の発展を回顧すると、いわゆる「外埠」と呼ばれる海外市場が絶えず肝心な役割を果たしてきた。『グリーン』がまず海外に売り出されたのと同様（版権を事前に配給会社に販売した）、過去にも多くの武侠映画を東南アジアに売り出すことにより、撮影資金を調達してきたのである。最も早い上海時代の「神怪武侠映画」の場合でも、「外埠」はすでに最大の市場であった（Zhen, p.56）。一九六〇年代のショウ・ブラザーズの「新武侠映画」ブームの場合、中国語発音・英語字幕による国際配給ネットワークには、香港・台湾の他、日本、韓国、東南アジアおよび欧米が含まれていた。この「トランスナショナルな」相互作用は、単に武侠映画の配給と消費の面に見られただけでなく、武侠映画の製作過程とジャンルやスタイルの構築面にも重要な役割を果たしてきた。当時、香港武侠映画の大本営ショウ・ブラザーズは、『江湖奇侠伝』の監督徐増宏を日本に送って技術を学ばせたが、同社が最初に成功を収めた新武侠映画『大酔侠』は、撮影監督が日本人の西本正で（映画字幕の上では「賀蘭山」）、監督のキン・フーも西本正がその後の武侠映画の「躍動感」

に与えた影響を引き継いでいる（張靚蓓 p.437）。当時、多くの欧米映画が香港に出向いてロケを行っているが、香港映画と台湾映画は韓国でロケをし、映画技術の相互学習と交流をはかっていた（劉成漢 p.305）。しかも、当時の武俠映画の「雑種」的ジャンルは、早くから日本の時代劇、アメリカの西部劇、マカロニウェスタン、ハリウッドのミュージカルなどトランスカルチャーの影響を含んでいたのである。これらかつての「東洋武俠ブーム」の流行は、まさにミーガン・モリスのいわゆるオルタナティヴな（非アメリカ・ハリウッド的な）グローバル映画であった。

『グリーン』は武俠映画としては、ワイヤーワークの軽功飛行が生み出す気感を体感とする「ハプティックスペース」であり、グローバル商品としては、人材や技術、資本の軽功飛行が生み出すグローバルな興行成績の奇跡であった。だが一方で、それはまた古典的な武俠映画の軽功と、ヴァーチャル・リアリティーの無重力移動やポストモダンのグローバル化飛行に、「似不像」の重なりと横すべりの中で、差異比較の新たな理論化空間を産出させたのである。しかもこの理論化空間に「臥蔵《ひそんでいる》」（『グリーン』の原題は『臥虎蔵龍』）ものは、まさに我々に fight を見せてくれると同時に、そこに隠された flight をも見せ、flight を見せてくれると同時に、また隠された light をも見せ、さらに global を見せてくれると同時に、globall をも見せ、national を見せながら、また（trans）national をも見せてくれる。この種の論述プロセスの見せたり隠したりの交差は、まさに「理論化」そのものを「ハプティック・グローバリゼーション」のオルタナティブな軽功飛行にするのである。

本論文の初校は、二〇〇四年一二月三〜五日に中壢の台湾国立中央大学英文科主催「二〇〇四年台湾映画」国際学術シンポジウムの大会テーマ講演として発表されたものである。中国語の修正稿は『電影欣賞』第一二二期（二〇〇五年一〜三月、五八〜七五頁）に発表された。英文の修正稿は以下に収録された。"The Unbearable Lightness of Globalization: On the Transnational Flight of Wuxia Film", *Cinema Taiwan: Politics, Popularity and State of the Arts.* Eds.Darrell W. Davis and Ru-shou R.Chen. London: Routledge. 2007. 95-107.

引用文献

Abbas, Ackbar. *Hong Kong: Culture and the Politics of Disappearance*. Hong Kong: Hong Kong UP, 1997.

Baudrillard, Jean. "The Ecstasy of Communication." *The Anti-Aesthetic: Essays on Postmodern Culture*. Ed. Hal Forster. Post Townsend, WA: Bay Press,1983.126-134.

Bauman, Zygmunt. *Globalization: The Human Consequences*. Oxford: Polity, 1998. （『全球化：対人類的深遠影響』張君玫訳、台北：学群、二〇〇一）

Berry, Chris. "A Nation T(w/o)o: Chinese Cinema(s) and Nationhooda(s)." *Colonialism and Nationalism in Asian Cinema*. Ed. Wimal Dissanayake. Bloomington: Indiana UP, 1994. 42-64.

_____. "These Nations Which Are Not One: History, Identity and Postcoloniality in Recent Hong Kong and Taiwan Cinema." *SPAN* 34-35（Oct-May 1992-93）: 37-49.

Bordwell, David. "Aesthetics in Action: Kungfu, Gunplay, and Cinematic Expressivity." Yau 73-93.

_____. "Richness through Imperfection: King Hu and Glimpse." *Transcending the Times: King Hu and Eileen Chang*. Hong Kong: The Provisional Urban Council of Hong Kong, 1998. 32-39.（「不足中見豊盛：胡金銓驚鴻一瞥」『超前与跨越：胡金銓与張愛玲』香港：香港臨時市政局、一九九八、二五〜三一頁）

Braester, Yomi. "If We Could Remember Everything, We Would Be Able to Fly: Taipei's Cinematic Poetics of Demolition." *Modern Chinese Literature and Culture* 15:1（Spring 2003）: 29-61.

Chan, Felicia. "*Crouching Tiger, Hidden Dragon*: Cultura Migrancy and Translatability." *Chinese Films in Focus:25 New Takes*. Ed, Chris Berry. London: British Film Institute, 2003. 56-64.

Ciecko, Anne T. "Transnational Action: John Woo, Hong Kong, Hollywood." Lu 221-37.

Dancer, Greg. "Film Style and Performance: Comedy and Kung Fu from Hong Kong." *Asian Cinema* 10:1（Fall 1998）: 42-50.

Dariotis, Wei Ming and Eileen Fung. "Breaking the Soy Sauce Jar: Diaspora and Displacement in the Films of Ang Lee." Lu 187-220.

Desser, David. "Diaspora and National Identity: Exporting 'China' through the Hong Kong Cinema." *Post Script* 20:2-3（Winter-

Summer 2001）：124-136.

_____. "The Martial Art Film in the 1990's." *Film Genre 2000: New Critical Essays*. Ed.Wheeler W. Dixon. Albany, NY: State U of New York P, 2000. 77-109.

Fuller, Mary and Henry Jenkins. "Nintendo and New World Traveling Writing." *CyberSociety* 2.0 Ed. Steve Jones, London : Sage, 1998. 57-72.

Giddens, Anthony. *The Consequences of Modernity*. Stanford: Stanford UP, 1990.

Hay, John. "The Body Invisible in Chinese Art." *Body, Subject & Power in China*. Eds. Angela Zito and Tani E. Barlow. Chicago: The U of Chicago P, 1994. 42-77.

Irigaray, Luce. *This Sex Which Is Not One*. Trans. Catherine Porter and Carolyn Burke. Ithaca: Cornell UP, 1985.

Jenkins, Henry. "The Work of Theory in the Age of Digital Transformation." *A Companion to Film Theory*. Eds. Toby Miller and Robert Stam. New York: Blackwell, 1999. 234-261.

Kuriyama, Shigehisa. "The Imagination of Winds and the Development of the Chinese Conception of the Body." *Body, Subject & Power in China*. Eds. Angela Zito and Tani E. Barlow. Chicago: The U of Chicago P, 1994. 23-41.

Lee, Ken-fang, "Far away, So Close: Cultural Translation in Ang Lee's *Crouching Tiger, Hidden Dragon*." *Inter-Asia Cultural Studies* 4:2（2003）：281-95.

Lo, Kwai-Cheung. "Muscles and Subjectivity: A Short History of the Masculine Body in Hong Kong Popular Culture." *Camera Obscura* 39（1996）：104-25.

_____. "Transnationalization of the Local in Hong Kong Cinema of the 1990's." Lu 261-76.

Martin, Fran. "The China Simulacrum: Genre, Feminism, and Pan-Chinese Cultural Politics in *Crouching Tiger, Hidden Dragon*." *Island on the Margin*. Eds, Chris Berry and Feii Lu. Hong Kong: Hong Kong UP, 2005. 149-69.

Miller, Toby, Nitin Govil, John McMurria and Richard Maxwell. *Global Hollywood*. New York: Edwards & Fuglewicz, 2001.（『全球好莱塢』馮建三訳、台北：巨流、二〇〇三）

Lu, Sheldon Hsiao-peng, ed. *Transnational Chinese Cinema: Identity, Nationhood, Gender*. Honolulu: U of Hawaii P, 1997.

Morris, Meaghan. "Tansnational Imagination in Action Cinema: Hong Kong and the Making of a Global Popular Culture." *Inter-Asia Cultural Studies* 5:2（August 2004）: 181-99.

Pryor, Sally and Jill Scott. "Virtual Reality: Beyond Cartesian Space." *Future Visions: News Technologies of the screen.* Eds. Philip Hayward and Tana Wollen. London: British Film Institute, 1939. 166-79.

Shi, Shu-mei. "Globalization and Minoritization: Ang Lee and the Politics of Flexibility." *New Formations* 40（Spring 2000）: 87-101.

Stam, Robert. *Film Theory: An Introduction.* New York: Blackwell, 2000.（『電影理論解読』陳儒修・郭幼龍訳、台北：遠流、二〇〇二）

Tasker, Yvonne. *Spectacular Bodies: Gender and the Action Cinema.* New York: Routledge, 1993.

Teo, Stephen. *Hong Kong Cinema: The Extra Dimensions.* London: British Film Institute, 1997.

_____. "Only the Valiant: King Hu and His Cinema Opera." *Transcending the Times: King Hu and Eileen Chang.* Hong Kong: The Provisional Urban Council of Hong Kong, 1998. 19-24.（張建徳「忠義群像：胡金銓及其戯曲風味電影」『超前与跨越：胡金銓与張愛玲』香港臨時市政局、一九九八、一三一〜一七頁）

_____. "We Kicked Jackie Chan's Ass!: An Interview with James Schamus." *Senses of Cinema* 13（Apr-May2001）. Accessed 9 Nov. 2004. http://www.sensesofsinema. com/contents/01/13/schamus.html

Tomlinson, John. *Globalization and Culture.* Oxford: Polity, 1999.（『全球化与文化』鄭棨元・陳慧慈訳、台北：韋伯文化、二〇〇一）

Thompson, Kristin, "Fantasy, Franchises, and Frodo Baggins: The Lord of the Ringsand Modern Hollywood." *Velvet Light Trap* 52（Fall 2003）: 45-63.

Williams, Linda. *Hard Core: Power, Pleasure and the Frenzy of the Visible.* Berkeley: California UP, 1989.

Yau, Esther C. M. *At Full Speed: Hong Kong Cinema in a Borderless World.* Minneapolis: U of Minnesota P, 2001.

Zhen, Zhang. "Bodies in the Air: The Magic of Science and the Fate of the Early 'Martial Arts' Film in China." *Post Script* 20: 2-3（Winter-Summer 2001）: 43-60.

余蓮（François Jullien）／吉普森（Ralph Gibson）撮影／林志明・張婉真訳『本質或裸体』（*De L'essence ou du nu*）、台北：桂

冠、二〇〇四。

呉昊主編／天映娯楽策画『武俠功夫片』香港：三聯、二〇〇四。

林文淇「九〇年代台湾都市電影中的歴史、空間与家／国」『中外文学』27:5（一九九八年一〇月）、九九～一一九頁。

林年同『中国電影美学』台北：允晨、一九九一。

胡金銓述／山田宏一、宇田川幸洋著／厲河、馬宋芝訳『胡金銓武俠電影作法』香港：正文社、一九九八（原著『キン・フー武俠電影作法』草思社、一九九七）。

栗山茂久（Shigehisa Kuriyama）／陳信宏訳『身体的語言：従中西文化看身体之謎』（*The Expressiveness of the Body and the Divergence of Greek and Chinese Medicine*）台北：究竟、二〇〇一。

湯浅泰雄／盧瑞容訳「『気之身体観』在東亜哲学与科学中的探討：及其与西洋的比較考察」楊儒賓編『中国古代思想中的気論与身体観』台北：巨流、一九九三、六三～九九頁。

張小虹「江湖潜意識」『感覚結構』台北：聯合文学、二〇〇五、九六～一〇二頁。

――「電影的表面功夫」『感覚結構』一〇三～一一四頁。

張靚蓓編著『電影一覚電影夢』台北：時報、二〇〇一。

萬籟声『武術匯宗』台北：商務、一九八二。

廖炳恵「在全球化過程中的海外華人離散社群：視覚芸術中政治与文化公民権的分合」『中外文学』32:4（二〇〇三年九月）、一七～二八頁。

廖朝陽「災難無意識：地震、暴力、後現代空間」『中外文学』30:8（二〇〇二年一月）、九～四四頁。

蔡國榮「導演人人会飛，各有巧妙不同」『中国時報』二〇〇三年六月一八日、D２／娯楽大件事。

劉永皓「我玩故我在」『電影欣賞』120（Summer 2004）、九～一二頁。

劉成漢『電影賦比興集』台北：遠流、一九九二。

劉長林「説気」楊儒賓編『中国古代思想中的気論与身体観』台北：巨流、一九九三、一〇一～四〇頁。

顔斯・赫塞（Jans Hauser）／陳永鑫・孫松栄訳「芸術総是遅到?：従電影的前衛到遊戯的後現代性」『電影欣賞』120（Summer 2004）、一四～二三頁。

盧非易『台湾電影：政治、経済、美学（一九四九―一九九四）』台北：遠流、一九九八。

【原注】

（一）『グリーン』がグローバルなセンセーションを引き起こした原因を、多くの「愚か者の後知恵」が説明しようとしている。最も目にする見解はいうまでもなく、ハリウッドの配給スタイルの広範な神通力、というものである。この作品は、資金準備の段階でまず版権が前売りされ（北米地区の配給会社ソニー・ピクチャーズ・クラシックス、フランス地区の配給会社ワーナーブラザーズ、アジア地区の配給会社コロンビア・アジア部門など）、その前売り契約によって銀行から資金を借り入れた。そのため、『グリーン』はハリウッドの資金を直接注入したわけではないにもかかわらず、ハリウッドの配給ルートにうまく乗ってグローバルに普及し、アジアの大衆市場から欧米のアート系映画館チェーンを攻略し、各地の大規模な映画祭を転戦した後、欧米の大衆映画館チェーンにうまく入り込んだのである。二〇〇〇年の第一巡のアジア配給は、「西洋製中国映画」の宣伝法を取ったため、興行成績はいいところもあれば、悪いところもあった。台湾・シンガポール・マレーシア・韓国は非常にうまくいき、香港と中国（数ヶ月遅れの配給で、海賊版ＶＣＤが早くも街中に流通していた）は予想ほどよくなかった。それでもアン・リー自身は安堵して香港と日本の売り上げの分析を試み、「香港の反応は私の予想通りたいしたことはありませんでした。なぜなら、武侠映画というのは香港映画のジャンルで、今回も彼らの技術を使っているのですが、出来上がったのは彼らの好みではなかったからです。（……）日本は配給系列が特異なジャンルの映画（外国映画・芸術映画を含む）を扱うのが得意ではなかったうえに、少し先に上映したハリウッド大作『チャーリーズ・エンジェル』の方に力を入れていたため、好機を逃しました」と述べている（張靚蓓 p.398-399）。だが、欧米での配給は、周到綿密なメディア戦略とマーケティングが功を奏して、アート系映画館チェーンの観客層から武侠映画、女性、青少年観客層の間で次々と成功を確実にし、最終的には中国語による外国語映画としてははじめて欧米市場で未曾有の成功を収めた。

（二）ここで cyberspace の中国語訳を「御虚空間」としたことについては、廖朝陽の論文「災難無意識」を参照のこと。同論文はまた香港の学者アクバー・アッバス Akbar Abbas が台北のワークショップで発表した論文（"Cinema,the City and the Cinematic", paper presented at Workshop on Cities and the Cinematic, Taipei, June 20, 2001）について触れているが、そこで『グリーン』は最新の「サイバーカンフー映画」(「御虚功夫片」、cyber Kunghu)と見なされている。だが、本稿の重要な論点のひとつは、まさに「ハプティック武侠映画」と「サイバーカンフー映画」の違いを区別することにある。

(三)台湾ではtransは一般に「跨」と訳され、「穿」ではない。だが、「跨」はどちらかというと固定的な主体と閉じられた個体状態のイメージに偏っている。一方、「穿」の方は流動する主体と液体や気体状態のイメージに偏り、どちらかというと往復運動における弛緩や変更、転換の可能性を備え、また文化や国民には衣服を身体にまとったような「体感経験」があることを強調している。よって、さらに一歩進めると、気感を体感とする本稿の「ハプティックスペース」論に呼応するのである。

(四)本稿では、撮影技術や古代の中国文化イメージとグローバル文化受容の三方面から武侠映画による軽功の「再現の可能性」をひとつひとつ論じていくが、それは必ずしも現実世界における軽功の「実践の可能性」を扱おうとすることではない。一部の武芸書の記載によると、軽功は中国武術の重要な一部で天盤功夫とも呼ばれ、内家軽功・自然縦躍軽功・鉄錫碑の三種の鍛錬方法に分かれている。なかでも内家軽功を最高の境地とし、「あぐらをかいて気の修業をするか、朝晩気功の鍛錬をすれば、気を自由に起こしたり、沈めたりできるようになる。三年、あるいは六年後には数丈〔一丈は約三・三メートル〕の高さ(軽功の高さは三丈を超えない)まで飛べ、羽のように身軽に壁を伝い、水面を歩けるようになる。軽功はこの状態を最高とするが、さほど多くは見られない」(萬籟声 p.176-177)。ただし、人はいったい真実の世界で訓練すれば屋根を飛び、壁を伝い、地からまっすぐ飛び上がれるようになるのか、それを議論することは本稿の範囲ではない。

(五)ハリウッドの伝統的な「飛行」場面では、多くの場合、「スクリーンプロセス」(背景を映したスクリーンの前で、役者が両手を広げて飛ぶ演技をするもの)、あるいは、「ブルーバック合成」(役者が青い布の前で飛ぶ様子を演じ、次に雲や霧、または俯瞰した都市や山河のシーンをダブらせる方法)を採用している。例えば、『アリババと四十人の盗賊』や『スーパーマン』などはみなこのような効果によって天空を飛翔している(蔡國榮)。だが、この種の子供だましの「飛行」シーンは、現在、中国語武侠映画の軽功飛行にはあまり見られない。

(六)蔡國榮がここで挙げた例は、一九六〇年代に中国語ニュー武侠映画が盛んになる前の、蕭芳芳《ジョセフィン・シャオ》や陳寶珠《コニー・チャン》が主演した広東語武侠映画のことだが、一九二〇年代末の「神怪」映画の誕生期に侠客・侠女はすでに空中を飛んでいた。つまり、トランポリンもワイヤーも、いずれも六〇年代に興ったニュー武侠映画「初の試み」ではなかったのだ。ただし、「軽功」

を武俠映画の重要なジャンル的特色とするなら、この段階は確かに飛行技術が熟練の域に達しつつあったと言えよう。

（七）キン・フー武俠映画の美学的構成について、ボードウェルの文章は深く切り込み、他の追随を許さないほどみごとな解釈をしている。それによると、キン・フーの「一瞬の美学」の映像スタイルは、ただ名人の武芸をほんのわずか披露するだけなのだが、かえってこの「不足感」が逆に働き、卓越した武芸の腕前を感じさせるという。早くから、カメラがほとんど捉えられないような地点にほぼ到達し、動作を曖昧に見せる各種の視覚操作法（例えば、様々な前景が作り出す視覚障害）や、構図の技巧（例えば、傾斜した画面）、スピード編集などが、キン・フー式の他に並ぶ者のないスタイルになった。だが、ボードウェルのいわゆる「一瞬の美学」はいくらみごととはいえ、ただ撮影の構図と映像編集上に発揮されるだけで、それが中国哲学や美学の伝統にまで広がっていくような可能性には及んでいない。例えば、一種の迂回空間である前景の遮蔽が生み出す美学や具体的描写と想像が結合したいわゆる「虚実相生」は、速すぎ・遠すぎ・偏り過ぎる動作を表現することができ、中国武術の「聴勁」の鋭敏さの方が視覚に支配された身体反応や動作よりはるかに速いということを提示できるかもしれないのである。ボードウェルは視覚中心で撮影技術の解釈法に偏っているため、彼の「不足感」を論じるスタイルには別の不足感が残ってしまう。

（八）中国哲学と美学上の「一気呵成」についてのさらなる議論は、本章第二節の「気」と「軽功」を論じた部分で改めて展開する。

（九）中国の気論方面の史料と関連論文は膨大な量にのぼるため、本章ではそれを仔細に分析したり、詳述したりするつもりはない。本章が援用したいのは次の二点である。第一に、武術および芸術における「気―身体」の発展の可能性を特に重視すること。この身体とは、ミクロな物質的身体であると同時に、マクロな宇宙の身体でもあり、『易経』以来、人体を道―気の容器と「宇宙と一体化した」天地の気と見なして結合させた考え方である。これによって明確化したいのは、「気が集って形となり、形が散じて気になる」という変化における気と万物の結びつきであり、また、この結びつきが武術修養の「気勢」と芸術的雰囲気の「気品」へといかに発展していくか、という点である。さらに本章が中国の気論を援用するもうひとつ別のポイントは、西洋哲学との違いを比較することにある。つまり、「西洋の伝統的なメタフィジックは、外部から物理的な自然界を観察してその法則を理解することだが、東洋の形而上学は自身を自然界の一部とし、それ自身の潜在的構造を実践的に認識しながら、目に見えない宇宙の支配原理を探求すること」である（湯浅康雄 p.74-75）。さらに、飛行イメージと主体的「能動性」（agency）について、西洋と中国の異なる主張を比較することもポイントのひとつである。第一のポイントは、本章第二節の軽功の文化イメージと芸術的発展の中で検討し、第二のポイントは、第三節のハプティックスペースとサイバースペースの違いを比較する箇所で展開する。

（一〇）栗山茂久は、資料整理（医学史を中心とした）と論述展開に優れた手並みを見せつつ、同書では中／西の身体観の違い（古代中国と古代ギリシア）を明確化する一方、両者の違いを絶対化したり、本質化、二項対立化させたりすることは避けている。彼は、「気息」という霊魂から「筋肉」という身体に至る古代ギリシアの思想史的転換をかなり強調し、フランスの研究者ジョルジュ・カンギエム（Georges Canguihem）の次のような説明を引用している。つまり、「アリストテレスにとって、運動というのは原始的で揺るぎない行為者に頼るものであった。自然におけるすべての運動は、呼吸と模倣を通して一種超自然的な行為に頼っているのである。最も完璧な陸生動物――人類――の体内には、外部から進入した一種の霊魂が宿っているが、この霊魂は神聖な蒼穹からやってきた星の霊魂である（……）。一方、ガレノス〔Galen, 130-200、ローマ帝国時代のギリシャの医学者、哲学者〕にとって、運動は実際、内在的な自発性の表現であった。（……）それゆえ、ガレノスの観念の中で、生物の運動は身体組織に内在する一種のパワーの現れの結果であった。動物（……）は自分の環境で活動し、（……）筋肉の運動によって自分を自分の中心から引き離すのである」（p.160）。だが、西洋解剖学の隆盛により、身体の運動は有機論から機械論へ、宇宙運動の目的論から主体的な支配者の自発的な動作へと次第に変化し、身体に対する霊魂や気息の影響を弱めていった。しかし、身体器官を「気」官（英語の organ にはもともと器官と楽器のオルガンの意味がある）や、内在する気息と気の流れるような霊魂と見なす信念は、西洋文化の後続する発展過程で完全に消えたわけではない（p.284）。もちろんこの「気息」説と中国の「気論」との間には相当な距離があるが、それでも身体をミクロコスモスとマクロコスモスの照応関係であると強調しており、本章第三・四節で批判する「ヴァーチャルスペース」の基礎となったデカルトの身／心・主／客の二項対立的な抽象空間のモデルとは相当異なっている。

（一一）チョウ・ユンファは二丁拳銃の看板アクションを披露するほか、ときおり「口唇期」イメージにあふれたしぐさをふと見せる。例えば、指をしゃぶったり、銃を葉巻に見立てたり、マッチを食べたりするのだ。さらに、彼の警察アクション映画の「ホモソーシャル」（male homosocial）や「男の絆」（male bonding）、異性愛的欲望の抑圧なども、一貫して評論家たちの関心の的である（Ciecko, p. 227）。香港とハリウッドのアクション映画スタイルの相互影響と人材交流、および香港カンフー映画の沿革発展、スタイルの特色、異文化受容などの人種・性別・性欲の傾向に見られる違いについては、すでに中国語映画研究の重点のひとつになっており、蓄積された関連研究にも非常に優れたものが多い。ただし、本稿の考察とは焦点がずれるので、これ以上は深入りしない。

（一二）以下も参照のこと。Teo, *Hong Kong Cinema*, p.98.

（一三）張建徳は「忠義群像」という論考で、早期の上海「神怪武侠映画」と一九六〇年代の香港式新武侠映画の「血縁」と「組織」の関連に言及している。つまり、「天一公司の香港支社は最終的にショウ・ブラザーズ（邵氏兄弟公司）となったが——そのつながりは、単に血縁上の関係（天一公司の社長は邵氏兄弟の長男邵酔翁）だけでなく、中国映画発展史の軌跡に呼応している。というのは、当時、中国映画製作の中心は、まさに上海から香港に移動していたからである（現在は再び上海に戻っているともいえよう）」(p.13)。より詳細な武侠映画発展史については、呉昊『武侠功夫片』および張建徳（Stephen Teo）の中文・英文著作を参照のこと。もう一つ別の興味深い偶然の一致は、一九六六年にキン・フーの『大酔侠』が出たことである。これは、世に出るやいきなり天下を制し、初めて国際的に配給された邵氏武侠映画の定番として知られるが、作中には成龍《ジャッキー・チェン》や陳小東《チン・シウトン》らが子役として小坊主の中にすでに「隠れて」いた。かつての武侠巨編には、後のカンフーアクション映画の明日のスターが巧妙に潜んでいたのである。

（一四）台湾語武侠映画については、一九五八年の陳澄三監督による台湾初のカラー映画『金壺玉鯉』、あるいは一九五九年の『羅小虎與玉嬌虎』を起源とすることが多い（盧非易 p.137）。香港と台湾における武侠映画製作の環境と手法上の比較については、盧非易『台湾電影：政治・経済・美学』(p.136-143) を参照のこと。

（一五）実際、『グリーン』の軽功にはかなり面白い新機軸の動作が含まれており、軽功は一種の社会的人間関係の隠喩とされている。アン・リー監督自ら述べるところによると、「軽功とは、一種の解脱であり、ロマンであり、牽制でもあります。私の伝えたいテーマに合致していたので、映画の中で軽功を大量に使いました。人にはみな現実や限界を逃れたいという渇望があり、私がリー・ムーバイやユイ・チャオロンを造形していた時にもこのような気持があったのです。ただし、人はどのように飛んでみても、地面に落ちてしまいます。重力があるため、軽功は一時的な離脱でしかないのです。もし本当に昇華し、浄化したいなら、一切を捨てて切り立った崖から飛び降りるしかありません。ただし、人の世には人情もあり、悩みもあり、重力もあるのです」（張靚蓓 p.360）。軽功を人情の隠喩とみなすこうした企図によって（ただ単に殴ったり、殺したり、高いところを行ったり来たりする武術の神通力だけでなく）、確かに『グリーン』には人文的な厚みが加わり、アン・リーの映画に一貫する「個人の自由 vs 親族社会の構造」といった内在的な葛藤が、ここにも豊かに現れている。だが、本章での軽功の考察は、重点を中国の気論に置いているため、この隠喩が含む豊かなオリジナリティーについてはここまでとせざるをえない。『グリーン』の情欲と義理人情のもつれに関する精神分析については、拙文「江湖潜在意識」を参照のこと。また、武侠映画ジャンルの外では、飛行と都市のモダニティ（『スーパーマン』や『スパイダーマン』などのような）もよく目にするテーマだが、台湾ニューシネマにおける都市の変遷と集合記憶、特に頼声川《スタン・ライ》の『飛侠阿達』の軽功と都市の記憶については、林文淇と Braester の論文を参照のこと。

（一六）だが、詩的雰囲気を打ち出し、映像化し、貫通させ、聞かせる『グリーン』の、おそらく唯一の失敗は「詩的雰囲気を言葉ではまったく表現できなかった」点にある。登場人物が口を開くやすべての工夫は水泡に帰してしまうのだ。それは単にさんざん攻撃されてきたように、役者たちのアクセントの問題だけでなく、感情を伝えようとするセリフが、中国的でも西洋的でもなく、時代劇的でも現代劇的でもなく、どこかちぐはぐだからであろう。

（一七）言うまでもなく、武侠映画の衣装は奮起する内気の視覚効果になりうるだけでなく、軽功の「聴覚」効果にもなりうる。ディヴィッド・ボードウェルはアクション映画（武侠映画を含む）の美学を論じた際、布の摩擦音によって人がすでにひそやかに飛び去ってしまったことを、映画はいかに表現しうるか、丁寧に指摘し、自分自身、こうした表現が好きであると述べている（“Aesthetics”, p.89）。しかし残念なことに、「動作表現の増幅」(the expressive amplification of action) を強調するとき、ボードウェルは動作そのものが移動速度を通して情感と情緒の言外の意を伝達すると強調するばかりで、この「表現の増幅」を身体動作から全体的な映像美学のイメージ造形にまで敷衍できていない。ただし、彼はエイゼンシュタインが強調するシーンとモンタージュの「伝達運動」(the expressive movement) を援用しながら香港アクション映画の試みを説明し、「エネルギー」が感覚器官と情緒の波動をどのように引き起こすのか、動作のリズムに対して「エネルギー」をいかにコントロールするのかをかなり明確化している（ボードウェルが強調するのは pause-burst-pause pattern）。さらに、この方面の議論はアクション映画の観客が示す身体反応の方向へも研究をうまく切り開き、それによって、アクション映画の観客がスクリーン上の格闘をただ「観る」だけでなく、いかに「感応」するか、また観客自身が役者の動作に合わせて生理的・感情的な緊張感をいかにコントロールするかを考察している（“Aesthetics” p.90-91）。本稿では武俠映画の軽功を考察する際、どちらかというと「エネルギー」を「筋肉力」ではなく「内気」と定義し、それによってアクション映画とカンフーアクション映画、武俠映画とカンフー映画の内在的距離を開いていく。つまり、すべてを同一タイプと見なして「アクション映画」美学の議論枠組みのもとにひとくくりにするようなことはしない。ただし、ボードウェルのアクション映画美学の研究は、やはり部分的に本稿の不足を気づかせてくれた。また、「エネルギー」の感情的原動力（本稿では、軽功をただ感情の換喩の可能性であると指摘するにとどめる）、および観客の身体反応の部分（映画鑑賞の経験を通して、気はいかに伝達されるか）については、いずれも後続の研究が発展する方向にある。

（一八）ツイ・ハークの一九八二年の武俠映画『蜀山奇伝　天空の剣』（『新蜀山剣俠』、*Zu: Warriors from the Magic Mountain*）を論じた際、アクバー・アッバスは「身体の消失」という観点から、このニューウエーブ武俠映画の真の英雄は武術の達人ではなく、ＳＦＸであると指摘していた。しかも、この物質的身体の消失は、香港アイデンティティの構築過程と密接な関係があると見なされ、ポストモダンの超速移動とＳＦＸによる脱物質化は香港アイデンティティの寓話になっている、というのである。（Lo, “Muscles”）。だが、こうした「身体消失」論の焦点は、筋肉という実体からＳＦＸという虚体および速度という虚体への換喩にあるが、本稿の「身体の消失」が重視するのは、「気―身体」を「筋肉の身体」に置換することである。ただし、武俠映画の軽功表現に現れうる「気―身体」とＳＦＸおよび速度の虚体の違いは、第三節の「ハプティックスペース」と「ヴァーチャルスペース」の比較を通して、より明らかになるだろう。

（一九）映像の色彩処理については、コントラストの弱い『グリーン』とコントラストの強い『HERO』を比較できるが、両方とも色彩を場面転換の主要な視覚要素にしようとしている。『グリーン』では、北京の灰色、新疆の赤土色、安徽省の原木色、竹林のピュアグリーン、古窯の黒によって場面を切り替えている。ところが『HERO』では、赤・青・白・黒・緑で叙事構造と場面を区切り、ひいては色彩の象徴性が人物の性格と場面の細部に置き換わっているのである。そのため、前者は映像の色彩効果が朦朧・曖昧で、大人しく柔和な中間色であるのに対し、後者は鋭利で刺激的な白黒の対比、眼を射るような鮮やかさとなっている。『グリーン』と『HERO』の全体的な映像美学上の差異比較については、拙文「電影的表面功夫」を参照のこと。

（二〇）アン・リーはさらにもう一つ別の映画、二〇〇〇年上映の『チャーリーズ・エンジェル』に触れ、その登場が武術の世界的流行の突破口となったと述べている。この作品はコロンビアＳＰＥの配給で、武術指導は袁和平の弟、袁祥仁《ユエン・チャンヤン》。軽功を標榜していないとはいえ、武術に長けた勇猛果敢な女性のイメージを十分表現しており、武俠映画の俠女像およびそれが生み出しうるフェミニズムを『グリーン』が受容するための伏線となっていた。だが、どのようなものであれ、西洋個人主義を出発点としたジェンダーの解釈角度は、国家意識や江湖の道義、男女の愛情における武俠映画の女性像の複雑さを簡略化してしまう。武俠映画の伝統的俠女像と現代の欧米フェミニズムの流行文化における「勇敢で美しい」ヒロイン像を、『グリーン』がいかに接合しているかについては、Martin のみごとな論文を参照のこと。

(二一) だが、『グリーン』と『マトリックス』には相当大きな違いがあり、中でもSFX運用の点では顕著である。アン・リーは『グリーン』の格闘飛行にある程度の「ローテクノロジー」をかなり自覚的に使用し、水墨画風の雰囲気を生み出している。反対に、チャン・イーモウの『HERO』は『マトリックス』からさらに特撮化して、様々なスローモーション動作と極度に微細な映像（内勁の水滴化、水滴の分子化）を強調し、そのため白黒が際立ち、色彩が鮮烈で、コントラストの大きいプロモーションビデオ式の映像となり、気韻の流れが微妙にぼやけていくような可能性を完全に失ってしまった。

(二二) 一九九〇年の統計資料によると、アメリカ家庭の三分の一が任天堂のゲーム機を持っていたとのこと（Fuller & Jenkins, p.58）。

(二三) ここでは、ある種の映画評論家たちのように、『グリーン』がテレビゲームのように撮られていることへの疑問を繰り返しているわけでは決してない。現在、ゲーム感のあるカンフー映画を撮りたいと一途に願っている監督は少なくなく、ツイ・ハークやチン・シウトンのSF武俠映画、あるいはベストセラー漫画を直接改編した『風雲ストームライダーズ』（『風雲』）、あるいはゲーム感を抑えたものの、かえってゲーム的になった武俠映画『HERO』などがある。本稿では、『グリーン』とゲームを平行して論じるが、強調すべきポイントはそれぞれの間にいかに軽功飛行の想像可能性を接合させるかという点にあり、映像画面と質感の類似性にあるのではない。

(二四) テレビゲームがデジタルメディアの「空間形式」であるということは、主に「視覚環境」の構築とスピーディーな変換という点にあり、その重要性は登場人物の造形や物語の展開をはるかに超えている。多くの研究者が、デジタルメディアの空間性は時間性よりはるかに大きく、視覚映像は言語による叙事をはるかに超えていると再三強調するのも不思議ではない。

(二五) ここに「サイバースペース」映像の内在的矛盾が見出せる。つまり、速度の追究と映像の明晰度の追求の間に生じる矛盾で、速度が速くなればなるほど、映像を明晰化するのは難しいというものだ（劉永皓 p.12）。だが、「弾丸飛行」と次に述べるチャン・イーモウの武俠映画における「水滴飛行」や「小刀飛行」などのCG画面は、映像の明晰さを極度に追及すると同時に、肉眼では見えない超速移動を、ミクロの時間をスローモーションで拡大することにより、速度と明晰度の間の内在矛盾を巧妙に解決し、かなり独特なヴァーチャル「超速スローモーション」画面を切り開いた。

（二六）原文は『電影欣賞』の中で「ヴァーチャルリアリティーの猥褻さ」〔虚擬現實的淫穢〕と訳されているが、obscenity は一般的な用法では「淫猥」や「猥褻」と訳されることが多い。ただし、ボードリヤールの用法では、どちらかというとすべてを眼前に広げ、逃げ隠れすることのないコミュニケーションの狂喜（陰に隠れない ob-scene）を強調しており、道徳的な価値判断はない。それゆえ、ここでは台湾の学術界に比較的通用している「赤裸々な出現」〔赤裸呈現〕という訳にした。

（二七）廖朝陽は「災難無意識」という論文で、二〇世紀初頭の芸術史学者アロイス・リーグル Alois Riegl の「触覚」（原文 haptic は、本稿では「体感」と訳し、tactile, tactility と区別する）認識と「視覚」（optic）認識の分類について、ポストモダンのヴァーチャルリアリティーは、このふたつの空間認識法を結合したものであると大まかに説明している。だが、『マトリックス』や『13F』（*The Thirteenth Floor*）などのSF映画はこれらふたつの認識法が完全には融合できない状態で、ただ「触感空間で再びひとつの抽象的な下層を作りだ」し（p.29）、グリッドを最も根本的な理性と光学の座標として初めて、段階的に融合できるようになり、真実を表出した後で、ひとつのヴァーチャルな理性秩序に戻し、災難がなかったという意識を再建できるという。一方、本稿では、ヴァーチャルリアリティーの「体感視覚」と「視触覚」（the haptic vision）に対して、基本的には懐疑的態度を保っている。このヴァーチャルリアリティーの「体感」とは、やはり視覚的な「光」によって照らし出すことから出発し、デジタル情報を真似て発信することであると認識し、さらに徹底的に接近した光学的認知（距離と透視の一時的消失）とするが、その反対ではない。現在の「グローバル東洋武俠ブーム」の潮流についていうと、チャン・イーモウの『HERO』と『LOVERS』はこのヴァーチャルリアリティーの「体感視覚」や「視触覚」の極度の明晰さと鋭利さを十分展開できており、『グリーン』の気感を体感とする「知覚可能だが不可視」のものとは相当開きがある。

（二八）チャン・イーモウは第一作の武俠映画『HERO』からSFXを大量に運用することにし、特に華人のSFX指導者潘國瑜 Ellen Poon（『ジュラシックパーク』や『メン・イン・ブラック』などハリウッド大作のSFX統括）に私的な援助を請い、懐刀になってもらった。

（二九）多くの研究者が指摘しているように、グローバル化の飛行イメージは極小で特定範囲内の「グローバル人」エリートに適用されるだけで、第一世界と第三世界の間には明らかなギャップがある。なぜかというと、「コンピュータ論には重力に抗う傑出した能力があるものの、地理上の位置というのは依然として全てに係わっており、例えば、第三世界のネット検索や資料収集は常に電話系統が十分対応していないため、速度は非常に遅くなる。（……）グラムシの言い方を変えるなら、『ハードの悲観主義』と『ソフトの楽観主義』となるだろう」（Robert Stam, *Film Theory: An Introduction*, p.436）。一方、グローバル化された権力構造下の富の深刻な不均衡という現実に直面し、さらにある学者は極度の皮肉をこめて軽功飛行のイメージを流用している。それによると、ただこのときの主役は人ではなく、豚であり、もし全世界の上位三八五名の億万長者が、一人当たり五〇〇万ドルだけを手元に残して、その他を寄付すれば、地球上の半数近くの人口は年間所得を倍増し、そのときは豚でさえ空を飛べるようになるだろうという（Bauman, *Globalization*, p.87）。

（三〇）この種の思考様式は香港映画研究者の羅貴祥 Kwai-cheung Lo の言う「ローカルのトランスナショナル化」（the transnationalization of the local）とかなり似通っている。Lo は、『ラヴソング』（『甜蜜蜜』）や『さらば、我が愛／覇王別姫』などの映画を例に、いわゆる「香港のローカル性」はすでにトランスナショナルな枠組みで決められており、香港の例はまさに我々に「ローカルはトランスナショナルそのものの形成過程である」ことを明確に告げている、という。（“the local is the transnational itself in its becoming”）（“Transnationalization”, p.263）。

（三一）この種の分類しがたい、どこにも居場所のない境地を、アン・リーは伝記の中でかなり深刻に描いている。「現実の世界では、私は生涯ずっと外人なのです。どこが私の家なのか、すでに帰属は難しく、ある人たちのように明確ではありません。台湾では、私は外省人であり、アメリカに行っても外人であり、大陸に戻ると、台湾同胞です。自分ではどうにもならず、これが運命なのかもしれませんが、私は生涯外人として生きるのでしょう。ここには、台湾コンプレックスや中国コンプレックス、アメリカンドリームもありますが、どれも確かではありません。」（張靚蓓 p.463）

（三二）アン・リーはかつてキン・フーや李翰祥、李行ら「外省人が海外で再構築・再創造した『文化中国』のイメージ」（張靚蓓 p.463）が武侠映画に与えた影響は、武術より大きいと述べていた。しかも、中国大陸を主なロケ地とする『グリーン』が真に捉えようとしたポイントは、中国大陸の「実相」ではなく、「文化中国」の「イメージ」にあるというのだ。アン・リーはかつて、『グリーン』と「三民主義」の潜在的関係はかなり興味深い民族主義コンプレックス／連結であるとも述べている。「この夢は、私と両岸三地、ひいてはアメリカの映画製作スタッフが共に分かち合ったもので、私たちはみな自分の胸に秘めた『グリーン』〔臥虎蔵龍〕を追い求めていたのです。つまり、こっそり隠れた一匹の龍が中国人の様々な面を連結させるのですが、それは感性的で抽象的な一種の歴史文化的な友情ではあれ、政治経済や生活習慣、ひいては文化的な共通点ではありません。全世界の華人には政治経済や文化、生活習慣の上で同じことも、違うこともありますが、この『隠れた龍』こそが共通のつながりであり、私はそれをとても大事に思っています。この映画を撮り終えた後、中国・西洋各方面の反応を見て、私が身に染みて感じたのは、『グリーン』の経験は、まるで孫文先生が『三民主義』を草し、党を創設したころの心情のようだった、ということです」（張靚蓓 p.429）。もちろん映画監督の金科玉条を我々の映画鑑賞の基準とすべきではないが、一方で、監督自身の映画創作に対する解釈も、映画全体の言説構築の一部であると考えていいだろう。同時に我々はこの「文化中国」を語る特殊な文脈のことも忘れてはならない。それは『グリーン』によって国際的な名声を博したアン・リーが台湾に戻り、各大政党から厚いもてなしを受け、褒賞を与えられたという背景である（これはおそらく中国国民党中央党部へ赴き、華夏一等賞を得た時の謝辞原稿の一部であろう）。

【訳注】

〔1〕「ハプティック」（触視性、触覚性）は本章のキー概念である。これについては、中国の伝統思想である「気」の概念、およびジル・ドゥルーズが『千のプラトー』や『フランシス・ベーコン　感覚の論理』で展開した感覚概念を理解する必要がある。「気」については、本章訳注〔2〕および〔16〕〔21〕〔29〕等を参照のこと。ドゥルーズについては、ギリシア語aptôを語源とした光学的な視覚とは異なる「視線の一つの可能性」を示す〈haptique〉という感覚概念をオーストリアの美術史家アロイス・リーグル（Alois Riegl、一八五八～一九〇五）の『末期ローマの美術工芸』（一九〇一）経由で受容した。「ハプティック」（haptisch）とは、リーグルが提起した視知覚の概念で、「遠隔視的」な視覚に対する「近接視的」な視覚とも定義される。リーグルはエジプト美術に顕著に見られる、複数の形象が奥行を持たない状態で並列する平面的な作品様式を触覚的な様式の最たるものとし、平面性に捕われた古典古代、ヘレニズム時代、初期ローマがそのような様式に相当するとした。逆に、空間的かつ三次元的なイリュージョニズムを備えた末期ローマの美術工芸における空間認識の

把握はより「近代的」であるとされる。そのような意味で、末期ローマ以前の様式は、事物の限界（表面）を視覚がなぞるように作品が知覚されるという側面を持つ。「触覚性」というメタファーを用いて定義される「近接視」とは、建築や彫刻における物理的な表面のそのような平面的把握を指すのであり、逆に「遠隔視」における非物質的な空間的イリュージョンとは、非直接的な複数の知覚の組み合わせ（高さ、奥行、幅等々）、あるいはより複雑化した主観的な思考過程において捉えられるものだった。そのため、リーグルは触覚を視覚（optisch）に対してより原始的な立場に置いたといえるが、作品の表面の表象を触知可能な「触覚」という生理的・物理的抵抗感において記述しようとするその特異な思考には、W・ベンヤミンやG・ドゥルーズらも注目を寄せた。参照：沢山遼、artscape、Artwords、http://artscape.jp/artword/index.php/%E8%A7%A6%E8%A6%9A%E6%80%A7

ドゥルーズの場合、『千のプラトー』第十四章で〈平滑 lisse〉と〈条理 strié〉の概念が展開され（本書第一章訳注〔14〕を参照のこと）、平滑の概念から美学モデルとしての haptique が論じられる。「条理化されたもの」が、区分されたもの、分割されたものとして理解できるのに対し、「平滑なもの」は、計量不能であり、連続変化、不均質な性質、潜在性によって定義される。この条理と平滑の対概念から生じるのが、光学的／視覚的と訳される optique と視触覚的な haptique という感覚のあり方である。条理化されたものとは計量可能であることから、何らかの基準、尺度に従うものとして考えられるが、これに対応するのが optique である。つまり、optique のような感覚のあり方とは、視覚のみに限定されたようなあり方、ひいては視覚、聴覚、触覚など、五感として存在し、相互に交流をもつことなく分断された感覚のあり方として考えることができる。それに対して、haptique は、差異に基づく潜在性を示し、連続変化を繰り返すような力のあり方、絶え間なく分岐を繰り返す感覚のあり方として捉えることができる。さらに領土化という枠組みから絶え間なく逃走する抽象線としての性質から運動性の存在を確認することができる。haptique は五感のひとつとして分節化されてしまう触覚とは異なり、手探りするようなまなざし、つまり、眼が「視」覚的なだけでなく、「触」覚的な機能を持つことを示している。参照：太田純貴「Haptique とは何か――『感覚の論理』を中心としたドゥルーズの感覚論」（美学会『美学』第五九巻第一号、二〇〇八年六月、二九～四二頁）

〔2〕本章のキー概念のひとつ。溝口雄三・丸山松幸・池田知久編『中国思想文化事典』（東京大学出版会、二〇〇一年七月）によると、「気とは一般にエネルギーをもつ流動体で、状況に応じて運動し、何らかの作用を営むもの。天地・地祇・人鬼な

どの精霊の発する気体の流れが原型と思われ、それが拡大されて不可視的な作用を行う力、その力の持つもの、および不可視的なものによって表される可視的現象などが、気と認識された。人間を含む自然界全般の機能と構造を説明するために利用され、戦国末期に盛んになった生成論や存在論において重要な概念とされた」という。

〔3〕近代化以前、人々の社会活動は特定の時空間に限定されていたが（目の前の特定の脈絡への「埋め込み」）、近代化により、時間と空間は分離され、人々の社会活動はローカルな脈絡から解放された（「脱埋め込み」）。アンソニー・ギデンズ著、松尾精文・小幡正敏訳『近代とはいかなる時代か？』（而立書房、二〇一一年六月）

〔4〕例えば、ジグムント・バウマンによると、新しいグローバルエリートは、空間を容易に移動する超領域的な「可動的エリート」であり、彼らの権力は「脱物理化」されて、非地上的な「無重力状態」にあるという。ジグムント・バウマン著、澤田眞治・中井愛子訳『グローバリゼーション』（法政大学出版局、二〇一〇年一一月）

〔5〕ギデンズによると、前近代社会では、ほとんどの人びとにとって、社会生活の空間的特性は「目の前にあるもの」によって支配されていたため、「場所」（プレイス）と「空間」（スペイス）はおおむね一致していた。ところが、モダニティの出現は、「目の前にいない」他者との、つまり、所与の対面的相互行為の状況から隔てられた他者との関係の発達を促進することで、空間を無理やり場所から切り離していったという。

〔6〕SF映画であるが、従来から人気のカンフーファイトのテイストも含んでいる。アクション監督は『グリーン』と同じユエン・ウーピン。ストーリーの各所にメタファーや暗示を置き、全体に哲学や信仰という奥深いテーマも表現している。従来のCGにはない、ワイヤーアクションやバレットタイムなどのVFXを融合した斬新な映像表現は「映像革命」として話題となった。

〔7〕「ヴァーチャルスペース」とは、「コンピューターネットワーク上の仮想的な空間やコンピューターが作り出した人工的な環境。仮想空間」のこと。「ハプティックスペース」とは、それまで視覚一辺倒であった「ヴァーチャルスペース」に対し、皮膚感覚フィードバックが得られる空間のこと。ハプティクス（haptics）とは、触感フィードバックのことであり、タッチパネルを搭載した携帯型電子機器や車載用電子機器などで採用されている技術である。

〔8〕「天馬行空」には、「自由奔放で豪放なさま」のほか、「自由自在に妄想する」という意味もある。「凌波虚歩」は、金庸の小説『天龍八部』に出てくる想像上の軽功「凌波微歩」をもじったもの。「凌波微歩」は中国武術最上級の絶技で、水面や

空中を自在に駆けるイメージである。一方、「凌波虚歩」は、「波の上を駆ける虚像」のような意味のほか、「真相を把握しがたい虚しいアイデア」のような意味も込められ、ハプティックスペースも暗示している。ただし、ここでは必ずしも具体的な軽功のことではなく、西洋のヴァーチャルスペースと東洋のハプティックスペースが出会った場合、衝突や相互作用を通して、どのような変化が生まれるかということを意味している。

〔9〕龍虎武師とは、粤劇《えつげき》（広東オペラ）や映画産業で、立ち回りを担当する武術の専門家。武術指導から、武術演技、スタントマン、アクション監督などの役割が含まれる。

〔10〕簡単な特殊撮影の方法。撮影するとき、フィルムを撮影機に逆回りに入れておき、放映時に正しい方向に動かすやり方である。

〔11〕一九五七年生まれ。現代中国を代表する作曲家で、『グリーン・デスティニー』や『HERO』の映画音楽を作曲し、グラミー賞やアカデミー賞を受賞した。

〔12〕栗山茂久『*The expressiveness of the body and the divergence of Greek and Chinese medicine*』は一九九九年に出版された英文著作で、二〇〇一年に台北究竟出版社から中国語版（陳信宏訳）が出ている。

〔13〕「内気」は、「身体の内側の気」であり、「内勁」は、「人体に潜在している力のことで、人体活動のエネルギー」を指す。

〔14〕「含胸抜背」「虚霊頂勁」とも太極拳の基本要領。前者は、上体の構えのことで、背筋をできるだけゆるめ、同時に胸筋も自然に緩める動作。後者は、頭と首の構えのことで、あごをやや引いてまっすぐ前を見る動作。

〔15〕「養気説」とは、不動心の境地に達する方法として孟子の提起した説。『孟子』公孫丑上に見える浩然の気を養うという修養法。

〔16〕「気」は全ての生命の動き、生命の現象の源泉であるが、この「気」という無形の理念が美的形態として確立するための形式状態が「韻」であり、簡単に言うと、「気」は生命の躍動であり、その躍動のリズムが「韻」と呼ばれる。ここに「気」と「韻」がともに使われることになり、「気韻」が美的概念として出現し、中国絵画史論における最高の美的範疇かつ評価基準となった。

〔17〕「運気説」の「運」は「運用・運動・運行」を意味し、「運気」は書道で「気」を筆の先まで「運」ぶ、つまり、気が墨の中を流動・運行することを指す。中国の書道芸術は「運筆」（筆の運び）は「運気」から来ることを強調している。

〔18〕「虚静説」とは、道家の原初的主張ならびにこれを主として継承する派の主張をいう。『菅子』の中に、心を虚しくし感情・衝動を静止して神を念ずれば、霊感が得られるという信仰体験をもととして、虚静を徹底すれば、無意識のうちに直観的明知がえられ、適時適切に物事に対処することができるという主張ならびにその展開を伝えている四篇がある。この虚静説は他派と合して道家思想の主流となり、またその影響で発達した。

〔19〕「神思」は、中国の美学史用語。もともと精神思惟の活動を指し、審美的心理と芸術的思惟の描写に用いられる。

〔20〕「物化」とは、道家の語で、『列子』『荘子』に見られる。「物」とは個物またはその総体。「化」とは物の転化もしくは変化することをいう。『列子』では夢と覚との内容は物化の往来による仮象に過ぎないとし（周穆王）、『荘子』では夢の中で胡蝶になった自分と覚めて人間にもどった自分について、どちらが真実の自分であるかは知らないが、両者の間に必ず区分があることを物化と称している（斉物論）。

〔21〕「太虚即気」「太虚無形、気之本体」は、張載の主著『正蒙』からの引用。張載は、「気の散じた状態を太虚と呼び、気は、有形の物と、無形の太虚との、二つの状態を不断に循環するのだとし」、「気の散じた太虚の状態の方が、気のより根本的な状態であり、いわば望ましい状態である」と考えていた。参照：山際明利「張載の性説と死生観——明儒との比較を中心として——」（『苫小牧工業高等専門学校紀要第』三六号、二〇〇一年三月、二二九～二三〇頁）。

〔22〕中国の描線芸術の極致は、「力は入れず、写生を重視せず、画家の心の中から「気」すなわち美的理念の「気」を稟け、画家の霊感を引き出し、意念の象、すなわち画中の人物及び性格は、生き生きと描き出されている」という。「中国のこのような「気」の理念と人の意志を帯びた描線の特性の、その美的極致がまさに「気韻」」である。参照：牛枝恵「中国の美的範疇論——「気韻」の説——」（慶応義塾大学『哲学』第九九集、一九九五年九月）五七～八五頁

〔23〕「空洞」「空動」は発音が同じ。kōng dòng と表記される。なお、「空洞」と「空動」の違いについては、以下の注〔29〕を参照のこと。

〔24〕中国語のピンインでは、「気」が qì、「軽」が qīng と表記される。

〔25〕「陰陽五行」とは、宇宙の原初唯一絶対の存在である「混沌」の中から、陰陽の二気に分かれ、陽が「天（男）」、陰が「地（女）」となり、地上においては五気（五行）「木・火・土・金・水」が生じたが、この世のありとあらゆるもの、有形無形を問わず、いっさいの森羅万象を、この陰陽五行に還元し、配当する思想のこと。「八風」は、八方から吹いてくる風のこ

と。東北（炎風）、東（条風）、東南（恵風）、南（巨風）、南西（涼風）、西（飂風）、西北（麗風）、喜多（寒風）から吹く風をいう。「四時」とは春夏秋冬のこと。「天人合一」とは、天と人が融和・一致するという意味の成語。中国の古代哲学における重要な命題であり、中心思想である。

〔26〕『幾何学』のなかでデカルトは三次元の空間（espace qui a trois dimensions）を数学における座標幾何学の操作の背景空間として導入した。これがデカルトの思考のなかでの空間の真の役割である。参照：フィリップ・P・ウィーナー編、荒川幾男ほか日本語版編集『西洋思想大事典①』（平凡社、一九九〇年六月）。

〔27〕ジグムント・バウマンによると、グローバルに移動する人々は、どんな距離でも即時に移動できるので、空間は問題ではなく、時間の中に生きているという。こうした経験こそ、ボードリヤールが「ハイパーリアリティー」のイメージに要約したものであり、そこではヴァーチャルなものと現実のものとを、もはや区別することはできない（参照：ジグムント・バウマン『グローバリゼーション』前掲訳注〔4〕、一二四頁）。なお、ボードリヤールは『シミュラークルとシミュレーション』第一章の「ハイパーリアルとイマジネール」と題された小節でディズニーランドを論じ、次のように記している。「ディズニーランドは、それ以外の場こそすべて実在だと思わせるために空想として設置された。にもかかわらずロサンゼルス全体と、それをとり囲むアメリカは、もはや実在ではなく、ハイパーリアルとシミュレーションの段階にある。問題は、現実（イデオロギー）を誤って表現したというよりも、実在がもはや実在ではなくなったことを隠す、つまり現実原則を救おうとすることにある」。ジャン・ボードリヤール著、竹原あき子訳『シミュラークルとシミュレーション』（法政大学出版局、二〇一五年五月）一六～一九頁。

〔28〕デカルトは『情念論』で精神と身体を区別し、両者は独立した関係にあると説いた。この心身二元論の問題は、今日でもなおそのまま生き続けており、例えば大脳皮質の機能局在論によると、意志や思考、感情、感覚、判断、理解など、人間のさまざまな心のはたらきは、大脳皮質の各部分に位置する中枢神経の機能であるというふうに考えられている。参照：岡山敬二「心身問題を蒸し返す」（『人文研紀要』中央大学人文科学研究所、第七七号、二〇一三年、一九九～二三〇頁）。

〔29〕この部分はわかりにくいため、筆者張小虹氏による解説を加えておく。ここで張氏は「淩虚空間（ハプティックスペース）」（中国気論の空間・武俠映画の空間）と「御虚空間（サイバースペース）」（インターネット空間・テレビゲーム空間・ＳＦ映画空間）の違いを比較している。「ハプティックスペース」には、身体が存在し、「体現的」でもあり、身体に流通する

「気」が小宇宙（身体）と大宇宙（自然）を密接に結びつけている。それゆえ、「ハプティックスペース」の「虚」は何もない空っぽの「空白」や「空洞」ではなく、身体で養われる「気」や身体の内外を流通する「気」を帯びているのだ。それは、小宇宙と大宇宙を絶えず連結させ、中間領域的（in-between）な役割を果たしている（空間の連結や時間の変化にもかかわる）。それを形容するのが「空動」という語であり、何も見えないようでいて、実は気の絶えざる運動・流通・変化を表している。一方、「サイバースペース」の方は、完全にネガティブなものであり、身体の抽象化と超越を表し、身体は存在しない。それゆえ、「サイバースペース」の主体は身体の限界や範囲を超越した抽象的な主体であり、単一で閉じられた（連結も変化もない）、身体のない「空位」（emptiness）、「空白」（blankness）、「空洞」（hollowness）である。

〔30〕原文の「你泥中有我，我泥中有你」は、元朝の女流画家文人の管道昇（一二六二〜一三一九）の有名な詩「我儂詞」の一節。

〔31〕リュス・イリガライ（一九三〇〜）はベルギー出身の言語学者、哲学者、精神分析学者。女性性と言語の問題に焦点をあてた研究で、フェミニズムにも影響を与えている。“This sex which is not one” は Catherine Porter と Carolyn Burke によって訳出、刊行されたイリガライの著作で、原題は “Ce sexe qui n'en est pas un” (Minuit, 1977)。邦訳は『ひとつではない女の性』（棚沢直子・小野ゆり子・中嶋公子訳、勁草書房、一九八七年一一月）。

〔32〕原題「龍的伝人」は、台湾人の侯徳健が一九七八年に発表した歌。一九七八年一二月、中華民国とアメリカが断交したことに刺激を受けて作ったと言われている。戒厳令下の台湾で李建復が歌い、大ヒットした。その後、香港の歌手張明敏と関正傑が歌って中国大陸でも知られ、「龍的伝人」は中華民族の別称となった。

◉第三章　偽ブランド・偽理論・偽グローバリゼーション

莫大な金をかけたイメージ戦略によって私たちの頭に焼きつけられ、人気の文化イベントをスポンサーすることによって「太陽」となったロゴは、永遠に光り輝く。SF作家ニール・スティーブンソンの造語で言うと、それは「logo」である。

ナオミ・クライン『ブランドなんか、いらない』(一)

危機と衰退は、〈帝国〉にとって外的な何かを指示しているのではなく、〈帝国〉にとってもっとも内的なものを指示しているのだ。危機と衰退は主体性の生産そのものと結びついていて、それゆえに〈帝国〉の再生産の諸過程に固有のものであると同時にそれらと対立している。危機と衰退は、隠された基盤でも不吉な未来でもなく、明々白々とした現実性なのであり、つねに起こりうる出来事であり、つねに現前している潜伏性なのである。

マイケル・ハート、アントニオ・ネグリ『帝国』(二)

多年の調停と折衝を経て、台湾と中国大陸は二〇〇二年一月、ついに世界貿易機構WTOに正式加盟したが、この「加盟」前後の熱気を帯びた様々な活動の中で最も人目を引いたのが、両岸三地〔台湾・中国・香港〕の「偽造品捜査」や「偽造品摘発」の抜き打ち検査であった。

本年〔二〇〇一年〕一〇月初、広東省では「ルイ・ヴィトン」など世界的な有名ブランドの偽造スーツケースを大量に押収したが、すでに多くの製品が上海などにも出回っているとのことだ。ルイ・ヴィトンなどフランスの皮革品メーカーは、我が国の代理店でこのニュースを耳にするや、早速、上海に赴き、徹底調査を行なったところ、事実通りであった。一二月七日午前、市の品質技術監督の査察大隊と公安偵察総隊は、偽造ブランド品販売嫌疑のある五店舗に「狙いを定め」、抜き打ち検査を行った。(三)

税関の捜査船および貨物科の職員は、過去数日間に中国内陸部から香港に前後して到着した四艘の内陸河川船舶上で、他港経由のコンテナ一〇個に積まれた産地ラベルの偽造品、および偽造ブランド品四五万件、市価にして一五〇〇万台湾ドルを押収した。これらは、ヨーロッパ、フィリピン、台湾向けであったと思われる。……先月中旬には、税関は尖沙咀《チムサーチョイ》にてホテルの部屋を長期的に借りて根城とし、偽造ブランド品を販売していた(旅行代理店を仲介とする日本人観光客が対象)ホテル派集団を摘発し、ローレックスやカルティエの腕時計、ヴィトンやプラダの皮革製品を含む、いずれも中国大陸で製造された総額一八〇万台湾ドルの偽造ブランド品を押収した。(四)

高雄港警察局は一六日早朝、高雄市興昌街で追跡調査の結果、偽造ブランド品の出荷倉庫から一〇〇〇件を上回る各種各様の大小ブランド皮革製品、腕時計など、逸品ぞろいの偽造品を押収した。市価にして約二〇〇〇万台湾ドルに相当する。所有者の林某によると、旧暦の年末に広東の某デパートにオーダーし、速達で個別に台湾に郵送し、露天商に卸して南部の県や市で利ザヤを稼ごうとしていたという。この件全体について、警察が入念な捜査を行っている最中である。(五)

以上三件の中国、香港、台湾の偽造ブランド品捜査の新聞記事のサンプルが表向きに表現しようとしているのは言うまでもなく、両岸三地の一致団結した偽造品摘発の決意とWTOの基準に鑑み「国際知的財産権協定」を貫徹しようとする気迫である。だが、同時に現在の「中港台」を中心とした偽造品産業と「偽造ブランド品グローバリゼーション」の生産・流通・消費の仕組みをかえって巧妙に描き出してもいる。(六) 最初の記事が我々に教えてくれるのは、大陸の東南沿海省で生産・製造されている偽造ブランド品が、いかにして上海にまで「国内販売」(ブランド品はもともと輸入されるものだが、偽造品は国内で生産され、販売されているため、カッコ付きになっている)されているか、また多国籍企業が国家機関と連携して偽造品をいかに撲滅しているかということだ。第二の記事は、偽造品の流れだけでなく、それを購入する消費者の流れについても教えてくれる。中国内陸部で生産された偽造ブランド品は香港経由の船で「国外販売用」としてヨーロッパ、アジアをはじめ、世界各地に向かい、中継基地としての香港は集散基地のひとつになっている。販売地点も、伝統的な露店、ナイトマーケット、不法営業店からオフィスビル、商業センター、ひいては国際的な高級五つ星ホテルにまで及び、販売の対象は香港住民の他、香港にやってくる大量の日本人観光客も含まれる。第三の記事から間接的にうかがえるのは、台湾の偽造品産業と偽造技術の「家出」だが(偽造産業の外部委託、大陸への工場移転、あるいは自分たちは生産と消費をやめ、買い手として、不定期に対岸に少額の注文をする)、皮肉にも大陸で作られた偽造品が空輪で「戻って」くるのである(金門島と馬祖島が小三通〔二〇〇一年一月に廈門と金門、馬尾と馬祖の間で限定的に実施された「通商」、「通航」、「通郵」〕を開放して以来、一部の商品が船便で金門と烈嶼郷まで運ばれた後、空港の安全検査を避けるため国内の快速小包で台湾に入り、露店やナイトマーケットに送られ、販売される)。

これら三つの記事に描かれた「有名ブランド偽造品のグローバル化」はかなり意味深長で、商品コピー技術が「果てしなく反復」されたり、商品がマルチ商法ネットワークで「果てしなく転売」されたりしている、ということだ。第一に、現在の科学技術の飛躍的な進歩発展が偽造コピー技術を一段と進化させ、高級有名ブランドの偽造品は真贋の区別ができないほどそっくりになり、映像音楽ソフトやPCソフトは、デジタル技術の特質を生かして正確無比で完璧なコピーができるようになったのである。次に、経済的なグローバル化の影響により、商品とそのイメージや情報が瞬時に何の滞りもなく世界を駆け巡り、偽造品の生産流通網もそれに応じて生産地・販売地の分離、フレキシブル・マニュファクチュアリング・システム、同時コピー（真正品が生産されるのと同時に複製品が生まれること）、経由地が複数に跨がる中継貿易や密輸、海陸空の運輸リレー、偽造品の密輸品への転換など、臨機応変な方法が登場し、国を越え、大陸を越え、地域の制約を越えて直接世界とリンクし、同時に流行するグローバル販売ネットワークを形成している、ということだ。例えばEUの場合、内部には早くから統一市場が整備され、商品の自由な流通が可能になり、税関検査は必要ない。そのため、どのような偽造品であれEU加盟国のひとつに進入してしまえば、一五の加盟国に進入するに等しく、多くの国を転々としてしまった偽造品は、その出所と目的地の精査が極めて困難になってしまう。(七) しかも、EUでは毎年偽造ブランド・模造劣悪商品がもたらす経済損失は平均三〇億ユーロに達し、統計資料によるとEU加盟国の情報産業市場の三九パーセントは偽造ブランド品で、オーディオ・ヴィジュアル商品の一六パーセントは海賊版、紡織アパレル業の一六パーセントも偽造商品、一九九九年にEU税関が押収した偽造ブランド・模造劣悪商品は二五〇〇万件以上に上り、さらに二〇〇一年には九五〇〇万件以上に激増しているという。(八)

しかも、これらEUに進入した偽造海賊商品は、EU加盟国で内部製造されたもの（イタリアの偽造品の場合、五五パーセントがイタリア製で、うち八八パーセントはイタリアで販売されている）の他、全世界で偽造海賊商品が最も猖獗を極めるアジア地区から来たものもある。(九) アメリカ財政部の税関公布の統計資料によると、一九九九年にアメリカが押収した輸入海賊版・偽造品のランキング・リストは、台湾が第一位（前年第二位）、中国大陸が第二位（前年第一位）、韓国が第三位（前年第五位）、香港が第四位（前年第三位）、シンガポールが第五位であった。(一〇) 二〇〇〇年上半期の統計データでは、中国が第一位、台湾が第二位、マレーシアが第三位、香港が第四位、パナマが第五位である。中国・香港・台湾の両岸三地は依然として「海賊版王国」「偽物天国」の玉座に安泰、というわけだ。(一一)偽造複製技術の進歩と経済グローバル化の助けを借りて、「中港台」を中心とする偽造品産業は早くから全世界をカバーする高生産額・低リスクの活発な経済活動を展開してきた。上は有名ブランド品から、下は日用品まで、偽造品は世界各地にあまねき、偽造・海賊商品の貿易額は一九九八年にはすでに全世界貿易総額の五から七パーセントに達している。(一二)

だが興味深いのは、世界的な偽造品産業の中心に位置する台湾には、これまで偽造文化に関する研究が一向に現れず、むしろ批評性やグローバル／ローカルな視野を備えた偽物論などもってのほかとされてきたのであった。たてまえとしてよく知られているのは、道徳的に訴えたり、オリジナリティーの尊重をアピールする他（偽造品は創作者の努力と利益を損ない、知的財産権を侵害し、消費者を欺く違法行為であり、偽造品の購入は社会道徳に反し社会正義に打撃を与える共犯行為である）、法律による制裁を後ろ盾に、国家イメージと国益に先導された反偽造・反海賊版のお役所的な見解だが、これが強調するのは、偽造品・海賊版が自由市場の経済秩序を著しく破壊し、国家イメージを損ない、それによって経済貿易の優遇に終止符が打たれたり、国際経済貿易組織の「交叉報復」[1]〔Cross-sectoral Retaliation〕を招くということである（台湾の経済貿易官僚が耳にして顔色を変えたのは、アメリカのスペシャル三〇一条[2]の監視リストであった）。この種の政府資料は、二〇〇二年に台湾がＷＴＯに加入した後、実際に取り調べ効果があったことをより強調しているが、経済部〔日本の経済産業省に相当〕はこの年を偽造品捜査年としただけでなく、法務部〔日本の法務省に相当〕調査局が率先して全国同時に偽造・海賊商品の徹底撲滅を指揮し、二〇〇二年一月から三月までのたった二ヶ月で、市価にして二二億台湾ドルを超える偽造海賊商品の押収に成功したのであった（こうした実績によって、台湾で偽造海賊商品が猖獗を極めていることが改めて証明されてしまった）。

だが、政府側のこの見解は国家機構による実際の暴力行為に転化すると同時に、台湾にはついに「反反海賊版」や「コピー左派」といった新世代学生運動論が現れたのである。学生たちの運動に火が付いた直接的で「ローカル」な原因は、二〇〇一年四月の成功大学MP3事件、[3] 二〇〇二年三月の台中の大学キャンパス周辺にあるコピー店取り締まり事件、[4] Microsoft Windowsシステムの知的財産権と反トラスト論争、[5] および当時、法務部の研究立案計画で、親告罪が非親告罪化された著作権侵犯法修正案などである。[6]「新社会学生闘陣」[7] を中心とした複数の大学にまたがる学生団体は社会運動団体や進歩的人士とも徐々につながりをつけ、二〇〇二年五月に「反独占有理・反反海賊版無罪」のデモを連続的に行い、抗議した。[一三] その際の反米帝、反反海賊版論のポイントは、国際的左派の反植民地的立場から出発し、これら一連の捜査活動が台湾の大学キャンパスに対する新白色テロであり、知的財産権が多国籍企業の護身符となって、国家機構が多国籍企業の警備保障会社や借金取り立て部門に成り下がり、台湾がアメリカの「準植民地」になってしまうことへの告発にあった。だが、この学生運動論の威力は、やはり学生の「知識権」が関与するソフトの複製と書籍のコピーに集中し、議論の焦点も自ら複製し、自ら複写する「非営利」行為に多分に限定されていた。

だが、本章では政府の硬直化した見解と学生運動の過激な論述とは別に新たな道を切り開きたいと考え、グローバルな高級ブランド偽造品を主な分析対象とする。偽造ブランド品を切り口に選んだ理由は四つある。第一に、偽造ブランド品には「陰性イメージ」があるからだ。ファッション、消費と流行文化はいずれも女性の「隠喩」だが、偽造ブランド品も「実質」的に女性を主な消費者グループとし、偽装・演技・虚栄・見せかけ・おしゃれ・体面など、マイナスイメージに満ちている。偽造ブランド品の極度な政治的非妥当性のため、「彼女」(性差別意識に満ちた女性代名詞) は政府の厳正な反偽造的立場からは受け入れられず、国際左翼運動の正々堂々とした反植民地論にも入って行けない (みみっちいくせに、虚栄心の強い偽造ブランド品は、私有財産権と交換体制を打破し、フリーソフトと情報の共有を強調する新左派のユートピア的科学技術世界／視野には入っていけないのだ）。

第二に、偽造ブランド品の「複製製造技術」は先進的でデジタル化された完璧な複製とは異なり、伝統商品の物質的な生産、およびこの生産様式に基づく労働力の分配や生産体制、労働力搾取などの要素に関わっており、さらにそれに続く複雑な流通経路と販売ネットワークにも関係し、単純なダウンロードや個人コピー、小規模な交換流通方式とは異なっているからである。偽造ブランド品の複製製造・技術移転、および販売ネットワークは、往々にしてグローバルな高級ブランド品のファッション意識や高額消費スタイルに従って数珠つなぎで拡散移動し、グローバルな労働分業／下請け体制の構造・発展と相互に密接な関係を持っている。

第三の理由は、偽造ブランド品が関わる「身体経験」のためである。有名ブランドというのは、ブランド中のブランドであり、世界中に知られ、グローバルに流通する「記号」である。しかも、高級ブランド偽造品の多くは、皮革製品やアクセサリー、腕時計、アパレル、靴など「身に着ける」商品形態として現れ、「記号」（階級的価値、美学的価値と流行的価値の混合）を身体上の物質形式に具体化している。それゆえ、偽造ブランド品を論じるには、単に伝統的な「模倣」（mimesis）理論におけるオリジナル／複製の抽象的弁証概念だけを用いるわけにはいかず、さらに「可視域」（the visual field）を主とした「複製」（copy）（形態の類似、酷似という視覚的外観）から、「可触域」（the contact zone）を主とした「体験」（embodiment）（シンボルを身に着けるときの感覚器官の経験、買ったり、使ったり、見せたりする時の攻守戦術と心理情緒など）へと拡大し、高嶺の花のグローバル記号を、手に取ることのできる日常的な生活消費と身体実践へといかに転化させているかを観察しなければならない。

第四は、偽造ブランド品の「はかない流行」がもたらす歴史的時間性を考察するためである。八〇年代の「東アジア有名ブランドブーム」（logomania in East Asia）が疲弊低迷する国際高級ブランド市場を再活性化し、その結果として偽造ブランド品がアジア内部から全世界のあちこちに浸透することになった。だが、日本経済の衰退やアジア金融危機、アメリカの九一一後のグローバルな経済停滞を経て、高級品市場の高額消費モデルは変化したのだろうか、ブランドと偽ブランドには依然として相対的な市場活力があるのだろうか、いずれも考察を待たなければならない。だが、欧米の高級ブランドは短期間内に一部の地域である程度の安定した成長が維持されるとしても、グローバルな偽造海賊商品市場の変動からいうと、利益を得る主力は偽造ブランド品から映像音楽ソフトや海賊ソフトへと移行し、現在のグローバル偽造品には一般大衆向け商品へと転化する趨勢も見られる。換言すれば、高級有名ブランド偽造品の登場と今後ありうる衰退は、まさにグローバル資本主義の発展プロセスにおける歴史的物質形式の変動の痕跡なのである。かつてベンヤミンは「まもなく時代遅れとなる」パサージュで、資本主義が華麗から荒涼に至った廃墟を探し求めたが、今日、我々も「まもなく時代遅れとなるであろう」偽造ブランド品にグローバル資本主義のバブル経済の寓話を垣間見ることができるだろうか。[一四]

以上の主な関心と考察から、本章では「偽ブランド・グローバル化」の国際的な製造販売地図を描き、さらに歴史的側面の欲望のもつれを引き出し、それによって、「中港台」を中心とする偽造産業の「資本の論理」が国際的労働分業構造／下請け体制の移転にともなっていかに興ってきたかを明らかにし、また偽造産業の「文化の論理」が西洋帝国植民地の文化的イメージの下で、欧米のブランド意識に合わせていかに生まれたかを明確化したい。本章では、以下三つの部分に分けて、偽造ブランド品のグローバルな流通について考察していく。第一節では、フランスの有名ファッションブランド、ルイ・ヴィトン（LV）の偽造皮革製品を切り口に、日本に先導された「東アジア有名ブランドブーム」の中で、急速に広まった経済消費構造と歴史文化的要素を考察する。第二節では、台湾の有名ブランド経験における二重の複製、および台湾における偽造ブランド品の製造からブランド品と偽造ブランド品の消費に至る過程を論じる。第三節では、この世界的有名ブランド品のアジア地区における消費経路から「偽ブランド・グローバル化」の「偽」理論――「偽」が遍在して無から有を生み、見分けがつかなくなる――を発展させ、偽造ブランド品がグローバルに同時流通する中で、「偽りのグローバリゼーション」の可能な操作モデルについて考察する。本稿は、大衆にとって最も関心のある（また最も切実である）「偽造品を買うべきか否か」等の消費倫理と実践問題に向き合うとき、高級ブランド品と偽造品の「相生相剋」という持ちつ持たれつの複雑な葛藤、および製造メカニズムと流通ルートで偽造品が影響を及ぼす労働条件を同時に考察する必要があると考える。換言すれば、偽造品グローバリゼーションの「存在論」（なぜ偽造品は存在するのだろうか）や「認識論」（偽造品はいかに製造され、流通するのか）は偽造品消費論の「倫理学」（偽造品を買うべきか否か）と合わせて考察し、相互関連させるべきであり、反対に当面の主流である反偽造品論に依拠して、偽造品の製造や消費を「道徳化」や「犯罪化」することはしない。またこれとは反対に、目下の反グローバリゼーション的消費論に則って、偽造品の消費を資本主義に対するゲリラ戦の可能性として「過度にロマン化」するようなこともしない。本稿が願うのは、まさにこのような社会文化的文脈と経済発展の論理をひとつに結びつけた切り口であり、偽造品グローバリゼーションの歴史的・理論的な起点を再考し、資本主義に内在する論理の矛盾と衝突を探り、後続の偽造品消費論における「能動性」（agency）の分析を、「個人的な自由の選択」の側面ではなく、「構造」の側面において行うことである。

一、日本におけるＬＶと「東アジア有名ブランドブーム」

偽造有名ブランド品と偽造ブランド品は異なり、偽造高級有名ブランド品と一般的な偽造ブランド品も異なる。それはちょうど偽シャネルのダイヤモンド腕時計や偽ナイキのスニーカー、偽パナソニックの電池などが関わる商品イメージや象徴価値、複製製造技術と、それらが結びついている異なる地域の特殊な歴史的文脈を一概に論じられないのと同様である。本稿のポイントは、偽造高級有名ブランド品の考察にあるが、まずひとつのグローバル高級有名ブランド、ルイ・ヴィトンの偽造皮革製品を切り口として、このフランスの高級有名ファッションブランドが過去二〇年にわたりアジアを席巻してきたことの背後にある資本と文化の論理を仔細に検討してみたい。ルイ・ヴィトンは一八五四年、パリに旅行用トランク専門店を創業し、一八八五年にはロンドンに初めて海外支店を開設した。一九一四年、シャンゼリゼに世界最大規模の皮具専門店をオープンした後、世界に名だたる皮革製品の権威たる有名ブランドとなる。その後、事業は安定的に発展し、二度の世界大戦や経済危機、個人主義の台頭した七〇年代を経て、八〇年代には品質の消費と「東アジア有名ブランドブーム」のうねりとともに再び一大ブームを巻き起こし、一九八九年にはパリにLVのグローバル・ストアをオープンさせた。この店舗は同地区の旧店舗に代わり、全方位ブランド（皮革製品から各種高級品、メンズ・レディース・プレタポルテ、文具などの周辺商品）のグローバル販売ネットワークと商品イメージの新たな中心となった。現代フランス・ファッションの高級有名ブランドとしてのLV成功の原因は、長い歴史を有する老舗の出店戦略と飛躍的なグローバル展開だけでなく、その輝かしい販売成績にあり、一九九〇年から一九九四年までの全世界での販売総額は約二五〇億フランに達している。(一五)

それにしても、LVは東アジアでなぜこれほど歓迎されているのだろう。グローバル高級有名ブランドの「オーラ」(aura)はいったいどこから来るのだろう。しかも、LVの真正品と偽造品が東アジアに登場したことは、東アジアの経済および消費構造の転換（冷戦期資本主義の国際分業システムは、日本・台湾・韓国・香港・シンガポールなどの地域に急速な経済成長と富の蓄積を相次いでもたらした）や、近現代帝国植民地主義の歴史的発展下における文化イメージや感覚構造、心理メカニズムとどのような関係があるのだろう。東アジアのLV偽造品を論じるなら、日本のLV崇拝コンプレックスから始めないわけにはいかない。我々はまず、日本におけるLVの売れ行きがどれほど熱狂的だったかを見ていこう。ルイ・ヴィトン社世界最大の旗艦店が二〇〇二年九月、東京にオープンしたが、地点として選ばれたのはもともと「東京のシャンゼリゼ」と言われる表参道である。これは日本で四四番目の店舗、かつ七番目の「グローバル・コンセプト旗艦店」でもあり、各種製品と選ばれた高級顧客のみが享受できる付属品がすべて揃っていた。(一六) 世界経済が停滞し、消費も低迷していたこの時期、なぜフランスのファッションブランド、ルイ・ヴィトンは日本でかくも大いに気勢を上げたのだろう。不思議なのは、日本が現在に至るまで全世界最大のラグジュアリー市場であるのみならず、市場分析の専門家も絶えず指摘しているとおり、ラグジュアリー品の需要は不景気の影響を受けず、アジアだけでルイ・ヴィトンの全世界営業額の半分を占め、日本だけで全世界営業額の三分の一を占めている点である。ルイ・ヴィトンは一九七八年に日本市場に進出した後ひとり勝ちし、国際的な高級品販売のトップに躍り出たまま、バブル経済がはじけた九〇年代もその影響を受けず、業績は年々成長している。二〇〇一年の場合、日本での営業額は一六パーセントの成長を見せ、一〇億米ドルあまりに達した。(一七)

だが、このLVというフランスのファッションブランドブームの背後で、いったいどのような経済消費構造の転換が起こっていたのだろう。八〇年代に日本が牽引した「東アジア有名ブランドブーム」は、いったいどのような文化イメージと身体的な模倣を引き起こしたのだろう。まず、戦後の日本経済と消費構造の変化から見ていこう。敗戦後、アメリカ軍に接収された日本は無一文から出発したが、米ソ冷戦の国際的対峙の下で、アメリカの東アジア資本主義戦略が編成した「自由貿易圏」の最重要パートナーとなり、韓国・台湾・香港・シンガポールに次々と経済成長をもたらした。しかも、日本は六〇、七〇年代の高度経済成長を経て、外貨ストックと民間財産を急速に蓄積し、八〇年代には富裕社会のブランド消費モデルが現れ、「一億総上流社会」という空前の繁栄がもたらされた。一九八八年の場合、日本の一人当たりGNPは二万三四〇〇ドルにまで達し、同年のアメリカは一万九八〇〇ドルなので、日本の平均所得はアメリカを一八パーセント上回り、世界一の所得水準といえた。日本の所得の急速な上昇は、直接には高度経済成長（輸出主導型の経済構造から内需依存型の経済構造にうまく転換し、一九八八年の実質経済成長率は五パーセントを超えるほどの成長ぶりであった）と円高（一九八八年は九五二億ドルの膨大な輸出超過で、外貨準備高は一〇〇〇億ドルに迫り、日本円は一ドル一二五円にまで達した）の効果によるもので、これらはいずれも高級輸入品のぜいたくな消費風潮を生み、経済構造面の変動の要因となった。[一八]

そして、八〇年代の日本のヨーロッパ・ブランド消費ブームは、まさにこのぜいたくな消費現象の下で、「アメリカ型消費」（大量生産と大量消費の豊かさ）から「ヨーロッパ型消費」（「量」の豊かさから「質」の豊かさへの転換は、品質・ブランド・品位の三位一体を強調し、品質はブランドに保証され、ブランドは品位があることの証であった）への転換のカギとなったのである。こうして、大量のヨーロッパ高級ブランドは日本の富裕な中間層の日常生活消費財となり、輸入高級車ＢＭＷは「六本木のカローラ」の愛称で親しまれ、大学生でさえローンやアルバイトで買えるようになった。[一九]だが、日本のバブル経済の蓄積が生み出したヨーロッパ・ブランド消費ブームには、明らかな階級差とジェンダー差があふれていたのである。ＯＬの有名ブランド崇拝コンプレックスは、この「（偽）貴族消費現象」[8]最大のシンボルになっていた。

> かつて流行をリードする若者たちは「独身貴族」と呼ばれたが、いまでは若者に限らずプリテンドリッチ（中国語訳は「假貴族」）をする多くの中間層的大衆的消費者が「貴族」なのである。もちろん、この中でも若者、特に若い女性、とりわけＯＬは今日でも貴族的消費のリーダーシップを取っているといえよう。
>
> 最近、マガジンハウス発行の『HANAKO』という雑誌をもじって東京の高感度貴族的ＯＬを「HANAKOさん」などと呼ぶが、貴族的流行を次々と生み出す彼女たちの姿を見ていると、いわば「身分は中流、気分はロイヤル」といった感じがする。超経済大国日本の首都東京のＯＬは、その意味でプリテンドリッチの代表であるといえよう。
>
> ……特に東京のＯＬ、「HANAKOさん」に関していえば、いわば「ＯＬ必殺ブランド」とでもいうべき

シャネル、エルメス、ティファニー、そしていまではメジャーブランドとなってしまったルイ・ヴィトンのブームが挙げられよう[二〇]。

貴族的な流行のリーダーと見なされた「HANAKOさん」は、伝統的な身分・血縁上の貴族ではなく、日本のニュービジネス経営者や専門職の成功者でもなく、「プリテンドリッチ」(=偽貴族)と呼ばれるOLであり、同時に八〇年代の日本に起きた貴族的消費ブームを実質的に支える中間層の主力消費者であった。「HANAKOさん」の登場は、消費や階級の境界を越えた上昇という幻想を反映していただけでなく、社会的地位(position)が生活スタイルを決定するという、伝統的な消費研究の傾向を覆し、高度消費能力によって自分たちの消費グループの地位を生み出したのである。ヨーロッパの有名ブランド、ルイ・ヴィトンやシャネル、エルメス[9]は彼女らのポストモダン的消費アイデンティティ・グループのシンボルになった(全身上から下までシャネルしか身に着けない「ミス・シャネル」のような)。「HANAKOさん」がもたらした「偽貴族消費」は、日本の八〇年代ヨーロッパ・ブランド消費ブームに初めて現れた、「庶民であり貴族でもある」という内在的階級矛盾と明らかなジェンダー差であったといえるだろう。

ただし、なぜヨーロッパ有名ブランドだったのだろう。また、なぜルイ・ヴィトンが群を抜いていたのだろう。我々がさらに一歩進めて、日本がリードした八〇年代の「東アジア有名ブランドブーム」現象を分析するには、経済消費構造の転換を文化イメージと心理メカニズムの歴史的形成面にまで推し進めて議論しなければうまくいかないだろう。表面的に見ると、これらの高額、高品質の高級文化舶来品は、ほとんどが貴族文化の深遠な歴史を有するヨーロッパからの輸入品であった。この「貴族イメージ」の背後にはやはり一種の「文化イメージ」が投影されており、消費するのは単に高額の高級品というだけでなく、これら舶来品の背後にある、ヨーロッパの歴史と伝統に育まれた高度な文化イメージである。「偽貴族の名」としての有「名」ブランド効果は、「偽造商品消費の形を借りて、精神消費を行うこと」の体のよい言い直しであり、日本の「哈欧」〔ヨーロッパ大好き〕が内包していたのは、ヨーロッパ有名ブランドの背後にある歴史的洗礼を経た文化的エッセンスであり、ヨーロッパの舶来品を追求することは、まさに内在的な精神性を追求する優れた人のすることであって、単純な物質的消費の形式を越えていたのである。こうした商品消費上の「文化崇拝」的メンタリティの表現は、明治維新（一八六七年）以来の百年におよぶ西洋化・近代化のプロセスにまで遡れるが、戦後三〇年の経済発展を経て、七〇年代、八〇年代に世界に誇る経済力を創出したとはいえ、日本は依然として「経済大国・文化小国」の影からは完全に抜け出せなかった、ということであろう。

だが、経済成長と六〇、七〇年代のアメリカ型消費から八〇年代の「ヨーロッパ型消費」へと進展する日本における一連の消費ブームは、同時にある種の歴史と文化の「回顧」的なスタイルによって、一九世紀末から二〇世紀初頭大正期にかけての「ジャパネスク」のノスタルジックなイメージに回帰することでもあった。しかも、このノスタルジックなイメージが表象していたのは、明治維新後に日本で最も早く形成された富裕社会の消費文化だけでなく、むしろ日本文化とヨーロッパ文化の交流・融合の最盛期であった。この時期、ヨーロッパ芸術や文化に対する「ジャポニスム」の影響は強大で、「印象派は日本からの浮世絵にヒントを得、アル・ヌーボーは日本の貞奴／陶器／着物から影響を受け」、というように具体的に現れていた。〔二二〕しかも、ルイ・ヴィトンはまさにこの日欧文化交流のキーポイントとなる時期に勃興し、基礎を固めたのである。一八五二年、ナポレオン三世が即位すると、職人のルイ・ヴィトンは皇后御用達の「荷作り職人」に選ばれ、上流貴族社会に関係する手がかりを得た。一八九六年、ルイの息子ジョルジュ・ヴィトン（Georges Vuitton）は当時、ヨーロッパで流行っていた「ジャポニスム」の影響を受け、「L」と「V」のローマ字、四枚の花びら、星のモチーフによるモノグラム、つまりトレードマークとなる図案をデザインしたのである。〔二三〕老舗LVのブランド神話はもともと多種多様に構築され、フランス王室や名流貴族（ココ・シャネル、インド王妃、フランス大統領から指揮者レオポルド・ストコフスキーらまで）ばかりか、さらにあまたの歴史的事件、ロマンティックな伝説などとも関連があった（最も有名なのは、一九一一年の豪華客船タイタニック号の沈没事件だが、ルイ・ヴィトンのハードトランクは密閉性が高かったため、水没後かなりの日数を経た後でも海水の浸透した形跡が少しもなかったといわれている）。さらに重要なのは、ＬＶのトレードマークになった図案が、一九世紀末の「ジャポニスム」の影響を受けた「日仏混血」だったことで、日本人からすれば当然、自分たちがレベルアップした気分にさせられるのである。このように特殊な歴史的文脈に置いてはじめて、現代日本のＬＶ崇拝が関与する文化イメージを明確化できるわけだが、この文化イメージとＬＶブランドの「剰余価値」は、やはり近現代西洋帝国の植民地拡張下における西洋化・西洋崇拝コンプレックス、およびこのコンプレックスに見られる卑下と矜持といった矛盾の結合の上に構築されている。このような歴史的・心理的な「回顧」を経てはじめて、ヴィトンはなぜ日本人にとってヨーロッパ・ブランド中のブランドであるかが明らかになり、「フランス式ジャポニスム」の究極の代表は「ヨーロッパ・ブランド」と「日本回顧」の二重の文化イメージを同時に満足させられるのである。[一三]

しかも、「平民貴族」、「ヨーロッパ・ブランド、日本回顧」と同時に現れた第三の消費者心理の矛盾は、ＬＶが八〇年代日本の贅沢きわまる消費の中で「量産された貴族の工芸品」を代表してしまったことである。もし「HANAKOさん」や「偽貴族の貴族的消費」が、貴族ブランドを平民身分へ転換することであったなら（「平民身分の貴族イメージ化」）、「HANAKOさん」の大量出現は同時に貴族ブランドの大量需要を誘発したのであった（「貴族ブランドを平民的に量産化」したため、もはや単に希少であれば高価というわけにはいかなくなった）。換言すれば、ＬＶは自ら形成した老舗神話によって、完璧で精緻な品質を前提とし、ヨーロッパ（王室）職人の伝統を強調して技術と芸術の完全無欠な結合を追求する一方、日本および東アジア大衆消費社会に生まれた新貴族階級の大量の需要に向き合わざるを得なくなったのである。それは人々がＬＶの皮革製品によって高貴な身分を証明しようとしたからであった。つまり、LVは「量産神話」の大量・迅速を遠ざけ、少量生産や手作りイメージへの執着を堅持しつつ、工場を増設して東アジアからの大量の需要に応じなければならなくなったのである。だが、この「量産された貴族の工芸品」という矛盾は、一部専門店の「購入数制限」と一部商品の「数量限定」というブランド販売戦略を引き出した（製造技術面の不足からではなく、純粋に芸術性や貴族性、工芸性を強調する数量制限で、これによってステータスを引き上げる手法である）[二四]。LVのパリ旗艦店の場合、毎日、開店時間前にすでに世界各地（日本の観光客を主とする）からやってきた消費者が入口の前に長蛇の列をなし、ひいては金を払って雇った人を代わりに並ばせ、購入数の制限を突破するブラックマーケットも存在し、メディアからは「浮かれた世界の怪現象」と誇られていた[二五]。この「購入数制限」と「数量限定」の戦略は、高級ブランド店に長蛇の列ができるという宣伝効果と心理効果（LVはお金があっても買えない時がある）の点では成功したものの、常に欠品があり、供給が需要にまったく追いつかないという現象を引き起こし、間接的にLVの「詐欺的偽造品」市場にニッチを生むことになる[二六]。

二、台湾の史的偽物論〔偽物論 wěiwùlùn を唯物論 wéiwùlùn にかけている〕

前述のとおり日本のLVブランドブームが、重層的で矛盾する複雑な消費構造と文化イメージを暴いたのだとすれば、「半歩遅れ」のためかえって熱狂的だった台湾のLVブームは、その他の東アジア諸国とどう違っていたのだろうか。まずは、LVブランドとその偽造品が台湾の支配者となったプロセスを見てみよう。ルイ・ヴィトン社は一九八三年台湾に支社と初の直営店を設立し、台湾は正式に同社のグローバル販売網の東アジアブロックにおける重要な結節点となった。一九九七年、ヴィトンの販売はすでに全島に及び、高雄や台中を含め、四店の直営店がオープンし、一九九九年には台北市中山北路の麗晶《リージェント》ショッピングエリアに台湾初のグローバル・ストアがオープンし、開店時には官界・財界・芸能界の有名人が集まり、盛況を博した。二〇〇三年にはさらに台北市敦化南路のショッピングエリアに第二のグローバル・コンセプトストアがオープンした。同社の台湾での利益についていうと、一九九五年から九六年の場合、販売額はすでに一〇億台湾ドルに達している。(二七) しかも、台北のＬＶグローバル・ストアの特色のひとつは、地元の消費者の他、ショッピング目当ての日本人観光客が大量に押し寄せたことで、オープン当初などは、店内の品物が殺到した日本人観光客に一掃されるという奇観を呈した。原因は、台湾市場が輸入するヨーロッパのブランド品は、平均して日本より二割から三割安く（日本には税率と販売コストが高いという要因があった）、加えて多くの高級ブランド品が限定生産・世界割当供給戦略を採っていたため、日本国内ではお金があってもほしいブランド品が買えるとは限らなかったのである。そこで観光とブランド品購入の目的が結びつき、日本人観光客が台北の麗晶ショッピングエリアで我先に買いあさるような光景が出現し、ヨーロッパ輸入ブランドの生きた広告となった。台北のＬＶグローバル・ストアの場合、日本人観光客の絶え間ない流れが、ＬＶを、より高級で我先に買うべきイメージに仕立て上げた。(二八)

だが、台湾ではＬＶ専門店でＬＶを買う人は多いものの、露店やナイトマーケットで偽物を買う人はさらに多く、本物の売り上げはすさまじかったが、偽物の売り上げも燎原の火のようであった。台北のＬＶブランド偽造品の流通販売市場の場合、イースト・ビジネスエリアの露店、名店街、林森北路の高級品店でも、通化・士林・萬華・天母のナイトマーケットでも、ちょっと目を向ければ、どこにも茶色地にＬとＶ、四枚の花弁に星のモチーフをあしらった偽モノグラムのキャンバス・バッグがあり、台湾でダントツの人気と売上を誇り、露店での販売ランキング第一位の偽ブランドであった。これらのＬＶ偽造品の出所はまちまちで、産地には台湾、韓国、中国大陸などが含まれ、ランクも特Ａ、ＡＡ、Ａ、ＢおよびＣなど、各種ランクと価格に分けられている。特Ａの本物らしさの度合は九五パーセントに達し、真贋の見分けはつかず、内側には真正品の通し番号まで隠されているが、低ランクの偽造品は見るからにビニール製で、質感は劣り、縫い目は曲がり、プリントされた花や文字も色あせたり非対称といった欠点があった。一般的に、LVの偽造品はデザインも極めて多く、モノグラムのリュックサックから、ダミエのハンドバッグ、グラフィティのカバンなど、台湾で人気のラインアップはすべて偽造されていた。ランクと価格の点でいうと、A、B、Cランクの多くは露店やナイトマーケット、一般店舗で流通し、特AとAAはなじみ客や予約販売など特殊なルートによってのみ購入でき、最低ランクの露店のLV商品はわずか三九九台湾ドルである。上級ランクの商品は二〇〇〇から三〇〇〇台湾ドルだが、多くは真正品のもとの価格のわずか十分の一であった。(二九)

LVブランドとその偽造品の台湾における販売分布の初歩的経緯がわかったところで、次に歴史文化と理論構築の側面から別々に、台湾におけるLV偽造品の生産から消費までの変遷を見ていきたい。まず、歴史文化的な側面からいうと、LVブランドとその偽造品の爆発的な売り上げに直接影響を及ぼしているのは、ファッション意識とブランド消費社会の形成である。植民地の歴史と文化地理的な隣接性からして、表向きの第一のキーポイントはいうまでもなく、日本が台湾の消費趣味に与えている直接的な影響である。以前台湾では、国際的な高級品の代理窓口は限られていたため、金持ちは日本に行って各国のブランド品を購入していた。加えて、シニア世代の多くは日本の教育を受けており、日本の雑誌から得る情報も重要な役割を果たしていた。(三〇)しかも、台湾は七〇年代末に、文化産業が次第に形成され、消費社会も徐々に台頭し、海外ブランドの輸入解禁や海外旅行の開放、ファッション情報の加速度的な流通に伴い、ファッション意識とブランド意識が大幅に高まっていたのである。

七〇年代後半、海外有名ブランドが台湾に進駐し、八〇年代には全国国民所得の上昇が消費に対する価値観の変化をもたらした。九〇年代に入ると国際的なファッションがグローバルで多元的に発展する。台湾のファッション雑誌産業およびトレンド報道の傾向は、早くは『婦女雑誌』『電視週刊』が小さなコラムで国内外ファッションの潮流の変化を紹介し、続いて『ドレスメーキング』『レディブティック』など日本のファッション雑誌が書店委託制で代理販売されるようになり、九〇年代になると、欧米の多国籍雑誌グループが台湾で『Harper's Bazaar』『ELLE』『Marie Claire』『Vogue』などの国際中国語版を発行するに至った。大型書籍チェーン店も国際版書籍を大量に輸入して情報のグローバル化に対応し、台湾の読者には流行を参照できる選択肢が増え、それを流行りの動向を把握するための根拠としたり、買い物や消費の指標とするようにもなったのである(三一)。

八〇年代以降、台湾におけるファッションブランドの消費は、日本の流行りのファッションとの時差を次第に縮め、日本の後追いから、五年遅れ、二、三季遅れとなり、九〇年代になると世界の流行と時差なしの方向へ徐々に邁進していった。ただし、今日の台湾で日本のトレンド情報は依然として相当重要な役割を果たし、もし日本式教育を受けたシニア世代の「哈日族」が日本のファッション情報を主な典拠とするなら、若い世代は、日本語がわからない「哈日族」であれ、やはり日本のファッション雑誌をそっくりそのまま模倣しているのである。日本の隔週刊雑誌『non・no』は長年台湾の少女たちに最も人気があり、「七〇年代末、台湾に初めて輸入され、八〇年代に人気が出始めた。信頼できるデータはないものの、一般的には毎月約一〇万冊が日本から輸入されると言われ、現在まで台湾の大型書店では最大の販売部数を誇っている(三二)」。台湾のブランド・トレンドが関心を寄せる「日本の最新流行」とは、日本の流行を見ると同時に、日本の眼差しを通してグローバルなファッションの流行を見ることでもある。それゆえ、LVブランド皮革製品の台湾での流行は、この「哈日」の中の「哈欧」という歴史的連帯と文化心理的メカニズムとの関係を逃れることはできない。台湾の「聞《ウェン》(文《ウェン》)化《ホワ》」(中国語では「聞」と「文」は発音が同じ。ここでは日本から「かぎとる文化」の意)において、LVブランドの「芳香」は、この二重の植民地趣味のイメージと密接にかかわっているのである。

だが、表向きの理由を論じ終えたところで、裏側の要因についても論じたい。それは、台湾で最も早期のＬＶブランドの認識が、単に日本のファッション雑誌と商品情報から来ていただけでなく、むしろ日本のブラックマーケットの取引に供給されるＬＶ偽造品の製造基地が台湾であり、日本人観光客が仕入れるＬＶ偽造品の海外集散地の主要メンバーであったことから来ていた点である（韓国と香港も似たような事情である）。相対的に言って、法律や捜査がゆるく、低廉な労働力やコストによって、台湾のＬＶブランド偽造品は当初日本への「輸出」が最多であったが、台湾のブランド意識の高まりや、ＬＶ直営店の正式な登場によって、ようやく大量の「内需」ルートが拡大されたのであった。ＬＶの台湾上陸プロセスには、日本と台湾のファッション「聞（文）化」の植民地的「芳香」が溢れていたばかりか、より人目を引いたのは、ブランド産業と偽造品産業の逆説的な依存関係と地域間の移植／移転という点であった。つまり、ＬＶ登場の前にセンセーションが先行して販売前に有名になり、偽造品によって道が開かれ、「国内」の偽造品が「海外」の真正品に先駆けて上陸したため、偽造品が真正品のユニークな宣伝媒体になったということである。もし現在のポストコロニアル理論でよくいわれる「遅れてきたモダニティ」（belated modernity）という言葉を借用するなら、ＬＶというのは、まさに日本の西洋崇拝とノスタルジーを混合した「遅れてきたモダニティ・ブランド」であり、また台湾の哈日と哈欧を混合した「遅れてきたモダニティ・ブランド」でもあり、さらに台湾と香港の偽造技術の移植／移転先である現在の中国の「遅れてきたモダニティ・ブランド」でもあるのだ（ルイ・ヴィトンはすでに上海の南京路に進駐し、中国大陸は将来の最も重要な消費市場であると見られている）（三三）。

だが皮肉なことに、ＬＶ「東アジア有名ブランドブーム」の物語がまず我々に暴いてみせるのは「偽造品複製の逆説的」な第一の側面であり、偽造品という「複製」はつねに「コピーのコピー」であるということだ。つまり、

ＬＶブランド偽造品の「コピー」は、単なるＬＶブランド真正品の「コピー」であるばかりか、文化イメージの「コピー」――ヨーロッパをイメージする日本を台湾がイメージする――には、商品の「鏡像」と植民地の「鏡像」の反射による迂回が充満しており、経済・政治・文化・心理的な側面の繁雑なもつれ合いも溢れているのである。しかもルイ・ヴィトンが東アジアで全力を傾注する偽造品捜査は（ＬＶは従来グローバルに偽造品摘発を行っている最有力グループのひとつで、毎年、総営業収入の二パーセントという定額を偽造品捜査予算として計上している）、さらに一歩進んで我々に「偽造品複製の逆説的」な第二の側面を暴いてくれる。つまり、グローバル資本主義の拡張と隆盛は、商品がほしいという欲望の複製（感覚構造の歴史的要因）を頼りに始動するが（私も同じような高級バッグが欲しい、私も同じようにカッコいい車が欲しい）、欲望の複製を鼓舞すると同時に、むしろ商品の複製は厳禁している、ということだ。グローバル資本主義はあらゆるやり方で様々な「欲望形式の完全な複製」（きらびやかで華やかな様々な商品イメージと広告宣伝）を鼓舞しながら、同時にかえって各種の手厳しい刑罰や法律を徹底させて「商品形式の完全な複製」を禁止するのである。つまり、ブランド偽造品の登場というのは、まさに有形の「商品形式の完全な複製」によって、ブランド消費を無形の「欲望形式の完全な複製」の最良の風刺や逆説として明確化させることではないだろうか（真正品を買うことは偽造品や複製品を買っていないと考えるべきではなく、また台湾や中国大陸、あるいは韓国製のフレンチブランド偽造品を買うからといって、日本の真似から逃げおおせると思ってもいけない）。

だが、我々が議論の焦点を実際にＬＶ高級ブランド偽造品の消費者研究に置くとき、ＬＶの台湾偽物論は「偽造品複製の逆説的」な第三の側面を暴くだろう。それは、中間層の潜在消費者にアピールすると同時に排除する、というものである。かつて高級ブランド市場論には極めて一般的な考え方があり、高級ブランド品の消費者と高級ブランド偽造品の消費者は重複しないため、偽造品市場がいくら猛威をふるっても、高級ブランド品の販売額に影響はないというものであった。しかも、実際の高級ブランド品販売額を見ると、おおよそこのような見方に合致し、台湾の偽造品市場でＬＶが爆発的に売れたのと同様、真正品販売額は年々成長していたのである。だが、高級ブランドの実際のコントロール状況からいうと、高級ブランドがターゲットとする主要顧客・購買層というのは、表面的にはピラミッドの最上層にアピールしているように見えて、実際は往々にして「アップワード・プル戦略[10]」によって中間層にアピールするため、中上層の消費者を主力とし、そのうち一部の中間層消費者は高級ブランドの真正品と偽造品の間で奪い合いの対象になっている。それゆえ、偽造品の氾濫が真正品の販売額を明らかに低下させないとしても、真正品と偽造品の間で重複する一部中間消費者については、その消費モデルと欲望の流動性を十分分析・考察する価値があるだろう。それは、高級ブランドに対する潜在的な補完力と殺傷力を有しているのである。

フィールドワーク的な限られた資料によると、台湾の消費者が偽造品を購入する主な理由は、やはり安価で比較的採算に合うといった現実的な了見からであるという[三四]。台湾の「哈日」消費者は日本の「哈欧」消費者の欲望を「複製」すると同時に、ＬＶが高すぎるため偽造品を買うという中間層の消費者の中には、ＬＶの偽造品を真正品の「入門」とする人もいれば（十分なお金が貯まったら、あるいは仕事が変わり、収入の調整がついたら真正品を買う）、ＬＶの真正品と偽造品を同時に使う人もおり（定番商品は流行に左右されないので真正品を買い、トレンド品は偽造品を買って、一、二シーズン使ってお払い箱にする）、台湾にはＬＶの偽造品が氾濫しているため、真正品を拒否する人もいる（本物を買っても偽物と見なされる可能性がある）。換言すれば、台湾の偽造品消費者の実際の消費行動からいうと、そこには流動的な変数が充満し、いつか真正品を買うようになる可能性も、偽造品を買い続ける可能性もあり、偽造品は真正品の入門訓練になると同時に、その氾濫は潜在的な消費者を後退させたりもする。だがさらに重要なのは、偽造品の遍在が直接打撃を与えるのは、往々にして真正品の販売額や個々の消費者の購買意欲ではなく、高級ブランドの象徴価値であり、過度の氾濫が招く市場崩壊の危機ではないだろうか。それゆえ販売額が年々上昇しているとはいえ、ＬＶブランドは毎年やはり巨額の資金を偽造品摘発に浪費せねばならない。偽造品と真正品は相互に対立（食うか食われるか）はしないが、仲良く共存（並行発展）するわけでもなく、製造・消費や複製の欲望が複雑に絡み合う中で「相生相剋」のダイナミックな不確定性を展開し、相互共謀を図ったり、相互消滅を招いたりしているのである。高級ブランド偽造品は、高級ブランドの向かうところ敵なしというグローバルな威力を強化すると同時に、象徴価値の崩壊という危機の潜在性を時々刻々と警告している。

三、相生相剋の偽理論と偽グローバリゼーション

ただし、我々が東アジアにおけるＬＶの歴史文化の絡み合いから出発し、「偽造品コピーの矛盾」した重層的な論述にまで広げていくなら、「偽理論」と「偽グローバリゼーション」の理論構築をさらに一歩進める必要がある。「偽理論」というのは、「偽物」に関する理論であり、「仮借」に関する理論でもあり、それはすなわち既成のポスト構造主義理論（起源やロゴス、中心の解体）とポストコロニアル理論（模倣と雑種の文化協商）において、歴史的敏感さと理論的複雑さ、およびグローバルなローカル批判性を備えた偽造理論をいかに発展させていくか、ということである。そこで本稿はまず「偽理論」構築にあたり、「グローバル・ブランド中心主義」（glogocentrism）というオリジナルな理論用語を提起し、偽グローバリゼーション論を考察する新たな空間を展開したい。「グローカリゼーション」（glocalization）が現在グローバリゼーションを論じる上で重要な用語のひとつであることは知られているが、この新たな名詞は、「グローバリゼーション」と「ローカリゼーション」から生まれうる二項対立を「交錯法」（chiasmus）の修辞と思考法によって織り交ぜようとするものである。（三五）一方、「グローバル・ブランド中心主義」は「グローバリゼーション」と「ブランド／ロゴス中心主義」を連結させようとするものである。「ロゴス中

心主義」（logocentricism）はもともとポストモダンの用語で、西洋形而上学の純粋な起源——理性・論理・文字・真理——を一種の固定的で不変の「存在」（presence）と見なし、その中の logos はギリシャ語の「理性」である。[三六]だが興味深いことに、現在の消費文化研究のなかで大量に使用される logos は、アルファベット図案や略語によって商品の表面に印刷されたブランド商標（logograms）を指し、logograms と logocentricism はいずれも同じギリシャ語の接頭辞 logos を指している。この二つの logos がここで同列に論じられるのは、まさに現在のグローバリゼーションの下で「ブランド中心主義」こそ一種の商品形而上学的な「ロゴス中心主義」だからである。

それゆえ、「グローバル・ブランド中心主義」が明確化したい第一のポイントは、ブランドの抽象価値形式である。西洋のブランド発展史から言うと、「ブランド・ネーム」（brand name）は一八八〇年代ころ誕生し、伝統的な卸売業者や小売業者の名前に取って代わった。顧客はそれによって各商品の背後に代表される製造者を識別するようになり、「ブランド」は市場で商品の質を区別する主要なシンボルになったのである。ただし、これら大量生産品の実質的な差が次第に小さくなると、もともと「品質保証」を強調していたブランドは、次第に「精神的シンボル」を強調するようになる。そもそもブランドが代表していたのは商品の信用と商売の信望であったが、さらに一歩進んで「抽象概念化」すると、市場占有率と競争力を表す「ブランド知名度」と、生活スタイルを標榜する「ブランド態度」となった。さらに一九世紀に登場した地方的、地域的「ブランド」は、早くも市場のグローバル化の歩みに従って一種の国際言語となり、無重力で根を失い、脱物質化された抽象形式は、さらに「ロゴが連結する地球《グローブ》」（logo-linked globe）や「ブランドの美しい新世界」（brand new world）を創出する。[三七]今や、「ブランドの抽象概念」にリードされる消費時代にあって、消費者があくせくと買い求めるのは商品の物質形式そのものというより、商品ブランドの抽象形式（交換価値、記号的価値、美的価値など）になったのだ。[三八]「ブランド」は理念だが、実質的な商品は「現象」であり、前者は「本尊」、後者は「分身」というわけだ。経済の変動が異なる消費モデルを相対的にもたらし、八〇年代のグローバル・ブランドが拡張の末に勢いを失くして、前ブランド時代（無「印」良品）の量販廉価モデルが九〇年代に勢いを巻き返したとはいえ、ブランド中のブランドである高級「ブランド」は、依然として一頭地を抜き、トップを走っている。

この種の世界的有名ブランドの唯我独尊やグローバルな統一を図るエリート現象は、「グローバル・ブランド中心主義」が強調しようとする第二のポイントをうまく説明できるだろう。それは、グローバル高級ブランドの多国籍グループによるブランドのM&Aと全体的なコントロールである。ファッションブランド「名」の抽象性と象徴性というのは、市場の売れ行きとブランドイメージをマスターコントロールするグローバル高級品帝国に支配されている。大規模なブランドのM&Aによる版図の拡大およびグローバル直営戦略にともない（直営の支社が伝統的な代理店に取って代わる）、商品の種類や価格からトレンド感のグローバルな統一性と同時性に至るまで、すべてが最高級ファッションブランドのグローバル戦略によって確保されているのである。〔三九〕例えば、馬具から創業した老舗ブランドのエルメスはジャン＝ポール・ゴルチエ（Jean-Paul Gaultier）の自営ブランドを買収し、プラダ（Prada）の持ち株会社はヘルムート・ラング（Helmut Lang）とジル・サンダー（Jil Sander）を買収している。〔11〕また、ルイ・ヴィトンが属する多国籍ラグジュアリー複合企業体、モエ・ヘネシー・ルイ・ヴィトン（LVMH）は、度々「ラグジュアリー業界のナポレオン」と喩えられ、独断的なブランドのM&Aで版図を拡大して営業収入を増やし、九〇年代半ばから起きた国際ラグジュアリー品のM&Aの風潮のなかで最大の動きで最も注目を集めた。LVMHグループは、本来のLVの皮革製品、ヘネシーのブランデーから服飾・化粧品の販売、芸術品のオークション等の領域にまで拡大し、空港の免税店チェーンDFSグループにも手を広げ、傘下のブランドには、ルイ・ヴィトン以外、KENZO（高田賢三）、クリスチャン・ディオール（Christian Dior）、クリスチャン・ラクロワ（Christian Lacroix）、ダナ・キャラン（Donna Karan）、フェンディ（Fendi）等が含まれ、グローバル・ラグジュアリー品の帝国を築いて天下を統一し、グローバルな直営を企てるといった壮大な意志を至るところで展開している。[四〇] 統計資料によると、LVMHグループは不景気であった二〇〇二年に依然として一二七億ユーロの華々しい業績を打ち立て、純益は二〇億ユーロにも上り、成長率は二九パーセント、株価も八・三パーセントの上昇を見たという。[四一]

ラグジュアリー・ブランド帝国の中央集権的M&Aとグローバル直営方式に対して、本稿はここで「グローバル・ブランド中心主義」に対応する別のオリジナルな概念を提起したい。それは「偽造の越境散種」（fake dissemi-nation）である。「越境散種」（dissemi-nation）という概念は、脱構築学者ジャック・デリダとポストコロニアル学者ホミ・バーバからの転用だが、全体的な統一性の内部には常に絶えざる重複と拡散の「代補」（supplément）と「差延」（différance）が存在し、全体性は終始達成されず、統一性は永遠にひとつの基準を持ちにくい、ということを強調している。[四二]「偽造の越境散種」が明確化したいのは、単に「国家」の境界が「多国籍企業体」のグローバル資本の流動によって絶えず揺るがされるという点だけでなく、さらに「多国籍企業体」のグローバルな求心力（剰余価値の利潤累積と市場イメージ、消費欲望の生産コントロールを主に指す）が、偽造品のグローバルな拡散的遠心力によって絶えず揺るがされているという点である。そのため、偽造文化研究に対する我々の論理的思考を、プラトン以降の「ミメーシス」（mimesis）という西洋哲学の伝統に限定することはできない。この伝統は偽造品を「垂直軸」の「隠喩代替」（metaphorical substitution）と見なし、偽造品を真正品より劣る「コピー」や「シミュレーション」（より劣化したコピーのコピー）であると強調するからだ。この種の空間的上／下（真正品が上、偽造品が下）、時間的前／後（真正品が前、偽造品が後）の思考方式は、早くもデリダやドゥルーズ、ボードリヤールなど現代の理論家の関連著作の中で巧みに脱構築・反転されている。

この脱構築と反転の論理に従うと、真正品が偽造品を「生み出した」のではなく、偽造品が真正品を「創造」した、ということになる。例えば、LVとLV偽造品の一五〇年の長きにわたる奇妙な依存関係の場合、LVの「起源」には、偽造の風潮を抑えるために変更を余儀なくされたバッグのデザインがあった。一八八八年、LVは元来のベージュと茶褐色の縞模様を正方形の図案に変え、商標も登録したのだが、偽造品が依然としてはびこったため、一八九六年に再度、LVのアルファベット、四枚の花弁、星のモチーフによるモノグラムの基本図形をデザインしたのである。換言すると、LVの正典である真正品は、偽造品から生み出されたのであり、「LVがなければ偽造品もなかった」のではなく、「偽造品がなければLVもなかった」ということである。しかも、一種の「起源ではない起源」（a non-originary origin）としてのLVの「真正」品にとって、LVの偽造品がLVの真正品をいかに「貴族化」するかという点がより重要なのだ。LV真正品と偽造品は手作り／量産、唯一／同質、高尚／通俗、独創／模倣といった分類方式で区別されるが、それは、量産、同質、通俗、模倣という後者が、同じように量産され、同質でもある前者に殊の外高貴で独創性にあふれ、唯一の完璧な手作りといった連想を許すからである。換言すれば、「分身」としてのLV偽造品がなければ、LV真正品のありがたい「ご本尊」を引き立たせることなど到底できないであろう。偽造品の「分身」は本来「分身」（大量コピー、大量生産）でもある真正品を唯一無二の「本尊」に変身させるのだ。最近になって日本の芸術家村上隆とのコラボレーションによる二〇〇三年春夏の新作「モノグラム・マルチカラー」を発表するまで、LVは依然として一五〇年来の真正品と偽造品の奇妙な依存関係を展開してきた。村上隆はもともとのモノグラムの三色印刷を三三色に代えたが、最も考慮したのは偽造品の防止で、製造技術の敷居を上げ、偽造品メーカーを尻込みさせたのであった。たとえそのための努力とはいえ、最多で八色を使えば、偽造品と真正品の色彩の差異は鮮明になり、見分けはたやすくなる。「新機軸デザイン」の真正品と「人の尻馬に乗る」偽造品の間には、ただ影が形に添うような親密な関係の問題だけでなく、相生相剋や相互創造の転化と異化という流動的な問題が存在するのだ。

それゆえ、「偽造の越境散種」は単に真正品の起源にある犯すべからざる神聖性を「空っぽにする」（empty out）

だけでなく、その揺るぎない安定性を著しく妨害し、「水平軸」の「換喩的移動」（metonymic movement）により、隣接的で非代替的な方法に則って拡散流動させ、真正品の純粋な起源を汚すだけでなく、その安定した中心に根を失わせ、離散させるのである。[四三] ここでいう「根を失った離散」とは、偽造品によって真正品の地位を一方的に脱構築することではなく、偽造品の販売が高級ブランド品の販売額に対する直接的な打撃であると見なさないことでもある。偽造品は決して真正ブランドの代わりにはなれず、偽造品の売り上げが好調なのは、言ってみれば、真正品の売れ行きに頼っているからであり、偽造品は記号価値から剰余価値の累積に至るまで、いずれも高級ブランドの中に「寄生」しているのだ。ただし、偽造品は真正品のために「広告を打つ」と同時に、「市場の混乱」や管理上のブラックホール、ブランド崩壊の潜在的危機と不安を引き起こしてきた。それゆえ、「根を失った離散」が浮き彫りにするのは、「グローバル・ブランド中心主義」と「偽造の越境散種」の「相生相剋」のダイナミックな生成であり、安定／弛緩、制御／制御不能、秩序／混乱の間を揺れ動く不確定性である。

この「偽造の越境散種」が私たちに見せてくれるのは、まさに経済がグローバル化された、今この時の「偽の遍在」、「偽の捏造」、「偽の識別不能」である。現在の偽造ブランド品は昔の比ではなく、かつてはつねに一歩遅れていたが、現在は本物より早く市場に出回ることもある（来季新作発表会の写真かカタログをあらかじめ入手しさえすればよい）。例えば、かつては偽造品の質は悪く、アフターサービスもなかったが、現在は偽造品販売店の多くが修理サービス部門を設け、最高級偽造品を買う消費者の中にはオリジナルの工場に送って修理してもらう人までいる。かつて偽造品はいずれも安かろう悪かろうだったが、今や本物と見まがうような特級偽造品は「非詐欺的偽造」（消費者が偽造品であるとわかって買うこと）市場での販売価格は安くない。さらに「詐欺的偽造」（消費者が本物と思って買うこと）市場では、真正品価格で販売されたり、「有名ブランド直売特価」や「有名ブランド在庫整理品」、「有名ブランド二流品」（少々傷があり、商標が擦り切れている）として値引販売されたりしている。かつて偽造品はいずれも小規模の非合法的な工場で製造されると思われていたが、今や偽造品の多くは合法的な上場企業、あるいは数多の国際認証の栄誉に浴したチェーン企業から生まれているのである。偽造品の販売については、かつては露店やナイトマーケットに集中していると思われていたが、今や偽造品流通ルートの多様化と機動性は一般人の想像をはるかに超えている。オフィスビルやショッピングセンターもあれば、五つ星ホテルの店先を借りて「(偽)有名ブランド・バーゲンセール」を開催したり、常連客を対象とした流通センターや、観光ガイドに引率されてよりどりみどりの買い物ができる偽造品専門店、雑誌カタログで商品を選ぶと在庫品を出してもらえる一般店舗もあり、さらに真正品の中古と偽った通販やネットショッピングの系統もある。

例えば一九九九年九月、台湾調査局が高雄市の漢神デパート二階の専門店でイタリアの有名ブランド、プラダの偽造皮革製品五十数種類四〇〇〇点あまりを押収したが、これらは正規品の並行輸入による個人輸入品であると詐称されていた。追跡調査の後でようやくわかったのは、この件に関連した台湾の輸入代理店勝一貿易公司が、一九九六年からイタリアでプラダの偽造品を製造し、まずスペインのバルセロナに運び、そこから台湾に輸入し、台湾全省の北・中・南部の各地に高級ブランド店を設立して、大規模デパートの高級品専門店を通して直接販売し、数億台湾ドルの利益を得ていたということである。[四四] また、二〇〇一年五月、香港税関は尖沙咀《チムサーチョイ》と旺角《モンコック》でリーバイスの「複製品」専門店三店を摘発した。面白いのは、これら三店は単にリーバイスの最新デザインの偽造ジーンズとTシャツを販売していただけでなく、店の内装や陳列、販売員の制服まで全て含めた「偽造ブランド店」で、そのうちの一店は特約経営証まで掲げて人の耳目を惑わせていたことだ。[四五] さらにブリティッシュ・エアウェイズのフライトアテンダントが、香港やシンガポールなどで安く購入した偽造品の時計、香水、メガネを、ロンドンと香港、日本、シンガポールなどを往復する長距離旅客機内で、免税品の本物と偽造品を取り替えて機内の乗客に売るようなことがあった。しかも、ブリティッシュ・エアウェイズは泣きっ面に蜂で、これと同時期、偽造・海賊品反対組織の抗議も受けていたのである。というのは、同社が出版したトルコ旅行の宣伝パンフレットに、なんと観光客はどこで有名ブランドの偽造服飾品が買えるか明示されていたからだ。[四六] このように、偽造品が遍在する状況は、すでに世界の隅々にまで及んでいる。

しかも、今や有名ブランドの神通力は、遍在性だけでなく、無から有を生むという捏造性にまで発揮されている。かつて、有名偽造ブランド品の「捏造」は「抜け穴式」の自己創造であった。例えば、ｂをｄに書き換えたり、ＷをＭに、ＮをＭに、ＧをＣに、ckをCKに、PradaをPradoに、ELLEをELLFに、CHANELをCHANNELに換え、法律の抜け穴に入り込もうとしたのである。だが、現在の偽造ブランド品の「捏造」は多くの場合、「遺伝子改良式」のオリジナルデザインになっている。例えば、二〇〇〇年四月、香港税関が中東と南米行きのコンテナ二台からSONYの偽造品ゲーム機の部品を大量に押収したところ、その中にはゲーム機でＤＶＤが見られる機器が含まれていたが、これは日本のメーカーにさえないもので、中国大陸で民間在来の方法により作られたオリジナル製品であった。[四七] また二〇〇〇年一一月、香港メディアは品質のきわめて高い有名ブランド偽造スニーカーが市中に出回っているので市民に注意するよう警告したが、商人は大陸のＯＥＭ〔12〕（他社ブランドの製品を製造する）企業からNikeなどのスニーカーの輸入完成品の材料を取得して、オリジナル・シューズを製造し、「並行輸入品」や「別注版」の名義で売り出していたのである。[四八] さらにスポーツ用品の有名ブランドであるNikeのＴシャツにはもともとスター選手の肖像がプリントされているものが多かったが、九一一テロ事件の後、パキスタンから現れたNikeの偽造Ｔシャツには、Nikeのロゴ以外、機関銃やアフガニスタンの地図、ビン・ラディンを讃えた「聖戦は我々の使命である」などの標語がプリントされていた。[四九] 最も有名な偽造ブランドの「捏造」事件は、香港スターの陳慧琳《ケリー・チャン》がＬＶのモノグラムのリュックで登場し、写真撮影した後、ＬＶの香港支店からそれは非合法偽造品であると知らされた事件である。ＬＶはこれと同様な、あるいは似たようなデザインを製品化したことはな

かった。〔五〇〕

さらに重要なのは、現在偽造技術は向上し、すでに「神技」の域に達していることである。高雄の漢神デパート・プラダ偽造品事件の場合、押収されたプラダ皮革製品にはすべて内側に保証書などOEMの証明資料が付され、内側外側すべて本物と見まがうばかりであった。プラダのOEM企業が派遣した香港支社の専門家でさえ外観からは真贋の区別がつかず、最後にバッグの内層を切り開いてはじめて、内布にプラダの「すかし模様」があるものや、ないものがあり、かつその布が本物より粗雑だったことがわかり、ようやくこれらすべてが偽造品であると判定したのであった。一方、真正品の材料を取り入れて組み合わせる形で製造される偽造ブランド品も多く、一部のブランド品代理工場のOEM管理の抜け穴に沿って、OEMの材料でこっそりと直接「加額」生産〔13〕されることもある。さらに、ある種の偽造ブランド品は、外形と原材料が完全に同じであるばかりか、外形は本物だが、原材料は偽物、外形は偽物だが、原材料は本物といった製造過程の曖昧さのため「識別不能」になっている。例えば、台湾や香港で大人気のローレックスの場合、まず香港の胡散臭い業種の社長や従業員がローレックスの金時計を好んで身に着け、身分の象徴としていた。加えて、「金勞」〔金のローレックス〕が広東語で金儲けを意味する「襟撈」と発音が似ていることから縁起をかつぎ、香港と台湾の経済が急成長すると、台湾の成り上がりは伝統的な金銀めっきや革製バンドのローレックスにはもはや満足せず、「限定供給」で値のはるゴールドかダイヤモンドの腕時計を求めるようになった。機転の利く香港商人は現地の技術で純金あるいは純金度の低い腕時計胴部とバンドを製造し、さらにもともとローレックスに取り付けられていた駆動装置を分解し、文字盤に改めてダイヤモンドを象嵌し、さらに純金の胴部にはめ込んだのである。この種の本物のゴールドやダイヤモンド、駆動装置を使った偽ローレックスは、たとえ分解して調べてみても馬脚を現すことはないだろう。しかも、このような本物の駆動装置と偽バンドのローレックスが台湾で大量販売された後、香港商人の次なる一歩はもともと駆動装置に付いていたバンドと胴部を取りはずし、安価な駆動装置に付け換えることであった。こうして、外からは絶対に落ち度を見抜けないローレックスの偽時計が市場にたくさん出回り、名も知らぬ世界各地にまで流れていったのである[五一]。

こうした至るところ真贋の入り混じる社会の形跡から判断すると、ブランド偽造品に対する伝統的な認識はとっくに役立たなくなっており、いくらでも融通が利いて、一般人の思いも及ばない「偽造の越境散種」が最終的に我々の思考を導く方向は、「偽グローバリゼーション」と「グローバリゼーション」の相生相剋と不断に持続する構築と脱構築のプロセスである。このとき、「偽」はもはやただの「真偽」にとどまらず、「偽グローバリゼーション」の「偽」は「偽造」でもあり、「仮借《かしゃ》」でもあり、偽造ブランド品はグローバリゼーションの力を借りて、国境を越え、離散する。「偽グローバリゼーション」とはグローバリゼーションのなかの「暗黒の底流」で、偽造のグローバル化であり仮借のグローバル化でもあり、また絶えず反復され、脱構築されるグローバル化でもある。しかも、この「暗黒の底流」はジェンダーと人種の連想に溢れた伝統的な「暗黒大陸」とは異なり、両者とも西洋の「白色神話」（具体的な肌の色から抽象的な理性の光まで）や、「男根ロゴス視覚中心主義」（phallogocularcentrism）に支配される恐怖を投影しているとはいえ、現在のグローバル化の迅速な流れにあって、「暗黒の底流」の液体運動量は早くも「大陸」の固体定着性を越えている。しかも、このグローバル資本主義の「暗黒の底流」は早くから我々の日常生活と文化消費の中に巧みに浸透しており、露店や市場、商店などの目に見え、手に触れられる偽造ブランド品にまで血肉化して、背負ったり、使ったり、着たり、被ったり、できるのである。だが、身の周りにある、あるいは身に着けるこれらの偽造品は、まさに新自由主義イデオロギーの下で発展しているグローバル化モデルを、我々が再考する際の利器でもある。おそらく現在絶対的な優勢にある（不均衡なグローバリゼーションの発展史、あるいは市場独占中の文化的覇権イメージに由来する）グローバル・ブランドにとって、真の脅威はその他高級品ブランドとの市場の競合から生じるだけでなく、自社ブランドをコピーした非合法偽造品からも生じているのだ。グローバル・ブランドが誰にも愛され、誰にも求められるほど優勢になり、需要と供給が大幅にバランスを崩すとき、あるいは消費欲と購買能力の落差が大きすぎるとき、「愛するがゆえにこれを害する」といったグローバル・ブランド偽造品は、資本主義の利潤追求（コストと売値の巨大な差額）や、フレキシブルな製造などの原則に乗じて現れる。まさに我々がＬＶの身の上に日本の「哈欧」や台湾の「哈日の哈欧」など、資本主義の進行プロセスと歴史的時間の落差を見てきたように、ＬＶ偽造品が東アジアから全世界へ越境散種して、日本のバブル経済や東アジア金融危機の商品「神話」になったとき、西洋資本主義が百年かけて育成してきた「グローバル・ブランド」は、結局のところ、偽造品の過度の氾濫のために瓦解し、再編成されるであろうという「予言」になったのではないだろうか。

「偽グローバリゼーション」と「グローバリゼーション」は二項対立するものではなく、前者はグローバル資本主義の「内輪もめ」であり、偽造コピーをグローバル・ブランドのトレンド意識から受ける「支配」と見なすこと、および「グローバル・ブランド中心主義」に支配されることへの「反撃」と見なすことの間の一種の矛盾なのである。この種の「内輪もめ」の反グローバリゼーションは、国際労働人権保障や反多国籍企業体独占、反ブラック企業などの伝統的な反グローバル化運動とは異なる。後者の「反」は対立面の「反」（oppositional）だが、前者の「反」は反対方向の「反」（reverse）であり、内外反転（inside out and outside in）の「反」なのだ。だが、「グローバリゼーション」を反転するものとしての「偽グローバリゼーション」の最大の効能は、外部からのグローバル化攻撃にあるのではなく、グローバル化された資本論理と文化論理の歴史および心理的形成が、いかに西洋帝国植民地主義の発展下で文化イメージに束縛され、またいかに国際的労働分業の政治経済的構造の尻馬に乗っているかを内側から暴露することにある。「偽グローバリゼーション」は「グローバリゼーション」の内部から「グローバル・ブランド中心主義」によるブランドのＭ＆Ａと直営コントロールを暴き、抽象的な資本・ロゴ・ブランドをローカルに具象化し、グローバル資本主義的ファッション産業を民主化するという皮肉を小規模に展開しているのである。

「グローバリゼーション」の「内輪もめ」としての「偽グローバリゼーション」は、グローバル資本主義の商品消費論理と生産・販売構造の外部に位置するわけではなく、その内在論理における操作の転換であり、二項対立の弁証性や超越性を指すのではなく、本物と偽物の相生相剋の流動性と雑種性を誘発するのである。かつて社会経済家の名言に、「いわゆる経済発展というのは、女王の穿くストッキングを、一般の女工も買えるようになることだ」というのがあった。[五二] だが、グローバル経済が破竹の勢いで急速に発展した今日、女工にはやはり女王の贅沢なストッキングなど穿けないのであり、彼女らがなんとか穿けるのは安物のストッキングか女王ブランドの偽ストッキングだけではないだろうか。「偽グローバリゼーション」の偽造の散種は、「グローバル・ブランド中心主義」の求める全体性や統一性、同質性が不可能であることを私たちに見せてくれる。「偽グローバリゼーション」の影のような付きまといは、ひとつひとつの有名ブランドの「存在論」（ontology）にはすべて「憑在論」（hauntology）[14]があることを私たちに見せてくれる。また、「偽グローバリゼーション」の遍在は、それぞれが自由貿易市場の秩序を強調するＷＴＯ加盟国の中には、いずれも絶えず逃避し、流動し、連結するＢｗＯ「器官なき身体」（Body without Organs）[15]があるということを見せてくれる。「偽グローバリゼーション」はさらにひとつひとつのブランド偽造品の身の上にグローバル資本主義の廃墟を見せてくれた（香港税関は押収した偽造品を粉砕して、海を埋め立ててさえいる）。だが、ただこの歴史地理的な特殊な時空の廃墟に立つことによってはじめて、私たちは過去に向き合い、未来を目指し、奇怪で変わりやすいグローバル化された現在の「偽造内輪もめ」や「偽造の異質的な流動変化」という文化的思考の論争点を探求し続けることができるのである。

本稿の初稿は、「東アジア回帰：グローバル、地域、国家、公民」学術シンポジウム（カルチュラル・スタディーズ学会・東海大学社会学部主催、於：台中東海大学、二〇〇二年一二月一四～一五日）で読み上げたものである。中文加筆修正稿「假名牌、假理論、假全球化（偽ブランド、偽理論、偽グローバリゼーション）」は『台湾社会研究季刊』第五四期（二〇〇四年六月、二一九～二五二頁）に発表した。英文修正稿 "Fake Logos, Fake Theory, Fake Globalization" は "*Inter-Asia Cultural Studies*" 5:2（2004）: 222-36 に発表した。

引用文献

Benjamin, Walter. *The Arcades Project.* Trans. Howard Eiland and Kevin McLaughlin. Cambridge: Harvard University Press, 1999.

Bhabha, Homi K. "DissemiNation: Time, Narrative and the Margins of the Modern Nation." *The Location of Culture.* London: Routledge, 1994. 139-70.

Derrida, Jacques. *Writing and Difference.* Trans. Alan Bass. London: Routledge, 1978.

———. *Dissemination.* Trans. Barbara Johnson. Chicago: Chicago University Press, 1981.

Grossman, G.M. and Shapiro, C. "Counterfeit-product Trade." *American Economic Review.* Vol.78（1988）: 59-75.

———. "Foreign Counterfeiting of Status Goods." *The Quarterly Journal of Economics.* Vol.29（1988）: 79-100.

Klein, Naomi. *No Logo.* London: Flamingo, 2000.（ナオミ・クライン著、松島聖子訳『ブランドなんか、いらない——搾取で巨大化する大企業の非情』はまの出版、二〇〇一年）

Robertson, Roland. "Glocalization: Time-Space and Homogeneity-Heterogeneity." Eds. M.Featherstone, S.Lash and R.Robertson. *Global Modernities.* London: Sage, 1995. 25-44.

尼古拉斯・柯瑞奇（Nicholas Coleridge）／張定綺訳『流行陰謀』台北：時報、一九九五年。

林志鴻『時尚符号的媒体産製与消費』輔仁大学織品服装研究所碩士論文、二〇〇二年。

林易萱『「仿冒学」的符号政治：LV的真假之争』交通大学伝播研究所碩士論文、二〇〇四年。

行政院公平交易委員会編『仿冒案例匯集』台北：行政院公平交易委員会、一九九八年。

岩淵功一「日本文化在台湾：全球本土化与現代性的「芳香」」『当代』第一二五期、一九九八年一月、一四〜三九頁。
星野克美編／彭徳中訳『新消費文化剖析』台北：遠流、一九九二年。（星野克美編『文化の消費が始まった——「平成」貴族をとらえる新マーケティング』日本経済新聞社、一九八九年七月）
麦克・哈徳（Michael Hardt）、安東尼奥・納格利（Antonio Negri）／韋本・李尚遠訳『帝国』台北：商周、二〇〇二年。
娜欧蜜・克莱恩（Naomi Klein）『No Logo』台北：時報、二〇〇三年。

【原注】

（一）ナオミ・クライン（Naomi Klein）『No Logo』台北：時報、二〇〇三年、四〇九頁。日本語訳は、ナオミ・クライン著、松島聖子訳『ブランドなんか、いらない——搾取で巨大化する大企業の非情』（はまの出版、二〇〇一年五月、三二二頁）から引用した。

（二）マイケル・ハート、アントニオ・ネグリ著、韋本・李尚遠訳『帝国』台北：商周、二〇〇二年、四七八頁。日本語訳は、アントニオ・ネグリ、マイケル・ハート著、水嶋一憲、酒井隆史、浜邦彦、吉田俊実訳『〈帝国〉グローバル化の世界秩序とマルチチュードの可能性』（以文社、二〇〇三年、四八〇頁）から引用した。

（三）「『跟我到倉庫去取路易威登』，假冒世界名牌箱包如此売」、『新聞報』、二〇〇一年一二月一一日。

（四）「千五万假名牌貨遭截獲」、『蘋果日報』、二〇〇一年三月六日。

（五）許志強「大陸下単快遞台港」、『中国時報』、二〇〇二年四月一七日。

（六）偽造に対する一般的な定義は、多分に国際的な貿易組織の規範に則っている。例えば、アメリカ国際貿易委員会は「偽造」を、「他者がすでに登録した商標を許可なく使用し、その商標所有者が生産するのとまったく同様の、あるいは非常に類似した製品を生産すること」であると定義している。またＷＴＯの前身ＧＡＴＴによる定義は、「詐欺の方法で、他のメーカーが苦労して構築し、維持している製品、あるいは法人イメージを利用し、不正に利益を得ること」である。定義関連については、譚令蒂、朱敬一「取締仿冒品対廠商創新意願的影響」（『国家科学委員会研究彙刊　人文及社会科学』第一巻第二期、一九九一年七月、二一九頁）を参照のこと。だが、これら偽造品定義の方法は、いずれも知的財産権関連法案の登録商標メーカー財産権に関する保護防衛をめぐるものである。本稿では、法律と経済主導による偽造品論を歴史・文化および日常生活の消費方面に拡大していきたい。

（七）例えばある新聞報道の指摘によると、ローマ・フィウミチーノ空港のイタリア税関は、一トンを超える偽造品を没収したが、その中には中国で偽造されたブランド品手袋、衣服・日用品、腕時計、電動玩具など四〇〇〇件、およびシリア製の玩具、手袋など八〇〇〇件が含まれ、全商品の目的地は日本であった。参照：「義破走私煙集団拘85人」（『公正報』二〇〇〇年一二月九日）。

（八）参照：「欧洲『打假』路漫漫」（『四川青年報』二〇〇一年三月二〇日）。厳密に言うと、本稿の重点は商標盗用の「偽造」にあり、デジタル複製の「海賊版」にはないが、この部分で引用した関連統計データの多くはこの両者を同時に含んでおり、区別していない。

（九）「義国遍地冒牌貨，一年旺銷億美元」（『大公報』二〇〇〇年三月四日）。

（一〇）「輸美仿冒品台湾佔四成」（『中央日報』二〇〇〇年四月一九日）。

（一一）「中港台継続為冒牌貨天堂」（『新報』二〇〇〇年九月三日）。

（一二）ＯＥＣＤが一九九八年に発布した統計資料による。参照：「假貨公害困擾欧洲」（『銭江晩報』二〇〇二年八月六日）。

（一三）現在の著作権法によると、営利性の権利侵害行為は六ヶ月以上五年以下の有期刑、二〇万台湾ドル以下の罰金を科せられる。非営利性の権利侵害（例えば学生がコピー店で書籍を自分でコピーしたり、自己所有のパソコンでソフトを複製するなど）は、六ヶ月以上三年以下の有期刑、二〇万台湾ドル以下の罰金を科せられる。一方、「営業妨害」は一年以上、一〇年以下の有期刑、四五万台湾ドル以下の罰金を科せられる。ただし、権利侵害の告発は親告罪に属し、多くは多国籍企業から提訴される。例えば、成功大学ＭＰ３事件の背後には提訴者として「国際レコード産業連盟」がおり、台中の大学周辺コピー店事件の場合は、英米の六大出版者であったわけだが、もし親告罪が起訴犯罪化されると、法務部の検察官は捜査票によって企業やキャンパス、学生寮、私人の住居などに直接立ち入り、捜査押収が可能になる。世界各国では犯罪として権利侵害案件を処理することは少なく、ドイツおよび少数の国家のみが犯罪として「営業妨害」に対処しているが、台湾では犯罪として営利・非営利性の権利侵害に対処するだけでなく、「営業妨害」に限らず、さらに厳しい方向で親告罪を起訴犯罪化している。「反反海賊版」の学生運動に関する資料は、以下の伝播学生共闘サイトを参照のこと。http://twmedia.org/sctw/

（一四）Walter Benjamin, *The Across Project.* Trans. Howard Eiland and Kevin McLaughlin. Cambridge: Harvard University Press, 1999.

（一五）行政院公平交易委員会編『仿冒案例匯集』、台北：行政院公平交易委員会、一九九八年、三七頁。

（一六）いわゆる高級有名ブランドの「コンセプト」旗艦店は、テーマ性のあるオリジナルな空間設計を強調し、トップクラスのデザイナーが購買空間を個別に設計して、ブランド精神と現地文化の特色を結合させたものである。東京表参道のコンセプト・ストアの場合、日本の有名建築家青木淳設計によるガラスの積木構造が、LVのスーツケースの歴史と日本的な雰囲気に呼応し、日本のLV崇拝者の巡礼の聖地になっている。

（一七）参照：「LV名牌，日本人再窮都要買」、『聯合報』、二〇〇二年九月二日。「高貴不貴，日本消費両極化」、『経済日報』、二〇〇一年五月一二日。

（一八）星野克美編／彭徳中訳『新消費文化剖析』台北：遠流、一九九二年、六～七頁。日本語訳は、星野克美「貴族」（星野克美編『文化の消費が始まった――「平成」貴族をとらえる新マーケティング』日本経済新聞社、一九八九年七月、一〇～一一頁）を参照した。

（一九）同上、五頁。日本語訳は、星野克美「貴族」（同上書、九頁）を参照した。

（二〇）同上、一一、一三頁。日本語訳は、星野克美「貴族」（同上書、一五～一六頁）から引用した。

（二一）同上、九四頁。日本語訳は、青木貞茂「ネオ・バロック――消費文化の起源を映すグランド・キーワード」（星野克美編『文化の消費が始まった』同上書、九七～九八頁）を参照し、前後の文脈に合わせて変更した。

（二二）LVの「四枚の花弁」は日本の貴族の家紋に由来するとも、民衆芸術の図案に由来するとも言われるが、どのような説であれ、歴史考証の背後にLVブランドの「神話」構築や、日本市場への過度の依存と追従がある点を考慮に入れるべきであろう。

（二三）この「フランス式ジャポニスム」は、かつての歴史的な運命のめぐりあいに由来するだけでなく、今日の日本市場がLVのグローバル経営戦略上で果たす重要性によってより強化されている。例えば、二〇〇三年、パリで大人気のポップアートの鬼才村上隆と共同で、春夏の高級服飾品に中世期の復古調と日本の漫画世界を融合させたデザインを登場させたことがあった。トレードマークの茶色地・モノグラムの皮革製品に、より大胆にカラフルでまばゆいシュールな目玉やパンダ、桜などの図案を加え、ルイ・ヴィトンの「フランス式ジャポニスム」美学のアピールと市場戦略をさらに強化したのである。

（二四）その中に当然含まれていたのは、極東地域のブローカーが奢侈品を大量に買い付け、「真正品並行輸入」の方法で自国で転売し、利ザヤを稼ぐのを、購入制限によってブロックすることである。一九八〇年代以来、奢侈品の輸出国と輸入国間の価格差は縮まり続けており、日本の場合、好景気だった時期には、高級品の売値は原産国の三倍だったが、現在アジアの奢侈品の売値はヨーロッパよりわずか四割高にすぎない。ＬＶの財布の場合、現在、シャンゼリゼ店の売値は東京の店舗より三五パーセント安い。参照：蕭羨一「路易威登採取限購措施」『中国時報』二〇〇四年一月三日。

（二五）王麗娟編訳「浮華世界怪現象」、『聯合報』二〇〇一年六月一日。

（二六）ここで指摘しているのは、ＬＶの真正品を買う場がないため、他のルート（代理購入、密輸、観光旅行など）を経て真正品に近い価格で真正品と思われる偽造品を入手する、ということである。この方法は Grossman & Shapiro の分類によるものだが、彼らは偽造品を「詐欺性偽造」（deceptive counterfeiting）（消費者が事情を知らずに、真正品と同じ価格で低品質の偽物を買う）、と「非詐欺性偽造」（nondeceptive counterfeiting）（消費者が商品の販売地点や定価から、購入する品が偽造ブランド品であると明確に認識している）に分けている。参照：Grossman, G.M., and Shapiro, C. "Counterfeit-product Trade." *American Economic Review.* Vol.78 (1988) : 59-75. Grossman, G.M., and Shapiro, C. "Foreign Counterfeiting of Status Goods" *The Quarterly Journal of Economics.* Vol.29 (1988) : 79-100.

（二七）行政院公平交易委員会編『仿冒案例匯集』台北：行政院公平交易委員会、一九九八年、三七頁。

（二八）「名牌包包全球缺貨」『民生報』二〇〇二年四月一二日。

（二九）「假ＬＶ狂掃街頭」『壹週刊』第四六期、二〇〇二年四月一一日、九八～一〇四頁。

（三〇）施静茹「迷恋名牌，也会互相伝染」『聯合報』一九九七年一二月一四日。

（三一）林志鴻『時尚符号的媒体産製与消費』輔仁大学織品服装研究所碩士論文、二〇〇二年、三～四頁。

（三二）『広告雑誌』一九九四年一月。引用は、岩淵功一「日本文化在台湾：全球本土化与現代性的『芳香』」『當代』第一二五期、一九九八年一月、二八～二九頁。

（三三）偽造品についての伝統的な議論で最もよく出てくるのは、「偽造品は真正品市場に有害なのだろうか」、「偽造品と真正品の市場には重なった部分があるのではないか」、「偽造品は真正品のユニークな広告ではないか」といった疑問である。本稿でアウトラインを描きたいのは、偽造品と真正品の相互的、かつ「奇妙な依存」関係だが、まさにこれらの yes or no 式の「平面」的な問題を「立体」化することで明らかにしたいのは、異なる歴史段階と異なる地理空間に存在する「奇妙な依存」関係が、様々な「時差」と「変移」の方法を展開していることである。だが、近・現代史の異なる発展、および市場の消費構造の違いを考えると、中国大陸にも台湾と似たようなＬＶブランドの移植／移転現象が現れるかどうか、なお観察が必要である。

（三四）台湾では偽造品消費に関する研究で、フィールド調査や消費グループの分析は非常に少ない。今のところ、わずか林易萱『「仿冒学」的符号政治：ＬＶ的真假之争』（交通大学伝播研究所碩士論文、二〇〇四年）くらいであろう。本稿の偽造品消費グループの議論は、主に林易萱のインタビューとフィールド調査、さらに本稿の論述展開中に行った個別インタビューと観察を参照している（全体的に言うと、ある種の秘密を共有する「暗黒の底流」である偽造品産業にとって、社会学的な参与観察法の対象とフィールド調査は、ややもすれば小規模小売商と個人商人にわずかに限られてしまい、どちらかというと謎が多く、接触するルートのない大中規模の小売商について議論するとなると、メディアの捜査報道に頼って、偽造産業にありうる生産販売モデルと流通ルートのアウトラインを描くしかない）。しかも、ありあわせのインタビュー資料によると、台湾の消費者が偽造品を購入する最大の理由は、「サラリーマン階級の収入が高級品の消費という負担に耐えられない」からであり、買えないのに買いたい場合、偽造品というのは最も「実用的」で「割に合う」選択なのだ。また消費者の中には高級ブランドの付加価値に対して反感を示す者もおり、「なぜロゴを一つ付けただけで、あんなに高く売るのだ」という言葉からは、一種の資本主義批判とブランドのカモにはならないという意識がうかがえる。また、使い古したものは新しいものに替える、つまり、「もう使いたくなくなったり、壊れたら新しいのと交換すればよい」といった理由で、高価な真正品の購入を拒むものもいる。参考：林易萱『「仿冒学」的符号政治：ＬＶ的真假之争』六二〜六六頁。

（三五）この新しい名詞は、早くは日本企業の用語「土着化」に由来したもので、グローバルな枠組みの下で本土的な環境に適応させる戦略を指す（日本語の「土着」はもともと「自分の土地で生活する」ことを指し、異なる地域の環境に応じて、農業技術の耕作・植え付け原則を調整することである）。参照：Roland Robertson, "Glocalization: Time-Space and Homogeneity-Heterogeneity." Eds. M. Featherstone, S. Lash and R. Robertson. *Global Modernities*. London: Sage, 1995. 25-44.

(三六) これに関する理論は以下を参照のこと。Jacques Derrida, *Writing and Difference*. Trans. Alan Bass. London: Routledge, 1978.

(三七) Naomi Klein, *No Logo* (London: Flamingo, 2000) ,6. 同書における「ブランド」の抽象概念化についての生き生きとした描写の中で、「ワニが立ち上がってシャツそのものを飲み込んでしまった、というわけだ」に勝るものはない。(Klein, p.28)〔訳注〕ここでは、ロゴが支配的になり、ラコステのシャツがブランドを宣伝するための単なる道具になってしまったことを例えている。日本語訳は、ナオミ・クライン『ブランドなんか、いらない』(前掲注(一))四六頁から引用した。

(三八) さらに、単に市場販売とブランドイメージのみを扱い、デザインと生産を完全にアウトソースする企業グループが現れた(最も著名な例がNikeのスニーカーである。台湾と韓国などの下請け業者を通して中国大陸でスニーカーの実質的な「生産」を請け負い、Nikeの本部はただ抽象的なブランドイメージを全力で「生産」していればよい)。これらの「身軽な」グローバル有名ブランドは、ただ「ライセンスを授け」ていれば財源は滾々と潤うのである。以下を参照のこと。Nicholas Coleridge著、張定綺訳『流行陰謀』台北：時報、一九九五年、第一四章。

(三九) このブランド・グローバル化の時代にあって、欧米の高級ブランドの商業的触覚は世界各地に張り巡らされている。「国際的有名ブランド旗艦店(flagship stores)はファッションの都に続々と進駐し、国際都市の『トレンド象徴秩序』を次々とスピーディーにつなぎ合わせ、内実のある小型都市の縮図、および錯綜した複雑なトレンド空間の地誌となっているのだ。同時にファッション産業グローバル化の下で、『商業利益を前提とする』本質を明らかに露呈している」。以下を参照のこと。林志鴻『時尚符号的媒体産製与消費』、輔仁大学織品服装研究所碩士論文、二〇〇二年、四〇頁。

(四〇) 何世強訳「路易威登併購数家名牌」『経済日報』二〇〇〇年七月八日。郭瑋瑋「併購案成陪銭貨、LVMH獲利節節下滑」、『経済日報』二〇〇一年一二月八日。この二つの報道はロンドンの外電と『美国商業周刊』から取材したものである。

(四一) 一般的に、「ラグジュアリー産業」の「ブランド価格」は、およそ総価格の六から七割を占め、ブランドイメージが低下しないよう細心の経営を行いさえすれば、景気の循環にもうまく抵抗でき、価格弾力性も比較的高いと言われている。以下を参照のこと。南方朔「奢侈産業仍好」、『中国時報』、二〇〇三年七月四日。

(四二) Jacques Derrida, *Dissemination*. Tans. Barbara Johnson, Chicago: Chicago University Press, 1981. Homi K. Bhabha "DissemiNation: Time, Narrative and the Margins of the Modern Nation." *The Location of Culture*. London: Routledge,

1994. 139-70.

（四三）それゆえ、グローバル・ブランドの多国籍企業体は全力で偽造撲滅に努め、有名ブランドの上に構築される突出した剰余価値を防衛している。ルイ・ヴィトンの場合、毎年、全世界営業額の二パーセントを偽造品捜査に充てているが、一九九〇年は、世界総営業額四三億フラン（当時一フランは二六・五円相当）のうち、四億台湾ドル（一台湾ドルは五・三八五円相当）相当の金額を偽造品撲滅に費やした。参照：楊塵「与仿冒者搏闘超過一世之久」『経済日報』一九九一年一月一五日。

（四四）張信宏・楊美珍「漢神，接受消費者無條件」『民生報』一九九九年九月二日。

（四五）「Levi's 打假，掲冒牌店幾可乱真」『香港経済日報』二〇〇一年五月一〇日。

（四六）「機組人員，〈偷龍転鳳〉」『星島日報』一九九九年九月一三日。

（四七）「擬運送中東南美為数四万五千件」『星島日報』二〇〇〇年四月九日。

（四八）「原装物料生産，訛称〈別注版〉」『蘋果日報』二〇〇〇年一一月六日。

（四九）「冒牌T恤歌頌拉登」『公正報』二〇〇〇年一二月一三日。

（五〇）最近、もうひとつ大騒ぎになったブランド「捏造」事件は、エルメスのジェリー偽造品を置いて他にない。ニューヨークの商人がイタリアから輸入したエルメスのバーキンを、ジェリーのように半透明のゴム素材で作り直し、エルメスのもうひとつの有名なデザイン、ケリーバックを流用して「ジェリー・ケリー」（Jelly Kelly）として売り出したのだが、あまりに流行ったため、エルメス本社が自ら表に出て白黒つけなければならなくなった。ただし、エルメスの二つのデザインを合わせて創作したこの偽造品は、ヨーロッパ最大の展示会で世界中のバイヤーからオーダーを受けたという。デザインや色、サイズがアメリカよりずっと多く、値段も安かったのである。台湾のある電子メディアは、「エルメスがジェリー・バッグを発表」と誤報を出し、台北のエルメス支社は、この新作を予約購入したいとの電話を、一日で百本以上受けるはめになった。以下を参照のこと。張玉貞「果凍包乱真，愛馬仕興訟：仿冒商創作的 JELLY KELLY 発焼売、正牌廠商澄清」『中国時報』二〇〇三年八月二一日。

（五一）「真殻假肉，名錶難分真假」『新報』二〇〇〇年三月一五日。

（五二）シュンペーター『社会主義・資本主義・民主主義』。引用は星野克美編、彭徳中訳『新消費文化剖析』台北：遠流、一九九二年、八頁。〔訳注〕オーストリア出身の経済学者シュンペーター（一八八三〜一九五〇）が、豊かさを「経済は女工さんに絹のストッキングをはかせること」と表現した。

【訳注】

〔1〕「交叉報復」(Cross-sectoral Retaliation) とは、同一分野で有効な対抗措置が取れない場合、他の分野での対抗措置が認められること。例えば、商品貿易、サービス貿易、知的財産権に関する三つの協定を締結した後、三つの協定中の一つに違反による損害が生じた場合、制裁はその協定に限定せず、他の協定も引用して制裁することができる。つまり、知的財産権が侵害されれば、商品貿易やサービス貿易も制裁の対象になる、ということである。

〔2〕スペシャル三〇一条とは、米国通商法(いわゆる一九七四年通商法)第三〇一条に基づき、特に知的財産権の扱いに関する対外制裁について規定した条項。知的財産権の保護が十分でない国を監視し、協議が図られ、場合によっては制裁措置が講じられる。参照:『新語時事用語辞典』http://www.weblio.jp/content/%E3%82%B9%E3%83%9A%E3%82%B7%E3%83%A3%E3%83%AB301%E6%9D%A1

〔3〕二〇一一年四月一一日、台南地方法院検察署は成功大学学生寮を捜索し、MP3の音楽不法ダウンロード機能を備えた一四台のパソコンを押収した。台湾国際レコード産業連盟(以下、「台湾IFPI」)はこれを著作権侵害であるとし、一四名の学生を告訴した。この捜索は成功大学の学生たちに反発と恐怖を引き起こし、学生たちによって救援団体が組織された。後に一四名の学生は過ちを認め、一人当たり四万五〇〇〇元の謝罪広告費を支払った。台湾IFPIは新聞に謝罪広告を掲載した後、学生の告訴を正式に取り下げた。

〔4〕二〇〇二年三月、アメリカ、イギリス、シンガポールの出版社六社の連帯告発を受け、台中地方検察署は台湾中部に位置する大学(中興大学、東海大学、逢甲大学、静宜大学、朝陽大学、勤益大学、中国医薬大学など)付近のコピー店を捜索し、すでに印刷・装丁済みの製品、および海賊版書籍や原書、教科書など数百冊を押収した。コピーの依頼者および業者はいずれも著作権法中の複製罪に当たるとされたが、大学で使用する教科書は高価なため、この捜索は学生たちに不評であった。

〔5〕Microsoft Windowsシステムの知的財産権と反トラスト論争とは、二〇〇一年の成功大学MP3事件の後に起きた一連の

論争を指す。知的財産権の重要性を強調し、海賊版ソフトの使用を許可しないとする陣営と、Microsoft Windowsシステムを例に、市場の独占（トラスト）と法外な売値をボイコットすべきであると主張する（反トラスト）陣営に分かれた。

〔6〕「親告罪」とは、告訴がなければ公訴を提起することができない犯罪のこと。それゆえ、著作権者が告訴しない限り、公訴提起することができず、刑事責任を問うことができない。「非親告罪化」されると、被害者の告訴がなくても検察が自由に訴追できるようになる。海賊版を摘発しやすくなるため、著作権者の売り上げを守り、コンテンツ産業の後押しになると言われている。

〔7〕「新社会学生闘陣」（「新学闘」）は、二〇〇二年五月、世新大学草根工作室、東海大学人間工作室、台湾研究社、台中健康暨管理学院田中央文芸工作室、中興大学黒森林工作室など、四つの大学・大学院および五つのサークルによって設立された。「五四運動精神の継承」を掲げ、陳水扁政府がスペシャル三〇一条の圧力に屈したとし、抗議のデモを組織した。

〔8〕星野克美によると、一九八〇年代末の日本に蔓延した「超リッチ的消費現象」は、「超先進国型経済」を背景として「貴族的消費社会」が出現したことの現れであるという。この貴族的消費社会の主体となるリッチな消費者は「平成」貴族とも呼ばれ、四種類に分かれる。①保守本流（旧華族、政・財界人、企業経営者など）、②ニューリッチ（ニュービジネス経営者など）、③不労リッチ（資産家）、④プリテンドリッチである。この「プリテンドリッチ」は、「一点豪華、一瞬豪華という背伸びをしてリッチのふりをする中間的消費者」を指し、中国語では「假貴族」（＝偽貴族）と訳される。参照：星野克美「貴族」（星野克美編『文化の消費が始まった』前掲書、七〜四六頁）。

〔9〕原文では、シャネルとエルメスの間にティファニー（第凡内）が入っている。星野克美の前出引用部分を繰り返したためであろうが、ティファニーはアメリカで創業された宝飾品のブランドであり、ヨーロッパのブランドではないため、張小虹氏と相談の上、ここでは削除した。星野克美の原文では特にヨーロッパのブランドを強調していない。

〔10〕原文の「打高賣低」（upward pull）は、販売手段の一種。一般人は比較的上層階級の生活様式や所有物に憧れるため、上層階級に符合する生活イメージによって低層階級を引き寄せるような販売・広告手段が次第に取られるようになってきた。

〔11〕一九九九年にヘルムート・ラングとジル・サンダーを買収したが、二〇〇四年までに両社を手放した。

〔12〕ＯＥＭとは、Original Equipment Manufacturing または Original Equipment Manufacturer の略語で、委託者のブランドで製品を生産すること、または生産するメーカのこと。ＯＥＭ生産では、委託者が製品の詳細設計から製作や組み立て図

面にいたるまで受託者へ支給し、場合によっては技術指導も行う。技術提携や販売提携と並んで企業の経営効率を高める目的で採用され、食品、衣料、家電、自動車など広範囲に普及している。参照：https://www.jetro.go.jp/world/qa/04A-011247.html

〔13〕「加額」生産とは、例えば、LVがバッグ一万個を注文する場合、下請け工場が一万二〇〇〇個を密かに製造し、一万個にはLVのロゴを付け、残りの二〇〇〇個にはロゴをつけずに、安く売るようなことを指す。品質は同じだが、ロゴがないため価格は安い。材料費は委託者が知らずに負担することになる。

〔14〕「憑在論」(hantologie)はジャック・デリダ『マルクスの亡霊たち』(増田一夫訳、藤原書店、二〇〇七年九月)に登場する造語。同書三七一頁の訳注によると、hanter(取り憑く)、hantise(取り憑き、強迫観念)を元にしたもので、フランス語ではhが発音されないため、ontologie「存在論」とわずかに最初の鼻母音が違うだけという。同書では、亡霊の不気味な憑在なくして現存在(ハイデガーのDasein)はありえず、憑在論が存在論を可能にすると論じられているが、ここでは、偽造品の取り憑きなくして真正品はありえず、偽造品が真正品を可能にするということだろう。なお、中国語原文には英訳hautologyが使われているが、スペルミスであり、正しくはhauntologyである。

〔15〕「器官なき身体」(Corps sans Organes)とは、もともとアントナン・アルトーのいう言葉だが、ドゥルーズとガタリによると、「すでに形成されたものとは異なるものを生み出しうる『実験の場』、いまだに実現されておらずかたちももたない変化への潜在的な力に与えられた名にほかならない」という。参照：芳川泰久・堀千晶著『ドゥルーズキーワード89』(前掲自序訳注〔4〕)一〇〇〜一〇一頁。

◉ 第四章　帝国の新衣装

マイケル・ハートとアントニオ・ネグリの共著『帝国』（*Empire*）は旺盛な批判力と複雑な理論枠組みによって帝国主義が帝国に至る歴史転換のプロセスを詳細に描き出している。この本は二〇〇〇年に出版されると大ベストセラーとなり、国際的左派の戦略的思考スタイルと奥深い理論的言語は毀誉褒貶相半ばする様々な議論を生んだ。[一]さらに『帝国』の論争に応えるべく、『帝国の新衣装』（*Empire's New Clothes*）と題されたポール・パッサーヴァン（Paul A. Passavant）、ジョディ・ディーン（Jodi Dean）編集の最新論文集が出た。これは、哲学や市場、表象、法律、移民、空間など異なる側面におけるグローバル帝国の権力操作のスタイルを詳細に考察し、ハートとネグリの『帝国』論に直接呼びかけ、あるいは挑戦している。だが興味深いのは、「皇帝の新しい服」（アンデルセンの童話「裸の王様」のデンマーク語原題：*Kejserens nye klæder*）を連想させる『帝国の新衣装』という書名は、帝国を概念とし、新衣装を隠喩としているが（何も着ていない、あるいは羊の皮を被った狼であれ、[1]着衣あるいは裸体であれ、それは帝国の新たな様相を喩えている）、論文集の中には「帝国の新衣装」を服飾の変遷、あるいは物質文化史として扱った論文は一篇もない。ただし、この「隠喩的」（metaphorical）な「帝国の新衣装」は、かえって我々に「字義通り」（literal）の問いの立て方を誘発したのであった。つまり、現在、服飾物質文化のレベルでグローバルな帝国権力の運用を展開する方法は何か、という問いである。ハートとネグリが言うように、新形式のグローバル主権としての帝国が、「時間の境界」（歴史の外部、あるいは歴史の終わりに位置する）と「空間の境界」（国民国家の領土の境界をゆるがして移動する）を同時に廃棄しうるなら、「帝国の新衣装」はいったいどのような相貌で国際舞台にデビューするのだろうか。

だが、今のところ「帝国」に関する議論の中で、服飾物質文化の角度から切り込んだ研究はほとんどない。それゆえ、本章では「帝国の新衣装」を「字義通り」の問題提起として出発し、ポストコロニアル理論とファッション文化研究の角度により、二〇世紀前後の「国民の新衣装」から二一世紀前後の「帝国の新衣装」に至る歴史的変遷と権力の再構築について詳細に検討したい。だが、「帝国の新衣装」を検討すると同時に、まずは近現代の国家独立運動における「国民の新衣装」の起源に遡らなければならないだろう。なぜなら二〇世紀の第三世界における脱植民地化の「国民の新衣装」と西洋の「帝国主義の新衣装」との対峙関係から着手することによってはじめて、より精度の高い方法で今日の「帝国の新衣装」の形成を歴史化し、理論化できるからである。本章の全体は三つの部分に分けて進めるが、第一節では、近現代の脱植民地化運動における「国民の新衣装」の登場に重点を置き、二〇世紀初頭のインドの「カディ」(khadi)と中国の「中山服」を例に、西洋帝国主義の新衣装としての「スーツ」とインド・中国の国民の新衣装としての「カディ」・「中山服」の間にあったイデオロギー的拮抗、および当時の国民の新衣装が有していた日常生活の実践から国際的イメージにまで至る膨大な民族主義的動員力について説明したい。第二節では、前節の西洋帝国植民地主義と第三世界の国民服の歴史的紛糾という議論の軸を、今日のグローバル化時代にまで延長し、APECの非公式国家元首級トップ会談の「ファッションショー」を主な分析対象として、一種の「政治対立」の符号《シンボル》／服号としての二〇世紀の国民服と、「文化的多様性」のウィンドー展示としての二一世紀の国民服を比較する。第三節では、前二節の「国民の新衣装」から「帝国の新衣装」に至る議論を、現在の「台湾シャツ」に関する台湾の政治文化論争にリンクさせ、「台湾シャツ」を実際、今まさに発生しつつあると同時に、ローカルな歴史文化の特殊性を有する具体例と見なし、それが前二節で展開してきた論考の枠組みをどのように裏付け、かつそれにどのように挑戦しているかを検討する。この部分は「台湾シャツ」にフォーカスした論争を、政治化と歴史化の文脈で同時に解釈し、「台湾シャツ」という言葉が日本統治時代に登場し、変遷したことに遡るだけでなく、さらに一歩進めて、目下のグローバル化論における「国民の新衣装」と「帝国の新衣装」の種々の「不可能性」として検討したい。

一、植民地解放運動における服装の焦慮

一九世紀末から二〇世紀に至る植民地解放・独立運動において、「何を着るか」という問題は第三世界の政治リーダーや知識人にとって常に潜在的な焦慮であった。(一) 西洋植民地のモダニティがもたらしたいわゆる「帝国主義の新衣装」としてのスーツは、植民地に元からあった服装制度と文化を混乱させ、抵抗から憧れへというスーツに対する第三世界の男性心理の転換や社会受容のプロセスが緩慢であれ、急激であれ、スーツは結局、男性心理や社会の核心に入り込み、西洋の進歩、改革開放を表す視覚的「服（符）《シンボル》」号となったのである。だが、ややもすれば二項対立した「スーツ／伝統衣装」は、さらに一歩進んで「強大な軍事力／腐敗した無能」、「進歩／落伍」、「近代／伝統」の二項対立となり、いわゆる時流にそぐわない伝統衣装は永遠に回復不能な悲惨な境地に陥った。ただし矛盾することではあるが、西洋近代の進歩を象徴するスーツは、第三世界の男性の服装アイデンティティと文化的憧憬を幅広く吸収すると同時に、西洋帝国主義の文化的「侵入」や身体的「植民」として、その後の民族自決の国家独立運動の中で時として争いや攻撃、非難の的になっていく。

ただし、伝統衣装を脱いでスーツに着替えた第三世界の男性エリートが、さらに方向転換して志を立て、西洋帝国主義の視覚的「服」号《シンボル》であるスーツを脱ごうとしたとき、いったいどのような服装ができたというのだろう。第三世界の伝統衣装が保守的で遅れているとすでに烙印を押され、国際的潮流にもそぐわないなら、彼らがスーツの着用を拒んだとき、何を着たらよかったのだろう。第三世界の植民地解放運動が「国民国家」を複製する形で展開されると、「国民の新衣装」はかえって「政治対立」のスタイルで登場し、「帝国主義の新衣装」であるスーツと対

峙することになった。「国民の新衣装」の登場は、「新たな服装が矯正し、是正」（"redress"）するのは国民の身体であることを旨とし（Tarlo, p.1）、新たな国民服のイメージとそれをアピールすることによって服装改革という民族主義的プロジェクトを始動させ、脱植民地国家の目指すべき目的とイメージを形成したのである。以下、インドの「ガンディーの新衣装」と中国の「孫文の新衣装」を本節の歴史分析の具体的ケースとするが、この二つを「国民服」のケースとして選んだ主な理由は、両者がいずれも二〇世紀初頭の植民地解放運動において最も著名な「国民服」を代表し、「国父級」の人物が最良のスポークスマンでありモデルでもあったこと、さらに帝国の植民地主義とナショナリズム、および第三世界の男性身体的イメージのもつれを深いレベルで表現していたからである。しかも、「ガンディーの新衣装」が強調する「生地」と「孫文の新衣装」が強調する「デザイン」からは、近現代の「国民服」が生地とデザインの両側面から改革を行うべく努力していたことがうかがえるのだ。

　まず、インドの国父ガンディー（Mohandas Karamchand Gandhi、一八六九～一九四八）の「着替え」から論じよう。ガンディーは若いころ、当時、多くのインド人知識人がそうであったように、スーツをヨーロッパ的価値と進歩思想の象徴と見なし、イギリス留学中もアフリカでの就業中も公の場にはスーツで現れることが多かった。[三] ただし、ガンディーのスーツ・アイデンティティは、英領植民地男性の二流の地位と「植民地のオウム」（colonial mimicry）という居心地の悪さを変えることはできなかったのである。彼にはイギリスで何度も服や帽子を間違えて着用したというトラウマがあり、インドにあってはなおさら、植民強化の過程でイギリス人植民者がインド人にはスーツを無理強いせず、絶えず様々な「区別」戦略によってインド人のスーツ「アイデンティティ」を阻むのを、ことあるごとに感じていた。例えば、インド人にヨーロッパ式服装の着用を制限し、植民地官僚とその家族の服装服号《シンボル》を強化することによって、在地人民との距離を取ろうとしたのである。こうした策略は表面的にはインドの服飾文化の伝統を尊重するように見えて、同時に服装によって植民者と被植民者の境界をうまく「区別」し、白色人種の優越感の維持と、人種差別による諸々の植民政策を貫徹させることになった。換言すれば、イギリス人植民者はインド人にスーツ・アイデンティティを求めつつ、スーツを着たインド人がイギリス人になることは求めなかったのである。インド人知識人のスーツ・アイデンティティはややもすれば、「似て非なるもの」(almost the same, but no quite) といった植民地のオウムの苦境に陥るしかなかった。大英帝国の「帝国の新衣装」としてのスーツの存在意義は、その強制性でも、普及性にでもなく、ゆるぎない進歩的文化の象徴性にあったのである。

そこで一九二〇年から二一年にボイコット運動を始めて以来、ガンディーはスーツを脱いで、インドの手織木綿で作られた腰布ドーティに代え、その後の二七年間、私生活であれ公式の場であれ、主にこのドーティを着用するようになった。さらにガンディーが率いる国家独立運動の中で唯一政治動員から日常生活の実践面まで直接実行されたのは、まさにカディ運動 (khadi は手織り手紡ぎのインド木綿) の推進であった。ガンディーはヨーロッパからの輸入布地のボイコットを民衆に呼びかけ、民衆は外国布地店の前でプラカードを掲げて抗議し、公然と集団でヨーロッパ製衣服と布地を焼き払うまでになり、この激しい行動は手織木綿保護運動の宣誓式となった。ガンディーは民衆にカディ製衣服の着用を求めたが、デザインに制限はなく、ヒンドゥー教、回教、シク教などの伝統衣服と帽子、さらに西洋式デザインもすべて良しとした。ただ衣服の生地は機械による大量生産の輸入布地ではなく、手織りのカディでなければならなかった。ガンディーはさらにインド全国、上から下まですべて伝統的な手織り綿布生活に戻るよう希望し、それよってイギリス製布地を攻撃・壊滅させ、生活の実践から経済的自立に至るまで、政治的独立を一歩一歩達成していった。カディはインド独立運動の「真理の布」となり、二〇年代のボイコット運動であれ、三〇年代の市民不服従運動であれ、インド独立運動のナショナルアイデンティティは、身に着ける一枚の手織木綿から全土を覆い尽すように広がっていったのである。ガンディー本人の努力による提唱と指導の下で、カディ運動は政治・経済・美学・道徳を貫く全国的な植民地解放運動へとうまく展開していった (Tarlo, p.58-60)[四]。

明らかに二〇世紀初頭のインドのカディ運動は、スーツを着るか着ないか、またはどんな「民族衣装」を着るべきかといった「服装の焦慮」を、「カディ」と「洋布」、「手織り」と「機械生産」の二項対立にうまく転換し、さらに思想面での「善悪」二元論にまで引き上げたのである。関連史料によると、カディ運動の中にはユーモラスだったり、激烈だったり、非常に独創的な抗争手段がたくさん現れたという。例えば、中部インドのある地方議会では一一頭の「英装」のロバに街頭デモをさせたことがあった。ロバたちはスーツに外套、長ズボン、ベスト、礼帽、真紅のネクタイを身に着け、それぞれがかつてイギリス植民地政府から勲章や爵位をさずかったインドの上流人士を表していた。このデモの目的は、植民地政府から授与された勲章やエンブレムを返却させることの他、滑稽で珍妙なスーツを脱ぎ、質素で簡単なカディに着替えるよう奨励することにあった。しかも、カディが「神聖化」されると同時に、輸入ものの洋布は悪魔化・汚名化の運命に見舞われたのである。三〇年代初頭のインドでは民衆の間に流言が飛び交い、洋布には製造過程で牛の脂肪が混じるという話もあっという間に広まった。さらに、マンチェスターの紡織工場には、一〇〇〇ポンドの花柄布地を生産するのに、三〇〇ポンドの牛と豚の血を加えているという匿名のビラも現れた。こうした流言とビラの殺傷力は当然ばかにできなかった。というのは、敬虔なヒンドゥー教徒にとって、ウシは神聖で犯すべからず、敬虔な回教徒にとって、豚は不潔で近づくなかれ、だからである。当然、牛と豚の血が同時に混じった洋布など、なにがあろうと決して肌に触れるべきでなく、身にまとうことなどできなかった（Tarlo, p.95）。

ただし、カディ運動の真のエネルギー源は、嘲笑的な行動、あるいはデマによる民衆の惑乱にあるのではなく、指導者ガンディーがカディを腰に巻いた国民の新イメージにあった。身体の大部分はむき出しのまま、わずかに腰布を巻きつけたガンディーは、かつてイギリスの首相チャーチル（Winston Churchill）から、スーツと革靴の弁護士が「半裸」の托鉢僧にまで成り下がったと嘲笑されたことがある（Templewood, p.54）。ただし、いわゆる「ガンディーの新衣装」は伝統的な「着衣」か「裸体」かという二者択一を同時に無効化し、着ていないようで着ている、あまり着ていないようで、たくさん着ているともいえ、半裸に手織木綿の腰布といういでたちは、一種の身体による主張と文化抗争となった。物静かなガンディーは語らずとも、身にまとった綿の腰布は義憤慷慨を語っていたのである。[五]「ガンディーの新衣装」は、まずお高く留まった高嶺の花であるスーツを捨て去り、貧民の腰布を採用し、傲慢を謙虚に換え、生きとし生けるものはすべて平等であると強調した。富国強権の大英帝国に直面した貧しいインドは、依然として高貴で神聖、無垢な文化的精神を擁し、侮辱も軽蔑も許さなかったが、カディはまさにこの文化的精神性の物質的な象徴であった。「ガンディーの新衣装」は、次に視覚言語によって国民アイデンティティのイメージを伝達し、多言語で膨大な不識字人口を抱えるインドにとって、最も直接的な力となる。この視覚イメージの伝達は、さらに国際的な受容の上でも成功を収め、発生しうる文化的障壁を乗り越えた。写真に見るガンディーは上半身裸で、わずかに白い腰布をまとい、一語も発せずに糸を紡ぎ、布を織っているが、この聖徒のイメージは西洋社会によってイエスキリストの受難という救世主イメージに比せられた（Tarlo, p.63）。さらに重要なのは、どのような単一デザインのインド服によって国民アイデンティティを統合すべきかわからないという「服装の焦慮」を、「ガンディーの新衣装」が、手織木綿を重視し、洋布を廃棄するという明確な選択に転換したことである。多宗教（ヒンドゥー教、回教、シク教、キリスト教、ユダヤ教など）、多文化と複雑なカースト制度を擁するインドの場合、カディを唯一の基準としつつも、デザインについては様々な可能性を開放し、「生地」を大々的に統一することで、国民服は様々な「デザイン」を包摂できたのである。

もっとも、カディの登場と進撃というのは西洋帝国主義の植民支配の枠組みから発展してきた「国民アイデンティティ」ではあったが、過去にそれがなかったわけでは決してなく、ただかつては「手織木綿／洋布」、「手織／機械生産」、「善／悪」、「インド／大英帝国」など二項対立中の絶対的で崇高な地位にまで引き上げられていなかったのである。インドの学者アシス・ナンディ（Ashis Nandy）が『親密な敵――植民地主義下の自我の喪失と回復』の中で述べているように、いわゆる「インド」というものは存在しない。なぜなら、早くから「西洋」が至るところに存在したため、いわゆる「インド」は本質でも、伝統でもなく、西洋との対立を通して構築された国民アイデンティティだからである。つまり、「西洋の対立面になるというプレッシャーが、人類と宇宙の全体的視野に対するインドの伝統的序列を歪曲し、インド文化の独特な総体を破壊したのであった」（p.73）。ここでは、カディがインドの「伝統」ではないと言っているわけではないが、政治から道徳に至るまで全ての領域で最高原則となったカディは、やはり西洋を主な対立面とする方法によって新たに構築された「伝統」でしかなく、ポストコロニアル論のいわゆる「伝統の発明」（Hobsbawn and Ranger）が、第三世界の国民および服装のアイデンティティは西洋帝国主義との遭遇にいかに支配されているかを直接検証していた。だが独立後のインドで、初代首相ネルー[2]は服装を選ぶ際、露出の多いガンディーの腰布は避け、ガンディー以前の正装であるシェルワーニー〔Sherwani、上着〕とピジャマ〔pyjama、ズボン〕に回帰したのである。それは、前開き・スタンドカラーの伝統的な白の上着を改良したもので、俗に「ネルージャケット」（Nehru jacket）と呼ばれ、現在では世に広く知られたインドの男性国民服になっている。当然、ガンディーの遺志を引き継いだネルーが片時も忘れなかったのは、「ネルー服」を国民服とする先決条件が、デザイン上の伝統や改良の可否にあるのではなく、生地にあり、それも必ず本物のカディでなければならないということであった。

さて次に、二〇世紀初頭、中国に登場した国民服「中山服」について見てみよう。一九世紀の中国は半封建・半植民地的状態で、大英帝国の直接的な植民地であったインドとは異なり、中山服が「デザイン」を刷新した点も、カディが「生地」の伝統を守った点とは異なっていた。とはいえ、中山服はカディと同様、植民地解放運動の中で国民服を政治動員の文化的「服号《シンボル》」とすることの重要性を明確に打ち出していた。インドの洋布／手織木綿の二項対立に対し、中国の「服装の焦慮」はさらに複雑だったが、それは、向き合わざるを得なかったのが、単に西洋帝国主義の新衣装だけでなく、そこには満清王朝から遺留された封建的な伝統衣装も含まれていたからである。二〇世紀初頭の中国はまさに世は乱れ衣服も乱れる、「服装の焦慮」そのものであった。つまり、「辮髪は切られ、満清の統一服もなくなったが、人民はかえってどうしていいかわからなかった。一時期、中国人は何でも身に着け、伝統的な長衫《チャンサン》〔ひとえの長い中国服〕に馬褂《マークワ》〔長衫の上に着る短い上着〕を着るものもいれば、洋服や中山服を着るものもいたし、上は洋式、下はゲートルをつけたズボンという風に中西混合のものもいて、すこぶる滑稽であった。要するに、『西洋服・東洋服・漢族服・満族服、なんでもありで、名状しがたいほどの混乱』」だったのである（『大公報』一九一二年九月八日第二版）。だが、この表面的な服装の百花斉放は、一方で実質的な文化アイデンティティのジレンマを意味していた。魯迅は「洋服の没落」という一文で、当時の中国人が服装を選ぶ際のジレンマから来るばつの悪さと矛盾を筆法鋭く指摘している。

> 数十年来、我々は始終自分の気に入った服がないのを残念に思って来た。清末には、革命色を帯びた英雄たちは辮髪を憎んだだけでなく、馬褂《マークワ》と袍子《パオツ》も憎んだ、満洲服だからである、（……）しかし革命の後、採用されたのは洋服だった。これは皆が維新を求め、軽快さを求め、腰がぴんと伸びることを求めたからだった。若い気のきいた連中は、自分が必ず洋服を着ただけでなく、ひとが袍子を着るのも嫌った。そのころの話、樊山《ファンシャン》老人に、どうして満洲の服を着るのか、と詰問した人がいたという。樊山は「あなたの着ているのはどこの服かね」と反問し、青年が「私の着ているのは外国服です」と答えると、樊山は「私の着ているのも外国服だよ」と答えた。[3]

それゆえ、中山服が登場した背後には、「西洋服・東洋服・漢族服・満族服」の混乱に加え、「外国服」＝スーツと「外国服」＝「長衫・馬褂」というばつの悪さの中で、いわゆる「本国服」の可能なイメージと実践的空間を作り出そうとする意図があったのである。

まず、西洋帝国主義の新衣装としてのスーツが中国に登場したこと、およびその歴史文化的地位の変遷を少し追ってみよう。アヘン戦争後、封建制度滅亡の運命を救うため、満清王朝は西洋文化を受容して科学技術を学ぶようになり、清末の洋務運動と戊戌維新は学生を西洋留学に送ったばかりか、軍隊でも第一波の「西洋化」である軍服の着用を積極的に推進した。さらに、一八九八年の戊戌の百日維新で、康有為らが光緒帝に上奏して「断髪易服改元」を唱導し、中国数千年にわたる読書人のゆったりとした長衣に幅広の帯、貴婦人の優雅な長いスカートといった伝統衣装を、「服装制度は厳格、襟と袖口は清潔」というスーツに変えてしまったのである。この服装制度改革は、「尚武」（体にフィットして便利なスーツは、万国が競合する社会には有利）と「趨同」（世界の潮流に適応）の信念を重視し、西洋の社会から一心に学ぼうとするなら、機械技術だけでなく、服装習慣も学ぶべき、というものであった。ただ、惜しいことに、この「体制内」的断髪洋装論は、戊戌の変の失敗によって烏有に帰したのである。[六] ただし、清末に海外から帰国した留学生と革命党人士は、当時、西洋の進歩・文明の象徴であるスーツの最良のモデルとなった。特に革命党人士の多くは生命の危険を冒してまで、洋装断髪の実際行動によって革命を指導したのである。孫文（孫中山）の「断髪改装」を例にすると、彼は一三歳でハワイのホノルルに赴き、西洋教育を受けているが、若いころの「四大寇」（四悪人。清末民初の革命家孫中山、陳少白、尢列、楊鶴齢四人のニックネーム）時代は、依然として伝統的な長衫に馬褂というでたちであった。だが一八九六年に「断髪改装」[4]し、まさに辮髪を切って、長衫・馬褂を脱ぎ、スーツに着替えたのである。

さらに、辛亥革命後、維新と革命の服装の象徴となったスーツは、民国建設初期の積極的な世界志向や欧米・日本など先進国を師とする集団社会の推進力を持ち込み、「民国の新建設は、速やかに服装を規定し、一律化すべし。現今、世界各国は洋式の趨勢にあり、同様にすることが望ましい」とされた（『申報』一九一二年八月二〇日）。ただし、短期間の大規模な服装改革は実際容易ではなく、しかも洋装の推進は、「本国」シルク産業の発展に直接的な打撃を与えることになったのである。洋式裁断のスーツを採用すると、往々にしてコストが嵩み（舶来品から現地生産までしかり）、しかもスーツの生地として、国産シルクは洋物のウールには当然太刀打ちできず、伝統衣装の没落に伴い、国産シルクの売れ行き悪化は深刻化した。そこで民国初年には再び「剪髪緩易服」（断髪はするが服装改革は緩和する）や、「剪髪不易装」（断髪はするが服装は変えない）の呼び声が起こり、「シルクこそ最も文明的である」ことが強調され、本国のシルク産業を維持するため、愛国精神を以って国産品を買うよう民衆に呼びかけた。「我が国の衣服にはシルクを用い、帽子と靴もまた緞子を用いること。スーツにすると、服と帽子はラシャ、靴は革を用いることになるが、中国製は外国製のラシャや革に及ばず、勢い外国製を買うことになり、外国に利益をもたらすことになる。ゆえに、億兆の民の財貨はますます不足し、国はますます貧しくなる」というわけである（王東霞 p.91）[七]。そこで、一九一二年に北洋政府が公布した「服制条例」中では中西双方を採用し、洋服と長衫・馬褂を優劣なく併用し、「洋式礼服はウールやシルク等を材料とし、大統領から平民までその様式を一律とする。中国式礼服はシルク等を材料とし、前開き立て襟の青い中国服とする。洋式か中国式かは各自の選択に任せる」とした（王東霞 p.91）。しかし当時、洋式礼服の多くは上層階級の正式な社交の場合に限られていた。

ただし興味深いのは、この政治化された国民論と同時進行していた、ファッション論としてのスーツの史的発展である。民間の文献によると、中国人のスーツ着用はまず上海に見られ、時期的には一八六七年前後であったが、当時にあってはやはり奇妙な光景であり、非難されていたようだ。「同治・光緒年間、スーツの男とワンピースの女は、伝統的な人から『ロバ足とライオン頭』と罵られた。『けだしその切られた髪は獅子頭のごとく、脚に穿いた黒いストッキングはロバのごとし』」というわけである。当時のスーツは多くが舶来品で、『上海風俗大観』によると、「スーツに至っては、多くが舶来なり。ひと箱到着したと伝え聞くや、争って手に入れ、三日もたたずに着て歩く」（王東霞 p.59-61）ほどであった。救亡図存〔祖国の滅亡を救い生存を図る〕の国民論の中で、スーツは維新運動の服装の投影であり、清末留学生の改頭換面〔表面から変えようとすること〕の具体的行動でもあり、さらに革命党の人士が首を賭け、熱血を注いだ革命「服号《シンボル》」と身体的実践でもあった。ただし、軽視すべきでないのは、スーツが中国に入るや、進歩改革的な文化価値とは別の服飾品としての価値、およびスーツという商品そのものが、いかにして洋風崇拝下の流行りものと徐々に批判され、貶められるようになったか、という点である。

さらに、スーツの新青年は細めの袖に丈の短い上着で自己満足していた。足には黄色い革靴、鼻には金縁の眼鏡。世界に敵なしと自慢し、ＡＢＣＤが口癖である。舶来品を買うことに没頭し、金銭を浪費し、国家の権益は軽んじた。（王東霞 p.88）

辛亥革命が成功し、名義上、満清の服装は廃止され、西洋式の服装が唱導されたとはいえ、引用文のような口を開けば英語といった「スーツの新青年」は、魯迅の『阿Q正伝』に出てくるスーツにステッキの「偽毛唐」同様、批判と嘲笑の対象となったのである。

そのため、もともと「稀」を以って貴しとし、さらに「西」〔「稀」xī と「西」xī は中国語では同音〕を以って貴しとするスーツは、流行に乗って普及するにつれ、進歩的で政治的な色彩が次第に薄れていった。一九二〇年代、スーツは都市男性のモダンな装いとなり、三〇年代になると一般民衆に普及し、学生、教師から会社員、各機関の事務員などもフォーマルウェアはスーツが中心になった。林語堂〔一八九五〜一九七六、作家・文学者・言語学者〕は

「スーツは人間性に合わず」の中で、広く流行したスーツにはこれといったステータスなどないと痛烈に批判し、「大学生、月給百元の平社員、至る所に首を突っ込み、顔を出す政治家、党の青年、成り上がり、愚か者、ばか」（p.250）まで、誰もが一着は手にし、見栄を張っていると指摘している。当時のスーツは西洋かぶれの流行りの「符号」であり、かつてのように革命や進歩的イデオロギーを引き受けるようなことはすでになかった。だがこの西洋かぶれの雰囲気は、外国追従的な態度に対する一部人士の批判を招き、スーツの近代性の背後に潜む西洋帝国主義の魅力と亡霊を顕在化させてしまったのである。「スーツの尊厳は、その基礎が必ずしも大戦艦やディーゼルエンジンの尊厳ほど安定しておらず、審美的・道徳的・衛生的あるいは経済的立場から決して弁護できるものではない。それが高い地位を占めるのは、完全に政治的理由にすぎないのである」（林語堂 p.250）。換言すれば、スーツの尊厳というのは、西洋式銃や大砲の護衛の下に生まれた尊厳であった。近現代中国の動乱無秩序の中で、スーツは進歩文明論中では欲望の対象であり、西洋崇拝批判論の中では嫌悪の対象であり、過ぎたることと及ばざることの間にあふれる自己矛盾だったのである。（八）

だが、国民の新衣装として中山服が登場したとき、直面したのはまさに辛亥革命後の服飾焦慮のピークであった。一方では都市部男女の盲目的西洋崇拝がシルクなどの国産布地の売れ行き不調を招き、もう一方では袁世凱の復活の野心が官僚の間に服装の復古を引き起こしていたのである。かつて長衫・馬褂をスーツに「変えた」孫文先生がこのとき直面していたのは、西洋服（盲目的西洋崇拝）と伝統服（封建制復活）という二重の困難にほかならず、生活スタイルから国際イメージに至るまで、国家の服装の重要性を真剣に考え始めたのであった。彼は、「スーツは悪くはないが、我が国民の生活には適さず、外国客との正式な会見では国の体面を損ねてしまう。伝統服は古めかしく、封建体制と区別しがたい」と述べている（安毓英・金庚栄 p.29）。そこで、孫文先生は重要な公式の場で、たいてい日本の学生服を改良したようなウールの上着を着るようになった。それは立て襟に四つのポケット、七つのボタンで、後に「中山服」と呼ばれ、現代中国の民主共和を象徴する最も重要な政治的服装となった。辛亥革命以前は、断髪服装改革の様々な掛け声が四方から起こり、スーツは救亡図存と改頭換面の新たな希望となったが、革命後は西洋の進歩・文明を象徴しつつも天下統一できないまま、伝統的で封建的な色彩を帯びた長衫・馬褂と並び立ち、シーソーゲームのような局面を形成していた。やがて中山服が現れ、その後、革命全体を「服」号化《シンボル》するに至り、ようやく中山服／スーツ／長衫・馬褂による天下三分の局面が形成される。

中山服の「デザイン」の起源については諸説紛々で、南洋華僑の間で流行した「企領文装」と呼ばれるスタンドカラーの上着を改良したものだという人もいれば、イギリスのサファリルックが元になっているという人、日本陸軍の士官服や日本の鉄道労働者の制服をモデルにしたという人もおり（王東霞 p.96）、また広東の普段着にまで遡るという人（黄士龍 p.237）、「日本の学生服と西洋の軍服スタイルの啓示を受け、中国の審美的習慣を加えて改造した」という人もいる（安毓英・金庚栄 p.30）。全体的に言って、中山服は広義の「洋服」であり、中国式の平面裁断ではなく、人体の曲線に合わせた立体裁断を採用し、西洋の生地を用いていた。(九) ただし、国民服としての文化受容と解釈の点で、中山服はかえって「中西併用」の特色を繰り返し強調しなければならなかった。つまり、「身ごろと袖の連続したポケットのない中国服の不合理な構造を、西洋スタイルの利点を吸収することで解消し、開襟を閉じたスタンドカラーに変え、体型に合わせ、スーツと比べて自然に荘重さを出し、東洋人の伝統と風格を備える」という具合である（安毓英・金庚栄 p.31）。西洋の生地と洋式裁断による中山服は、次第にスーツと民族服の巧みな結合と見なされるようになり、封建的な服装への決別と、中国服の近代化への邁進を代表する最良のモデルとなった。

ただし、中山服が国民服として全面的に政治服号化《シンボル》されたのは、孫文が亡くなった後である。国父の遺志を継いで北伐を率いた蔣介石が中山服を国民革命の象徴としたのであった。北伐成功後、南京を首都として国民政府が成立すると、蔣介石は一九二八年に中山服を文官の制服とするよう命令を下し、革命の意義を付与する。上着の前身ごろの四つのポケットは、礼・儀・廉・恥の四維〔国家の維持に必要な道徳基準〕を象徴し、ポケットカバーは逆さにした筆置きの形で、文治国家を寓意し、前身ごろのボタンは五つに変え（もともとは七つ）、中華民国の行政・立法・司法・考試〔試験〕・監察の五権分立制度を象徴させた。袖口の三つのボタンは、民族・民権・民生の三民主義を代表し、襟は詰襟から折襟に変え、「三省吾身」〔論語に由来し、毎日三つの方向から自己を顧みること〕によって国を治めることを寓意した（王東霞 p.151）。「国民政府は同時に、特任〔民国期の文官の最高の官等〕・簡任〔二等官〕・薦任〔三等官〕・委任〔判任官〕の四級文官の就任宣誓時に、一律に中山服を着用し、孫文の法を尊重し、孫文の遺志を継承するよう規定した」（王東霞 p.151）。さらに、春、秋、冬の三季は黒、夏は白とし、礼服としてだけでなく平常時もこれを着用することとしたのである（黄士龍 p.236）。

インドのカディと比べ、中山服には西洋帝国主義に鋭く対立するような火薬臭はほとんどなく、かつて長衫・馬褂からスーツに「易服」した孫文は、中山服を着るようになってもスーツと長衫・馬褂を排斥するようなことはなかった。しかも、インドの「正統な」伝統的手織木綿と比べ、中山服はむしろ「西洋化」しており、伝統的な衣装ではない。中国と西洋帝国主義の遭遇による「国民の新衣装」としての中山服の錯綜した問題点というのは、伝統回帰（封建的伝統には回帰できない）や「伝統の発明」にあるのではなく、中山服の「西洋化」したデザインや裁断、生地にあるのでもなく、むしろ中山服が前提とする男性国民の身体イメージ、つまり清末の「尚武」〔武事・軍事を重んずること〕から民初の「軍国民」に至る軍事化された身体イメージにあった。西洋列強の残虐・侮辱と満清の軟弱・無能に直面したとき、スーツというのは救亡図存・維新革命の服装そのものであったが、同時に西洋帝国主義植民者の服装でもあり、「文装」と比較した場合、中国近現代の変転極まりない血涙史のなかで、必ず疑念を抱かれる服装であった。だが、洋式軍服の焼き直し、あるいはドイツの軍服を改良した日本の学生服をモデルとする中山服は、まさに「文装の武装化」であり、その「武」装化という重要性によって「西洋化」という疑いをほぼ帳消しにできたのである。

忘れてならないのは、中国における「服装の西洋化」が軍服に始まった点である。清朝は一九〇五年以来、洋式軍服スタイルに照らして軍装改革を実行し、袁世凱や段祺瑞らを含む軍統も洋式軍服を着用するようになっていた。ただし表面的には「文装」である中山服は（文化的潜在意識の中では間接的な「武装」であったが）、その歴史的発展とデザイン変化の文脈の上では、かえって「武装」そのものである軍服との関係から逃れることはできなかった。「中山服のスタイルは西洋軍服の影響を受け、その後中国の軍服スタイルに影響を与えたが、軍服もまた中山服の普及と発展を促したのである」（安毓英・金庚栄 p.43）。しかも、中国共産党革命成功後に建設されたプロレタリアの新中国でも、軍服・青年服・学生服、および軍の平服など、中山服的な革命服の焼き直しが、服装の中心であった。


典型的な革命服は主に二種類ある。ひとつは、解放軍の軍服を元に、布地と色合いに多少変化を加えた青年服・学生服、および軍の平服。もうひとつは、伝統的な中山服を少々改良した新中山服である。前者は男女を問わず、後者は男子の服装であるが、実際はいずれも伝統的中山服の変種であった。

新中国成立初期の新式中山服が、伝統的な中山服に加えた主な変更は、折襟の元々丸かった角を尖らせ、胸の前にはふた付きポケットをふたつ付け、右側のふたには小さな穴を空けてペンを挿せるようにした点である。こうした改良のうち、折襟の丸い角を尖らせたのは、第一世代の指導者、特に毛沢東の影響によるもので、右ポケットのふたに穴を空けてペンを挿せるようにしたのは、ソ連革命の指導者レーニンが着用したレーニン服の影響であった。（王東霞 p.169）

換言すれば、世に知られた「毛装」〔毛沢東のためにデザインされた中山服〕も中山服の一種の延長であるが、折襟部分の丸い角を尖らせて、毛沢東の大柄でいかつい身体にフィットさせただけでなく、ペン挿し用の穴を加えるなど、レーニン服の細部も加えていた。中山服は孫文の逝去とともに消えるようなことはなく、反対にそれによって威光を増し、蔣介石の国民革命軍の北伐から毛沢東のプロレタリア革命に至るまで、一貫して国父の革命路線を継承した権力の象徴であり、内を安んじ外敵を退ける国民的服号《シンボル》であった。中山服は「武装化された文装」として、近現代中国と西洋帝国植民地主義との歴史的遭遇から決して離れたことはなかったのである。

二、グローバル化した国家元首ファッションショー

インドのカディであれ、中国の中山服であれ、いずれも近現代の植民地解放運動の発展過程で、服装が「民族」の象徴的意義と革命的実践に全面的な影響を与えたことを十分反映している。だが、スーツがすでに「普遍化」し、男性のグローバルなフォーマル・ウェアとなった二一世紀に、いわゆる「帝国主義の新衣装」と「国民の新衣装」は依然として二項対立するのだろうか。前節では、西洋帝国植民地主義に対抗して表明された「国民の新衣装」が、一九世紀から二〇世紀の交点で、視覚的服号《シンボル》により、国家アイデンティティをいかにうまく凝集させて巨大な民族主義的動員力を展開したかという点にまで遡った。本節では、議論の焦点を現在のグローバル化時代にまで引き戻し、まさに現在の国家アイデンティティとしての服装の最大矛盾を詳述してみたい。二〇世紀前後の「帝国主義の新衣装」と「国民の新衣装」との二項対立は、二一世紀前後には「帝国主義の新衣装」と「国民の新衣装」の二者合一となり、さらに「帝国の新衣装」がまさにこの二者合一を具体的に展開するのである。もし前述のとおり、スーツが「帝国主義の新衣装」であり、カディや中山服が「国民の新衣装」であるなら、グローバル化時

代の「帝国の新衣装」はスーツではなく、手織り木綿でも武装化された文装でもなく、各国の文化的伝統と民族的特色を最もよく代表すると言われる「国民服」であろう。もしかつての「国民の新衣装」が「帝国主義の新衣装」の対立面に立っていたというなら、今日の「帝国の新衣装」は伝統への回帰・伝統の改良・伝統の創造であり、それによって各国の「国民服」はグローバル化された覇権（ポスト）国家イメージの分光《スペクトル》分布的多様性を表しているのである。

ここでまず、「帝国主義」と「帝国」の間にありうる相違を区別し、さらに一歩進めて「帝国主義の新衣装」と「帝国の新衣装」の相違にまで広げてみよう。ハートとネグリの『帝国』は、現在の世界情勢の政治経済的変遷を明確に描き出している。第二次世界大戦後、植民地政権が相次いで打倒されたが、八〇年代末にはソ連と東欧の社会主義政権も相次いで解体され、冷戦構造は瓦解し、国民国家主権の相対的衰微（だが衰退や消失ではない）が資本主義のグローバル化をよりいっそう融通無碍にし、新たなグローバル秩序が整然と形成されたのであった。ハートとネグリは「帝国」という一語で、グローバル秩序の新たな主権形式を呼んでいるが、それによると、「主権がすでに新たな形態をとるようになったということ、しかも、この新たな形態は、単一の支配論理のもとに統合された一連の国家的（national）かつ超国家的（supranational）な組織体からなるということ、これである。この新しいグローバルな主権形態こそ、私たちが〈帝国〉（Empire）と呼ぶものにほかならない」[5]。ハートとネグリが明確に指摘しているのは、ヨーロッパ国民国家の主権論こそ昔日の帝国主義の基礎であるなら、植民地というのはヨーロッパ国民国家の主権が国境を超えた延長である、ということだ。だが、今日の帝国は国民国家の境界によって権力の中心を確立するわけではなく、国境という鋭い対立物を極力無効化し、地球全体を流動的な資本体系の世界市場の運営に巻き込もうとしているのである。もし昔日の帝国主義が国家主権の「閉鎖的空間」イメージにより、侵略や攻撃、占領をとおして、植民地の版図を操作の論理に組み込んだというなら、今日の帝国の「開放的空間」イメージは、「脱中心化」や「脱地域化」の流動・吸収を操作の論理とし、交差し重なり合う多重の政治制度的ネットワークを以って、国境の対立に変えようとする。

帝国が、帝国主義のある種の古い形式に盛られた新たな内容ではなく、しかも歴史的発展および地理的権力の配置上、帝国主義との分離が難しいのであれば、「帝国の新衣装」と「帝国主義の新衣装」は結局どのような論述によって、違いを区別して発展させられるだろうか。ここで我々はＡＰＥＣを例に、それを現在の帝国ピラミッド状の権力操作体系の重要な階層の一つと見なし、かの有名な「国家元首ファッションショー」がなぜ「帝国の新衣装」を披露する手段になってしまったのか、考察していく。まず、ＡＰＥＣの起源とグローバル政治経済地域部門におけるその重要な位置づけについてざっと振り返ってみたい。アジア太平洋地域の経済協調を目的に、ＡＰＥＣ（Asia-Pacific Economic Cooperation、アジア太平洋経済協力）は一九八九年、オーストラリアのホーク首相（Bob Hawke）の提唱によって発足し、アジア太平洋地区の経済繁栄とアジア太平洋コミュニティー精神（Spirit of Asia-Pacific Community）の発揮を目指してきた。ＡＰＥＣのメンバーはいずれも「エコノミー」（economy）名義で参加している。一九八九年の発足時には一二のエコノミー（アメリカ、カナダ、ニュージーランド、オーストラリア、日本、韓国およびアセアン六ヶ国）であったが、一九九一年に中国・香港・台湾の両岸三地が同時加盟し、その後も増え続け、メキシコ、パプアニューギニア、チリ、ペルー、ロシア、ベトナムなど、現在二一のエコノミー会員からなっている。ＡＰＥＣの経済協力方式は、八〇年代の地域経済協調のグローバルな趨勢（例えば、ＥＵ、北米自由貿易協定、オーストラリア・ニュージーランド経済関係緊密化協定など）に明らかに呼応し、「開放地域主義」（open regionalism）によって特定地域内の貿易および投資の自由化を進め、関税と非関税障壁を減少させ、経済および技術的協力を強化するものである。ＡＰＥＣ発足当初は単に気軽な経済対話会議であったのが、近年次第に自由貿易と経済協力を推進するグローバルな主要地域フォーラムのひとつにまで発展してきた。

APECは、各エコノミーが一律に平等な基礎の上に多角的な会議を進めていると強調しているが、現実的なオペレーションの点ではやはり強者の舞台であり、政治的色彩は濃厚である。それゆえ、「国家元首ファッションショー」が登場したことは、まさにこの政治的強権の運用を和らげ、構造的な権力の不平等を転移させるための一種の欺瞞かもしれない。一九九三年、APECは初めてアメリカのシアトルで、第一回非公式首脳会議を開催したが、「非公式会議」の「リゾート」的な性質を強調するため、会議の最終日に首脳たちはスーツにネクタイではなく、平服かカジュアル・ウェアで登場し、記念写真を取るよう要請された。しかも、この「初めての試み」は以後、APECの非公式首脳会議の「伝統」となるのだが、非公式のカジュアル・ウェアだったのはこのときだけで、以後開催国の「国民服」を着用するようになった。なかでも一九九四年、インドネシア・ボゴールでのバティック（Batik）、一九九六年、フィリピン・スーデックでのバロン（Barong）、一九九八年、マレーシア・クアラルンプールでのバティック、二〇〇一年、上海の錦の唐装（男性用の伝統衣装）、二〇〇三年、タイ・バンコクのタイシルク金刺繍の上着、二〇〇四年、チリはサンティアゴのアルパカ・ポンチョ、二〇〇五年釜山のトゥルマギ（韓国の伝統的な外出用の上着）などが、国際メディアの大量放映によって、強烈な印象を残した。（一〇）

もともと厳粛な地域協調経済会議の後、ユニークな試みとして国家元首が「現地の衣装」でお目見得することは、財政経済の国際重大ニュースの中で、息抜きのお飾りのような「囲み記事」や「ゴシップ」的なニュースになった。主催国が提供する特色ある衣装を、出席した各エコノミーの代表者が着ることは、外交儀礼上の「郷に入っては郷に従え」式の友好表現である。ただし、この「国家元首ファッションショー」は、「文化的に多様な」服装を披露することで、権力によって操作された「経済単一化」の運営モデル（自由貿易の障壁の除去および自由市場の開放を先導とし、各エコノミーの現実的需要や発展状態、利益の衝突は顧慮しない）を隠蔽してしまうと同時に、各国の服装の表面的な「差異」によって、グローバル帝国の操作論理の中で「時間的境界」と「空間的境界」が消去されることをも隠蔽してしまうのである。それと同時に、国民服のアイデンティティが具体から抽象に至るプロセスの「逆転」、あるいは「躍進」を見せてもくれるのだ。もともと近代国民国家化が歴史的に進展する際、国家の「表象システム」には多くの場合、具体（言語・文化習俗と服装の差異、例えば各国の伝統衣装のような）から抽象（国家シンボルの差異、例えば国旗・国家・国名のような）へ、体現（embodiment）から脱体現（disembodiment）へ、といったプロセスが見られた。では、抽象資本がグローバルに流通する今日、かえって国民服によって各国の特色を示す「国家元首ファッションショー」が登場したことは、抽象から具象への「反発」だろうか。それとも抽象から更なる抽象への邁進だろうか（各国の国民服でさえ文化的差異の「体現」から一歩進んで政治民俗風の符号へと抽象化される）。だが、皮肉なことに、この帝国の「国家元首ファッションショー」はとんだ間違いから、前の二つの世紀に帝国主義がもたらした「服飾の焦慮」を再び舞台に乗せてしまったのである。国家の文化的特色を最も代表できる服装とはいったい何なのだろう。しかも、こうした服装はポストコロニアル論の「文化的ミイラ」の苦境（伝統文化は硬直化してもはや変化できない「死んだ」文化になる）にいかに応えるべきなのだろう。「現代は西洋の、本国は伝統の同義語」（それゆえ、いわゆる非西洋的な「現代」、あるいは非伝統的な「本国」は見つからない）というこの植民地近代性にもたらされた服装の膠着状態をいかにして解決すればいいのだろう。

以下では、二〇〇一年の上海の首脳会議で着用された「唐装」を具体的な分析ケースとし、それがなぜ他を押しのけて、国際的相互影響の中で中国文化を最も代表する「国民服」になれたのか、また各国のリーダーが身に着けた「唐装」は結局「伝統衣装」だったのか、それとも「雑種衣装」だったのか見ていきたい。（一二） 上海APECの準備にあたり、関係部署は特に上海市服装研究所や上海秦芸服飾有限公司のデザイン研究開発責任者にアドバイスを求め、花柄純シルクで色の異なる前開き「唐装」をエコノミー国のリーダーに提供し、公開の場に登場してもらい、記念撮影することにした。「工芸品を作るわけなので、伝統的な手作りの玉縁とアジアンノットを踏襲し、上着の花模様は伝統的な『団花』〔花を描いた丸い図案〕を基礎に、ＡＰＥＣの四つのアルファベットを中国の名花・牡丹が囲んだ。前開きのところには九つの紐ボタンが並んで三つの『王』の字を作り、さらに前開き全体でひとつの総体をなし、ひとつの大きな『王』の字を形作っている。参会者の王者の風格を示しているというわけだ。牡丹の花は中華民族が憧れる幸福、吉祥、富貴の象徴で、伝統的な『団花』は一族再会の象徴である。ここに、今回、ＡＰＥＣエコノミーの大家族が中国は上海に相集うことを祝し、世界各国の平和と発展を祈る、という中国人民の美しい願望を託したのである」（王東霞 p.239）。このように心をこめてデザインした工芸品の細部を目にして、中でも「花開富貴」「天下王者」といった封建思想に疑義を禁じえない人がいたかもしれないが、この「唐装」の疑わしい点はむしろその得体のしれない雑種性にあった。「唐装」とは何か。華僑にとっての祖国の名称「唐山」、あるいは外国人から見た海外の中国人居住地の名称「唐人街」〔チャイナタウン〕と同様、「唐装」は言うまでもなく唐朝の服装ではない。それは、文化的他者の観察眼的な位置を前提とし〔「中国」を「唐」と見なす〕、かつて西洋人が中国の服装に対して用いた通称であった。

　しかも、各国のリーダーが着用したこれらの「唐装」は、二重の意味で「中西混血」だったのである。まずそれは、中国式伝統衣装のスタイル、つまりスタンドカラー、前開き、布製ボタンを残す一方、洋式裁断で身ごろと袖を縫い付けており、伝統的なドルマンスリーブ〔身ごろとそでが一体化したもの〕ではなかった。(一二) 次にこの衣装は、上は唐装、下には洋式のズボン〔またはスカート〕を組み合わせる上下分離したツーピース・スタイルで、上下連続したワンピース・スタイルの伝統的な袍服《パオ》ではなかった。言ってみれば、下層労働者の服装スタイル、あるいは中国武道やカンフー映画の視覚的服号《シンボル》であったかつての「短打」という身軽な「唐装」が、国家元首の間でつかの間スーツとネクタイに代わる錦の新衣装に一変したのである。だが、困ったことに、「唐装」を着た各国のリーダーには、文武両道の人品卑しからぬ相貌が備わっていなかったばかりか、あろうことか、滑稽で笑うべきネガティブな連想まで誘ってしまったのだ。「唐装」というのは今日の中国で、特定の年齢層〔老人〕や特定のサービス業〔外国客の接待員からレストランの案内係まで〕と結びつけられてしまうため、上海ＡＰＥＣ期間中、あまたの中国人が「唐装」を着た各国の指導者を笑いものにする始末であった。やれ、雑技団の団員が整列しているだの、やれ、茶屋の給仕が総動員されただの、ひどいのになると経帷子みたいだというのまであったが、いずれも無理からぬことである。西洋的な植民地モダニティがグローバルに推進されたことで、いわゆる「伝統」服は早くから瀕死の状態に追いやられていたが、この死は完全な消失ではなく、それが意味するのは、「伝統」服が民俗的な生活の場からは完全に撤退し、日常生活における「遂行」(performativity)から特殊舞台における「演技」(performance)へと転換したことであった。つまり、今や伝統服あるいは改良式伝統服はすでに「舞台衣装化」「特殊ケース化」「特殊年齢化」され、流行りのトレンドである「レトロ」や「東洋ブーム」に一時的にうまく乗ったとしても、もはや符号を混成した短期的な潮流でしかないのである。しかも、全日程をスーツとネクタイで通したＡＰＥＣの会議で、閉会前の一瞬の華やぎであった「唐装」は、「平服」としてのスーツの普及と「平服」としての「唐装」の死を改めて証明していた。さらに、スーツの落ち着いた威厳や教養ある洗練ぶりに比して、「唐装」の得体の知れないふち飾りは、まさに植民地支配の苦労をいやというほど味わってきた脱植民地国家にとって、帝国主義とグローバル帝国の間に残存する「世乱れ着衣乱る」の歴史的亡霊に他ならなかったのである。

だが、なぜ「唐装」を選ぶ方がまだましだったのか、という問いに答えると同時に、我々はまたなぜ「スーツ」や「中山服」、あるいは「毛服」を選べなかったのか、という点についても答えるべきではないだろうか。まず、現代中国におけるスーツの象徴的意義について見てみよう。中国共産党の人民解放闘争によって、「良俗を乱すチャイナドレス」や「西洋崇拝傾向」のスーツ、「プチブル階級ムード」の長衫はいずれも次第に淘汰され、特に文革期の「破四旧」〔旧思想・旧文化・旧風俗・旧習慣の打破〕の左派路線によって、スーツとチャイナドレスは「四旧」のレッテルを貼られ、群衆の裁きや家財没収といった苛酷な運命に見舞われた。反帝国主義・反修正主義・反封建主義・反資本主義の文革時代にあって、ブルジョア階級・帝国主義の同義語であるスーツはすっかり影をひそめ、これに代わったのが、老三色（青・黒・灰色）と老三装（中山服・青年服・軍の平服）である（王東霞 p.206）。ただし、スーツは改革開放の八〇年代に巻き返しをはかり、「一九八三年に当時の中共中央総書記であった胡耀邦が服装業界への指導者に述べたのは、我々は中国人民の身なりをより整え、より清潔に、より美しくすべき、ということであった。彼も率先してスーツを着用している。中国共産党第十三回全国代表大会では、中央政治局の五人の常任委員が初めて集団でスーツを着用し、記者会見に出席したのであった」（王東霞 p.206）。しかも、改革開放の視覚的象徴《シンボル》服号であるスーツは、同時に当時中国の政治領域の「バロメーター」にもなっていた。つまり、「反『ブルジョア階級自由化』運動のとき、テレビに現れたキャスターや指導者の多くは再び中山服を着用し、もはやスーツではなかった。だが、『改革開放』の継続を宣言したとき、彼らはいずれも再びスーツを着ていたのである。スーツの着用は新しい事物を受容し、閉鎖的で遅れた習慣を喜んで変えることを意味していた」ということである（山内智恵美 p.51）。換言すると、ここでのスーツ／中山服（毛服）の二項対立は、かつての帝国主義の新衣装／国民の新衣装の対立ではなく、改革開放／文革路線の対立であった。スーツにはすでに西洋帝国主義の風味もなければ、資本主義の極悪非道さも持ち合わせず、今日の中国ではかえって国家主義的な愛国表現になり、中国の現段階での改革開放が堂々とグローバル経済システムの真っただ中に突入したことを象徴しているのである（Fennell, p.235）。かつて「帝国主義の新衣装」であったスーツは、かえって今日の改革開放の「国民の新衣装」になったのだ。この歴史の皮肉は、かつての「国民の新衣装」である中山服（毛服）がなぜ自由貿易や市場経済を強調するＡＰＥＣに登場すべきでないのかを説明しているかもしれない。全員がスーツにネクタイという会議場に、不必要な社会主義的マイナスイメージは持ち込まない方がいいからだ。この歴史の皮肉はまた、なぜ今日改革開放を象徴するスーツが、非公式の国家元首のファッションショーに登場すべきできないのかを説明しているようにもみえる。なぜなら、スーツではフォーマルとカジュアルの区別がつかず、いわゆる中国の「伝統文化」の特色も表せないからだ。

そこで、「唐装」が頭角を現し、中国エコノミーを代表する「国民服」になったのである。ここでの「国民服」はもはや西洋帝国主義に対抗して構築された前世期の「国民の新衣装」ではない。それは、帝国というグローバルな新主権形態の下で「ローカル文化の特色」を備えた服装のことであり、「国民服」(national dress) と「伝統衣装」(traditional costume)、「民俗衣装」(folklore costume)、ひいては「民族衣装」(ethnic dress) と「農民服」(peasant dress) の区別を混淆し、グローバルにローカル化された新たな政治的ファッションショーの服装となったのだ。(一三) イギリスの服飾研究家ルー・テイラー (Lou Taylor) が言うように、「国民衣装」と「伝統衣装」「民俗衣装」「民族衣装」〔6〕あるいは「農民服」の違いは、前者はもともと「国家概念に由来する一種の都市化・熟練化・知識化の認識」であり (p.213)、それが「発明」される際、後者が往々にしてサンプル抽出の最も主要な母集団にされる、という点にある。彼女はさらに一歩進めて政治的アピールとしての「国民衣装」と文化的アピールの「国民衣装」の違いを指摘しているが、前者のポイントは植民地解放闘争と国家独立運動にあり、後者の方は伝統と近代性の衝突の下に、文化の復興と伝承の企図をいかに新たに展開するかという点にある。だが、服装の史的展開からいうと、前者は往々にして後者と絡み合っており、截然と分離するのは難しい。一方、西洋帝国植民史的文脈からいうと、第三世界の植民地解放的「国民衣装」は多くが政治的アピールとして国家独立運動に属しているが、欧米国家にいわゆる「国民衣装」があるとすれば、多くの場合、文化的アピールとして「ルネッサンス」の角度から懐古された「民族衣装」や「農民服」である。(一四)

だが今日、グローバル化時代のダイナミックな弁別のプロセスで改めて発掘された「国民衣装」には、得体の知れなさや、古くも新しくもない曖昧さと矛盾、「トラディショナル」と「フォークロア」を混淆させた「脱政治化」

の傾向があり、「帝国」の魅力と「帝国主義」の亡霊の複雑な歴史—文化—心理的なもつれ合いを巧みに引き出している。本稿はここで「魅惑国家」(fasciNation)の理論構築を提起し、服装物質文化史の変遷によって、「帝国主義」と「帝国」の連続と断絶、「帝国主義の新衣装」と「帝国の新衣装」との類似と差異を説明してみたい。まさに「想像の国家」(imagiNation)、「散種国家」(deissemiNation)、「連接国家」(hypheNation)などの理論概念の構築と同様、「魅惑国家」はいかなるものであれ本源的で本質的な国民(衣装)アイデンティティを脱構築しようとして、「表面」(服装)を以って「深度」(歴史的深度はまさに服装の表面にある)に代え、「界面《インターフェース》」(interface)を以って「表面」(文化的インターフェースの服号《シンボル》交換は、まさに服装の雑種的表面にある)にまで拡大させる。しかも、「魅惑国家」が強調しようとするのは、この新たな二一世紀前後のグローバル化された差異符号としての国民服の魅力と、先の古い二〇世紀前後の植民史としての国民服の亡霊との間の相互衝突が、グローバル化された政治舞台でいかに「魅力を発揮」するか、ということと同時に、それが「亡霊の揺らめき」にも見えてしまうということである。

まず、「魅惑国家」の理論概念によって見えてくるのは、動植物的意匠の手工ろうけつ染めや、彩り豊かなマレー文化、南洋情趣であり、純絹とパイナップル繊維で作られたバロンシャツ、絹織・花柄・飾りボタンの唐装、金糸刺繡のタイシャツなどである。一方、「魅惑国家」によって見えなくなってしまうものもある。それは、「国民服」のない、あるいはそれを必要としない少数の西洋諸国は(もし白が肌の色でなく、スーツも国民服ではないとしたら、話は別だが)、カジュアルウェアや軽装を表舞台で着用するが、そこには植民地モダニティにおける「西洋=現代」、「伝統=落伍」といったプレッシャーはなく、「世乱れ着衣乱る」といった歴史的記憶と心理的葛藤もない、ということだ。次に、「魅惑国家」は色彩きらびやかな各国の国民服を横並びにし、「差異」の間にある階層秩序や権力関係を不可視化し、歴史的矛盾や地理的衝突をも隠蔽し、ただ「差異」の平面的区分とショーウィンドウ的な展示性だけを可視化する。もし「帝国」が帝国植民地主義と資本のグローバル化を通して、異なる時空的文脈に従属する地理的区域をひとつの時空に統合・吸収し、歴史的な複雑性を回避するなら、ＡＰＥＣの「国家元首ファッションショー」が従っているのは、同様の「時空統合」の操作論理であり、前者が「時間的境界」と「空間的境界」を消去するやり方で、資本体系のグローバル的統一を目指すのに対し、後者は百花斉放の服装の多様性によって、歴史記憶と地政学を平面化・ステレオタイプ化するのである。

ハートとネグリが言うように、かつて、帝国主義の世界地図はヨーロッパ諸国の色によってコード化され、赤はイギリス、青はフランス、緑はポルトガル領土などとなっていたが、今日、「帝国のグローバル・レインボーカラー」が「帝国主義世界の国家ごとに異なる色彩」を溶け合わせて消してしまったのであれば（p.45）、ＡＰＥＣの「国家元首ファッションショー」は、かつて帝国主義が彩色ブロックで区別した植民地分割を、まさにグローバル・レインボーの文化的スペクトルに変えたのである。現在、流行をリードする「エスニック・ファッション」が民族衣装の細部を「抜き出し」てコラージュしたものなら、ＡＰＥＣの「国家元首ファッションショー」はまさに「エスニック政治」のニューウエーブであり、各国の衣装をまとったエコノミーのリーダーたちは、各国の服を着たバービー人形やハローキティ（数年前、マクドナルドが東アジア地域で安価なプレゼント・サービス方式で売り出したところ、我も我もの大騒ぎになった）と、商品のお飾り性や平面展示の論理の点で大差はなく、ただ一方は国家元首をスーパーモデルに、もう一方はKawaii人形のグローカリゼーションによって商売をしただけのことである。それゆえ、この国家元首たちの「唐装ショー」がようやく閉幕すると、別のインターナショナルな男性モデルコンテストが始まり、まさに唐装一色で、舞台上で威勢のいい太極拳を披露したのであった。しかも、「エスニック・ファッション」と「エスニック政治」は截然と分かれるわけではなく、政治的「唐装ショー」が終わると、果たして中国大陸と世界各地にささやかな唐装ブームが起きたのである。本稿がここで「エスニック・ファッション」と「エスニック政治」を同列に論じるという方法を取ったのは、まさに目下の「国民の衣装」がグローバリゼーションの下で「同質化された異質性を表現し」（homogenized heterogeneity）（Jones and Leshkowich, p.13）、もはやグローバル化論争における「同質化」か「異質化」の二者択一ではなく、「同方向へ向かう」と同時に「差異」も賞賛され、「文化のグローバル・ショーウィンドウ」へと模様替えされて、「グローバルモダニティ」の「他者」になってしまうことを強調したいからである。二一世紀の今日、我々は早くもオリンピックからミス・ユニバース世界大会、国際博覧会、各種テーマパークや民俗記念品の展示販売まで、「文化多様性のショーウィンドウ」の絶大な影響力としての「国民衣装」を熟知しており、今日展示される舞台はすでに国際政治経済貿易会にまで拡大され、各国の元首も腰を低くして、スーツを脱ぎ、ホスト国の「国民衣装」で舞台を練り歩き、政治のファッション化・ファッションの政治化の新たな一ページとなっている（一五）。

だが、「魅惑国家」の真の「転覆」（subversion）は、国民衣装の「ファッションの魅力」を展開することにあったと同時に、その「歴史の亡霊」という「サブ・テクスト」（sub-version）を暴露してしまったのことにある。APECの楽しくカーニバル的な「国家元首ファッションショー」は政治経済の強権と弱小国家の間にもともと存在したしのぎを削るような攻防戦を美化しただけでなく、参加した各国元首がきらびやかな色柄や特殊なデザインのご当地衣装に対して感じるであろう文化的差別や心理的抵抗を和らげてしまったのだ。体にフィットしたおしゃれで品のいいスーツを着なれたこれら各国元首からすると、おそらく個人的には当地の「民俗化」され、「女性化」された（生地や色彩、模様、あるいは羽織ったり、身を包んだりといったデザインの点で）、「奇妙」で「可笑しな」服装はしたくなかったであろう。二〇〇四年、チリのサンティアゴで開催された非公式トップ会議に、閉会前の慣例として主催国が用意したアルパカのポンチョを、参会者である国家元首たちが着用しなければならなくなったとき、アメリカ大統領のブッシュは場内のメディアの存在に気づかず、うっかり品のない一言をもらし、さらにポンチョをハワイのムームーになぞらえ、着替えを拒否したのであった（"Here lies free trade"（一六））。だが、チリ産アルパカの男性用外套が、ブッシュによってハワイの先住民女性が着る鮮やかな花柄プリントのムームーにされてしまういわれはない。あるいはブッシュにとって、一枚の布そのものになんの裁断も加えない貫頭衣のポンチョは、一枚の布そのものをまとって身をくるむ女性のワンピースのように、「民俗化」「女性化」を連想させたのであろうか。色鮮やかな筒状のポンチョを色鮮やかな筒状のムームーになぞらえるようなことは、アメリカ大統領ブッシュがうっかり口をすべらせた個人的過失にすぎないであろうが、ひょっとしてそれは、ブッシュと他の参会者たちの「原始化」「土着化」「女性化」に対する潜在心理的な拒否であり、表面的には多様性の尊重といいつつ、彼らは私的には口にできない蔑視や軽視を抱いていたのかもしれない[一七]。

しかしそれと同時に、「魅惑国家」によるサブ・テクストの転覆は、歴代の国家元首ファッションショーに見る「布は残し、形は残さず」（開催国の伝統的手工業の生地は保持するが、服の元来の形《スタイル》は変える）と「上は変え、下は変えず」（上半身だけ主催国の特色ある服を着用し、下半身は洋式のズボンやスカートを着用する）という点にも原因がある。一九九四年のインドネシア、ボゴールのＡＰＥＣで着用された蠟防染《ろうぼうせん》（一般的には臈纈《ろうけち》染のこと）バティックの場合、それに使われた花柄プリント地はインドネシア特産で、「ジャワ更紗」と呼ばれ、草花、動物（特に鳥類）、昆虫、波、ナイフ、雨など自然物を象徴化した柄をモチーフとし、色合いは美しい（田中千代 p.49）。ただし、バティックの生地を用いるのと同時に、もともとインドネシアの盛装に使われる巻いてくるむスタイルは完全に消去され、バティック生地で洋式シャツを作り（ただし、ゆったりとしたデザインで、シャツの裾部分を外に出し、ズボンの中に入れない）、各エコノミーのリーダーに着てもらったのである。しかも、伝統的なインドネシア人男性が盛装するときよく用いるカイン・パンジャン（長い腰布で、下半身に巻き付ける花柄プリントの綿製バティック）は、すっかり姿を消していた。また、一九九八年にマレーシア、クアラルンプールのＡＰＥＣで着用されたバティックの場合、現地の花柄蠟防染のバティック用布地でバジュマラユ型のシャツ（スタンドカラーと幅広の袖口）を作成し、採用したが、同時に下半身については、マレーシアの男性盛装の伝統（裾の広いズボン、外側に巻いて折り返すサロン）は完全にやめて、各国元首は各自ズボンやスカートを組み合わせた。この「布は残し、形は残さず」、「上は変え、下は変えず」という興味深い現象は、外交儀礼的なお飾り効果とメディア広告の視覚操作としての国家元首ファッションショーを直接説明するだけでなく、より間接的に保障しているのは、各国元首が「完全に着替え」（go native）て舞台に登場し、全身「原始・野蛮」（生地の柄、色、および巻いてくるむという形）を身にまとい、完全に「土着化」、「女性化」される必要はない、ということである。もちろん、「布は残し、形は残さず」、「上は変え、下は変えず」というのはそれなりの配慮の結果だろうが、実はより深いレベルで響いているのは、直接あるいは間接的に西洋帝国植民地主義の支配を受けたこれら諸国は、服装制度上、「世乱れ着衣乱る」という「悲哀」を経験しており、「唐装」には洋式のズボンを組み合わせるべきかそれとも馬褂と組み合わせるべきか、バジュマラユには洋式のズボンを組み合わせるべきかそれともサロンを組み合わせるべきかという問題がおそらく、APECのファッションショーに限らず、現地のあらゆる日常生活の実践中に度々浮上する難題であるということだ。

　さらに重要なのは、かつて帝国主義的植民地統治の苦労を味わったエコノミーにとって、「国民衣装」で登場することは、「世乱れ着衣乱る」という歴史記憶と「伝統の発明」という植民地的衝突に直面せざるをえないということであり、「何が国民服で、何が国民服でないか」という悩ましい選択（多くの主催国は特別委員会を組織し、国家の特色を最も代表する服を知恵を絞って「選びだし」、APEC大会に提供しなければならない）にも直面し、さらに「国民服」が植民統治の血涙史をうっかり帯びてしまうことにも直面せざるをえないということである。[一八] 一九九六年にフィリピンのスービックで開催された非公式首脳会議では、フィリピンの男性国民服であるバロンが採用された。大会はこの透明な薄紗のシャツを提供し、それに合う丸襟のインナーも付けたのだが（バロンの正式な着方は、袖なしのアンダーシャツではなく、丸襟のインナーを必ず組み合わせなければならない。主催者は各国のリーダーが間違えて礼を失しないよう、インナーまですべて準備万端整えた）、参会者やメディアの多くからは「裸の王様」〔中国語タイトルは「国王的新衣装」〕のように露出が多すぎると言われたのである（"Here lies free trade"）。だが、今日のグローバル帝国地域経済協調トップ会議のリーダーたちが着用した「国王の新衣装」は、かつてスペインがフィリピンを統治した時期の「奴隷の新衣装」であった。スペイン人植民地統治者はフィリピン人の寝返りを深く恐れ、二等の被植民奴隷にバロンの着用を強制したのである。スペイン人植民地統治者は武器を携帯しているかどうか一目瞭然であり、暴動の発生をコントロールする効果があった。この種の半透明のバロンは、一九九六年に各国元首が身に着けたバロンシャツは、純シルクとパイナップル繊維で織りあげた生地を用い、入念にデザインしたオーダーメイドで、値の張る高級品であったが、このシャツは確かにあまりに「赤裸」であり、この「赤裸」はメディアが暴いた各国リーダーの身体的「赤裸」に留まらず、植民血涙史の「赤裸」であり、帝国主義の歴史と権力が顕在化した「赤裸」でもあった。[一九]

もしかすると、APECはアジア太平洋地域の経済協力会議であるためヨーロッパ諸国が参加せず、スペインのエコノミー会員がフィリピンのバロンを着るという歴史的な皮肉が現れなかったことを喜ぶ人がいたかもしれない。ただし、植民統治の辛酸をいやというほど舐めた東南アジア諸国からすれば、西洋帝国主義の他、さらに「大東亜共栄圏」のスローガンによって発動された日本帝国植民地主義があり、このアジア諸国の「内」的宿怨のため、日本の首相には中国の「唐装」や東南アジア各国の「民族衣装」が気軽に着られるとしても、中国や韓国の元首、あるいは一部のアセアンの元首は和服を気軽に着られるとは限らないのである。この隠された政治的、歴史的矛盾は、一九九四年、大阪のAPECで非公式国家元首会議がカジュアルウェア開放政策を採用し、和服が採用されなかった原因であると間接的に解釈できるかもしれない。[二〇] インドネシア、マレーシア、ブルネイがバティックの蠟防染の布地を一種の「地方特産」にしたのであれ、中国が「唐装」のスタンドカラーと飾りボタンなどのデザインとシルクの布地を一種の「文化的特色」にしたのであれ、APECの「国家元首ファッションショー」はすでに帝国エスニック風と帝国主義植民史の相互的な絡みあい、また、ファッションの魅力と歴史の亡霊の衝突になっている。毎年、新シーズンのコレクション発表会は、パリ、ニューヨーク、東京、ロンドン、ミラノ各地で展開されるだけでなく、汎太平洋地区のAPEC会議での非公式「国家元首ファッションショー」にも登場するわけだが、この定期的に発表される「帝国の新衣装」はモードの新作に比べ、魅力が放射される際、亡霊があちこちに揺らめいているように見える。グローバル化時代の「魅惑国家」はつねに「帝国の新衣装」とはこのようなものであると暴露し、歴史や権力、さらには拭いきれない政治の皮肉と矛盾をもむき出しにするのである。

三、誰がポスト国家を恐れるのか？　誰が台湾シャツを恐れるのか？

一世紀前、絶対多数の第三世界諸国にとって、「国際社会と連結する」には、伝統的な民族衣装を脱いで、スーツとネクタイを着用し、「西洋化」された服装を「近代化」の視覚的な指標にするしかなかった。だが、一世紀後の今日、スーツにネクタイはもはや「西洋」服・「洋」装ではなくなり、「グローバル服」として世界の隅から隅まで普及し、反対にフルスピードで国境を往来するグローバル人は、グローバル政治経済の舞台である「文化の夕べ」に華々しく登場できるよう、知恵を絞って「伝統色」のある服装を求め、改良したり作ったりするようになったのである。「帝国主義の新衣装」と「国民の新衣装」の政治・歴史的対立面を理解し、現在の「帝国の新衣装」を文化的多様性のレインボースペクトルの「脱歴史化」、「脱政治化」として平面展示した後、我々はここで、議論の軸を目下の台湾の政治文化的な場に引き戻し、今まさに熱く展開されている「台湾シャツ」をめぐる議論が、「国民の新衣装」と「帝国の新衣装」に対する前二節の説明をいかに裏付け、かついかにそれに挑んでいるかを見ていきたい。

二〇〇五年夏、台湾政界でもちきりだったのは、まさに「台湾シャツ」の話題である。まず当時の行政院長謝長廷が夏用の半袖・国民襟〔開襟〕の「高屏シャツ」で登場し、スーツに替えて、台湾色のある省エネ官僚服として展開させようとしたのであった。[11] 続いて、行政院は「四合一」[7]という族群大融合の原則を発表し、唐装・福佬装[8]・客家シャツ・原住民服の要素を結合して、「台湾新シャツ」のデザインを研究開発することになった。さらに副総統呂秀蓮も国家アイデンティティと京都議定書の省エネ政策に基づき、「台湾シャツ」を早くから「全民運動」として積極的に推進していたが、それによって、台湾の主体性を確立すると即座に発表したのである。彼女は同時に自らデザインした「台湾シャツ」を紹介したが、スタンドカラーの白い綿シャツで、前身ごろの中心には三つの飾りボタン、襟ぐりと袖口には原住民族の海洋の図案が刺繍されていた。彼女によると、「台湾シャツ」のデザイン企画に積極的に関わり、早くも二〇〇二年に「台湾シャツ推進委員会」を設立したのは、各国元首がＡＰＥＣに参加する際、主催国の特色を備えた服装で記念撮影することを考慮したためであり、特に二〇〇一年の上海非公式会議で「唐装」が披露され、強いインパクトを与えたためであった。彼女が関心を抱いたのは、国際的な場で「唐装」が中国の特色を表すなら、台湾の場合はいったい何なのか、ということである。そこで、「台湾シャツ」に関する一連のデザイン企画とプロモーションを展開したのであった。

「台湾シャツ」

謝長廷の「台湾新シャツ」と呂秀蓮の「台湾シャツ」の「シャツ衝突」事件は、表面的には民進党内部の地位争いとの解釈も可能だが、それが誘発した社会的論争と文化的焦慮は極めて複雑であった。簡単に言うと、「台湾シャツ」は、三つの論述レベルによって互いに包まれて出てきたのである。第一のレベルは「緑」〔民進党のシンボルカラーでもある〕の環境保護論で、夏季の省エネをアピールし、もっとも正当な言い分に思われた〔ただし、台湾の原子力発電をめぐる長期的な論争と民進党の執政前後のエネルギー政策の転換を考えると、ここにはおのずと多くの議論すべき点が含まれる）。ここでスーツが「気候風土に合わない」とされたのは、台湾の高温多湿と酷暑という実際的な配慮からきているのであり、スーツが「西洋」服や「洋」装のイデオロギーを代表することへの批判ではない。第二のレベルはカジュアルファッション論で、スーツにネクタイを唯一のフォーマルウェアとせず、政府官僚からホワイトカラーまで、ときには軽装で「ちょっとリラックスしたひと夏」を過ごしてもらい、民衆の生活に近づいて便宜をはかってもらえば、仕事のカジュアル化という国際的な潮流にもより合致するであろう、ということであった。[二二] 第三のレベルは最も重要で、最も論争的なナショナリズム論であり、台湾という国家の主体的アイデンティティに着目し、島内の国号、国旗、国歌など国家の「シンボル」に関する長期的な政治論争に連なるものであった。だが、国民服のイメージである「台湾シャツ」の主な参照先は、ＡＰＥＣのような、台湾代表が出席できる数少ない国際貿易協調会議のような重要な場である。国際間で孤立し、国家元首さえ出席できず、ＡＰＥＣの主催権を勝ち取ることなど論外である台湾は、かえってＡＰＥＣを想像上の目標とし、国際舞台でいかに台湾色を備え、台湾の歴史文化を代表しうる服を着用するかということに腐心するようになった。「台湾シャツ」が国民服の「表面《フェース》」になるのは、それが国際交流の「インターフェース」として展開されるからだ。換言すると、ここでいう「台湾シャツ」を着て「台湾人」になることは、「グローバルな差異化」（global differentiation）の方法によって、「国家アイデンティティ」（national identification）を達成することであった。

　だが、緑の環境保護論やカジュアルファッション論、ナショナリズム論により、幾重にも包まれた「台湾シャツ」は、推進当初、台湾内部でなぜあれほど複雑な情緒的反応や政治的立場の衝突・矛盾を起爆させてしまったのだろう。「台湾シャツ」の提起が最初に踏みつけたのは、台湾島内の統独論争のデリケートな神経であった。目下、民進党政治家のうち、「独立派」から比較的歓迎される呂秀蓮が、台湾シャツを着て台湾人になろうと呼号するや、当然「統一派」から疑義を呈され、この服は民族主義の復活であり、国号・国歌・国旗変更など一連の台湾独立建国運動の一環であると見なされた。ただし、呂秀蓮が自らデザインした台湾シャツのプロモーションのため、特に国策顧問の柴松林、楊清矗、張貴木らに頼んで、総督府の記者会見でファッションショーをしてもらった時、「独立派」の大老楊清矗はその場で突っ込みを入れ、今身に着けている「台湾シャツ」には中国襟（スタンドカラー）や中国ボタン（飾りボタン）が使われていると指摘したのであった。呂秀蓮が推進した「台湾シャツ」の中途半端さは（統一派／独立派のいずれにも不評）、彼女が一方的に入れあげてデザインし、プロモーションしていた当初はおそらく予想できなかったのだろう。(二三)当初の構想では、APECの元首会議で「唐装」と甲乙つけられるはずの「台湾シャツ」が、なんとファッションショーの現場で独立派の元老により、それこそまさに「唐装」であると反論されてしまったのである。もともと「台湾シャツ」／「唐装」の二項対立であったはずが、一瞬にして「台湾シャツ」は「唐装」であるとの矛盾に陥ってしまったのだ。もともと「台湾シャツ」によって国民のアイデンティティを確立し、「脱中国化」を図るつもりが、かえって「再中国化」という囂々たる非難の的になったのである。政治的イデオロギーの「服」号《シンボル》としての「台湾シャツ」は、統一／独立勢力の双方をいたたまれない気にさせ、一方ではその羊頭狗肉性が嫌われ、もう一方では不徹底さが嫌われたのであった。どうりで呂秀蓮は、その場でかなり悔しげに、祖先たちが台湾にやってきた当時着ていたものを改良し、デザインしたと発表したわけである。(二四)

だが、今日の「脱中国化」によって本土アイデンティティを構築しようとする政治的雰囲気の中で、呂秀蓮の不注意な過失は決して単独の事件ではなく、結局、「台湾シャツ」と呼ぶか、「唐装」と呼ぶかという選択には、ちょうど「中華民国」「台湾国」「中華台北《チャイニーズタイペイ》」などの呼称同様、命名の曖昧さや矛盾、歴史のパラドックスや皮肉が充満しているのである。「台湾シャツ」の論争が始まるや、早速、新聞社に投書した読者がおり、「台湾シャツ」と「唐装」はデザイン上の違いはなく、唯一の違いは素材にあり、前者は飾り気がなく落ち着いているのに対し、後者は高級感があり上品だと指摘していた。ただし、目下、政治的アイデンティティの混乱する台湾では、同じようなデザイン、スタイルの服に対し、「唐装」と呼びたい人はそう呼び、「台湾シャツ」と呼びたい人はそう呼んでいる。「以前、いわゆる本土〔台湾〕のcall in番組〔視聴者が電話でスタジオの司会者やゲストとおしゃべりする番組〕で、司会者が唐装を着ていることに観客が不平をもらし、司会者があわててとりつくろい、『台湾シャツ』と呼んだことがあった」〔銘志〕。この表面的な「自己判断による命名」は、実は現在の「脱中国化」による「本土アイデンティティ」構築の矛盾を深刻に暴露している。この矛盾というのは、個人の自由に訴えて国民や文化のアイデンティティを選び、呼びたいように「唐装」、または「台湾シャツ」と呼ばせる、ということではなく、台湾服装史の発展的文脈から言うと、日本統治時代に「台湾シャツ」[9]〔洋服や和服とは異なる〕と呼ばれたものがまさに「唐装」であったということだ〔広義では、台湾早期の漢人移民社会の伝統服を指し、狭義では、客家の短い上着を指した〕[二五]。

「台湾シャツ」が「唐装」であり「唐装シャツ」であるという歴史矛盾は、我々に「台湾シャツ」の分析と議論を、台湾服飾発展史における植民史的文脈に置き直し、詳細に検討すべきことを要請するが、そうして初めて統一独立の乱暴な分類や過度に紛糾した政治イデオロギーの争いを回避できるのである。台湾の漢人移民社会の形成は、オランダ時代にまで遡ることができ、その後、明の鄭氏時代、清朝、日本、国民党政府による統治を経るわけだが、台湾史初期の漢人伝統服の関連研究も多くはオランダ時代を嚆矢とし、日本統治時代末期に伝統服が次第に消失したことで終わっている。当初、漢人の多くは中国大陸の福建・広東両省からの移民で、生活風俗の習慣も多くは出身地の文化を受け継いでいた。加えて、台湾の早期社会には紡織技術が欠け、衣服用の布地は大半が大陸から輸入されたため、台湾の早期社会の漢人服と大陸の淵源との関係をいっそう強めることになった。ただし、「経済の発達と布地の自給能力の増加に伴い、台湾漢人の伝統服は次第に地方特有の体裁を備えるようになる。例えば、台湾特産の染料である薯榔〔ソメモノイモ〕やインジゴなどが染め出す黒や青の布は、台湾民衆が作業着や普段着を作る際に最も好まれ、洗濯にも強かった。（……）同時に台湾の気候や社会環境は大陸と異なっていたため、鮮やかな色や夏用布地の需要など、服装の素材や色彩の選択と好みもおのずと異なっていた。例えば、『漳州府志』によると、『洋船が澎湖に至るや気候は一変し、それまでは綿を着、ここに至るや葛を着る』」という（蘇旭珺 p.28）。ここから見るに、台湾の早期漢人移民社会の服装は、文化と素材の緊密な結びつきにより、基本的な形状の上では大陸と変わらなかったものの、気候や在地の物産、社会環境の違いによって、生地や色、素材に異なる好みが現れていたということである。

一八九五年日清戦争が終結し、日清双方が「下関条約」を締結して台湾は日本に割譲され、五十年の長きにわたる植民統治を受けた。「台湾衫」、つまり台湾シャツの由来は、日本の植民統治下で、他の服装伝統と区別するための命名であった。当時の台湾漢人の服装は、自ら「台湾衫《シャツ》」と呼んだわけではなく、日本による植民地モダニティがもたらした「洋服」、および日本の和服と区別するために、そう呼ばれるようになったのである。「衫」というのは、ひとえの上着を意味した。

台湾早期の漢人の伝統的な上半身の衣服には、大きく分けて、衫裘《サーギュウ》、褂《クワ》、馬甲《マーカ》（甲仔《カア》ともいうチョッキ）の三大基本スタイルがあった。「衫」は一般的な上半身の衣服の通称で、「褂」は前開きの上着、「馬甲」は袖なしのベストである。このほか、使用した素材や縫製の違いによって、以下に挙げるような数種の名称があった。「衫」は上着の通称の他、ひとえの上着のみを指すこともあり、早期の台湾漢人が四季を通して常用した服装である。夏はこれ一枚で着用し、冬は裘（裏に毛皮の着いた衣服）や馬甲を来て寒さを防いだ。宦官や貴紳の家では盛装時に衫の上に「外褂《グアクワ》」と呼ばれる上着を着た（蘇旭珺 p.59）。

ひとえで作られた「衫」は、まず台湾という土地の酷暑の気候を伝えているが、「衫」の前に「台湾」の二字を加えたのは、必ずしもインドのカディや中国の中山服のように、「国民の新衣装」へと一変させるためではなかった。服装体系の一種の呼称としての「台湾シャツ」には、いかなる民族主義的な政治動員も歴史的な事件も未だ派生していなかったのである。日本の帝国植民地統治の五〇年がなければ、「台湾シャツ」と呼ばれることもなかっただろう。ただ、この「命名による区別」を主な効能とする「台湾シャツ」は、日本統治時代の初期や中期には政治や民族アイデンティティの服号《シンボル》にはならなかったものの、末期の「皇民化運動」の中で日本人植民者に危惧され、禁止の憂き目を見たのであった。

　ではここで、日本統治時代の台湾漢人の服装の変遷を少々振り返ってみよう。この植民史と服装史の流れの細部を回顧することによってのみ、初めて次の論述段階で、現在の「国民の新衣装」としての「台湾シャツ」の「時間的遅延」と「帝国の新衣装」としての「台湾シャツ」の「時間的圧縮」を展開できると思われるからである。日本統治時代初期（一八九五～一九一九年）の漢人の服装は清末スタイルで、男性は長袍《チャンパオ》（あわせ、または綿入れの長い中国服）・馬褂（または馬甲）を盛装とし、長衫（内にズボンを穿く）は普段着、短衫《トゥアンサン》は作業着であった[二六]。女性はブラウスとスカートの組み合わせを盛装とし、ブラウスとズボンは普段着であった。この時期、日本植民地政府の主な関心は台湾の風俗習慣の三大陋習（アヘンの吸引、男子の辮髪、女子の纏足）の矯正に向けられており、辮髪を切り、纏足を解く習俗改良運動の推進に全力を挙げていたが、「漢服」に対しては放任政策を採っていた。例えば、一九一一年に謝汝全や黄玉階らが発起人となった「断髪不改装（髪は切るが、服装は変えない）会」では、辮髪は時代の潮流に合わず、不衛生で、不便なため、即刻止める必要があると強調されたが、同時に、日本に植民地化された台湾では洋服に変える必要はないと確認されている（葉立誠『台湾服装史』p.62）。だが、この「断髪不改装」の戦略には、さらに経済的考慮という実際的な側面があった。つまり、漢族の服装の伝統習慣を守ることの他に、高級消費財であるため普及しにくいスーツの難点を避けたのである。

日本統治時代の五〇年間を通して、スーツは安いものではなく、早期はなおさらであった。一九一一年から、台湾の民間人紳士たちは続々と「断髪不改装」を唱導し、辮髪の切断とスーツの着用という、二つのシンボリックな近代化活動を切り離した。なぜなら、両者はとても仲のよい結合双生児であるものの、高価なスーツが辮髪を切りたいという願いを多少阻んだからである（陳柔縉 p.293）。

日本統治時代初期の「断辮髪」と「解纏足」運動は、満清帝国の滅亡、および日本植民地政府による習俗改良運動の貫徹と全面的な推進の成功に伴い、台湾が「立ち遅れた伝統」から「進歩的な近代」へと邁進する際の主要な「イメージ転換」となった。だが、漢族の服装は、植民地政府の放任政策と推進困難という物質的条件の下で、この植民地の隙間で生き延びたのである。

日本統治時代中期（一九一九〜一九三七年）は、日中関係が日ごとに緊迫し、台湾と中国大陸間の貿易も次第に断たれ、大陸の織物も得られず、空洞化した生地市場は第一次世界大戦後、紡織業の飛躍的発展がもたらした廉価な日本製綿布にすぐさま取って代わられ、それまでずっと漢族服を主とした台湾社会に日本風の生地とデザインが次第に増えていった。この時期、日本植民地政府は「内地延長主義」を取り、早期の「理蕃」政策を「同化」政策に変え、日本語と日本文化の学習、および漢族意識の放棄を奨励した。この「同化政策」は「近代化」と歩調を合わせて推進されたため、日本の植民地支配は台湾に二種類の「洋服」、つまり西洋服（スーツ）と東洋服（和服）を同時にもたらした。だが、当時の東洋服は西洋服より高価で希少だったため、かえってもともと費用の嵩んだ西洋服が日本の植民地モダニティと社会進化論的な進歩のイメージを代表することになったのである。(二七) ただし、この「同化」と「近代化」政策の下で、台湾の服装には一方的な西洋化現象は見られず、かといって、漢化／日本化、伝統／近代といった厳密な二項対立も現れず、多様なものを包摂する開放的スタイルが取られ、中式（長・短の中国服、シャツ・ズボン）、洋式、和式、および和風洋装が同時に併存していた。台湾本土のエリートが推進していた「新文化運動」でさえ、世界思潮の啓蒙的影響を受けて、台湾人は自分たちの前途に対し文化的な自覚が必要であると強調しつつ、服装選択の上では明確な文化的拠点を持てなかったのである。「新文化運動」のリーダーたちの集合記念写真では、漢服や洋服、日本の学生服などが同時に見られ、「伝統文化に対しては『部分否定』的な立場を取り、そのため、当時の台湾は服飾文化の発展の上では、『中式』『洋式』『中西併用』といった三種の異なるデザインを許容する空間になっていた」（葉立誠『中西服装史』p.228）。（二八）

だが、国民アイデンティティに連結可能な服装が、日本統治時代の末期（一九三七〜一九四五）に初めて登場したのである。ただし、この服装―国民の連結が現れたのは、被植民者による植民地解放運動の最中ではなく（「台湾シャツ」を「台湾」アイデンティティとする）、植民者による「皇民化運動」の最中であった（和服によって日本植民地帝国と一体化する）。換言すれば、この服装―国民の連結は、和服を「（日本）帝国主義の新衣装」とするものであっても、「台湾シャツ」を「（台湾あるいは中国の）国民の新衣装」とするものではなかったのだ。一九三七年に日中戦争が勃発すると、日本植民地政府は「皇民化運動」を積極的に推進し、台湾の漢民族と高山族を外貌や言語から生活習慣にいたるまですべて日本精神を有する皇国臣民に同化させようとし、台湾と中国文化の関連を断ち切ろうとした。「皇民化運動の目的は、すべての本島人（閩南人と客家人）に、物心両面にわたる皇民意識の養成を求めるものであった。かつて彼らは中国式の服装生活の中で、知らず知らずのうちに国民意識と感情を育んでいたが、この種の現象と皇民化運動は相容れないため、適切な指導が必要だったのである」（葉立誠『台湾服装史』p.103-104）。「皇民化運動」は服装と国民意識を連結させ、服装改革は初めて日本帝国台湾植民史の中で重要な任務となった。

そこで一九三七年、日本政府は「国民精神総動員実施要綱」を発布して、台湾人に伝統服を放棄し、中国文化の影響を脱却するよう要求し、本島婦女服装改良運動も起こしたのである。「漢人の伝統服には洋裁の要素を加えること。例えば、長衫を洋服に替え、伝統的なブラウスとスカート、ズボンを、シャツやプルオーバー式シャツなどに替える」というわけである（蘇旭珺 p.32）。また、台湾女性には改良服（洋式上着に七分丈ズボンのスーツ）や和服（高価な和服が購入できない場合は、せめて洋服とする）の着用を勧めた。(二九) この二段階の服装改革で、第一段階の重点は、漢族男女の伝統衣装を「改良」することにあり、その重点はさらにふたつあった。ひとつが「中式」の布製ボタンを布製以外の現代的なボタンに変えること、もうひとつが「中式」スタンドカラー、あるいは詰襟を洋式のフラットカラー〔洋服の襟で、形に関係なく、襟腰のない平板なものの総称〕に変えることである（この「脱中国化」の歴史的観点から今日を見直すと、呂秀蓮自らデザインした「台湾シャツ」が独立派の非難に遭遇したのは、台湾国の「国民の新衣装」とすべきものの上に依然として「中式ボタン」と「中式襟」の亡霊の影響が残っていたためであろう）。第二段階の服装改革の重点は、「服装の変更」にあり、漢族の伝統的な男女の服を捨て去り、スーツあるいは和服に変える、というものであった。日本の植民地政府はさらに一歩進めて、戦時の男女簡易服を制定し、男性用は国民服甲・乙二種で、いずれも軍服の形、女性用は短い上着にもんぺなどを組み合わせたものであった（葉立誠『台湾服装史』p.106）。

第二次大戦後、日本帝国の植民勢力は台湾から撤退を余儀なくされたが、植民地経験と近代化の潮流により、戦後台湾の男性服は伝統的な長短の上着とシャツ・ズボンのデザインを次第に放棄し、圧倒的な西洋化（近代化）現象が現れた。だが、庶民の日常生活の場では日本の服装の影響が脱植民地化のために撤退したわけではなく、洋服の仕立てから型紙製作に至るまで、また、日本のファッション雑誌から日本の洋装舶来品に至るまで、戦後台湾の「西洋化」には常に「日本式」西洋化と「アメリカ式」西洋化という異なる側面が含まれていた。前者は日本による植民地経験の影響であり、後者は六〇年代の米軍駐留の影響である。ただし、皮肉なことに、もし国家の礼服制定という側面に戻るなら、民国一八年に制定された「服制条例」をそのまま踏襲し、伝統的な中国の袍・褂をいわゆる「国民服」にしていたのである。民進党政府が政権党となった後、台湾色を備えた国家的礼服を制定するため、最初にとった行動は、この古臭くて、理不尽で、時宜にそぐわない「服制条例」を廃止することであった。内政部の担当部署は中影文化城〔中央電影公司の撮影スタジオ。観光施設として公開もされていた〕劇務部の知恵を借りて、「服制条例」に定められた袍・褂のファッションショーをかなり演劇的なスタイルで特別に挙行し、参加者に今日の台湾でこれを踏襲することのばかばかしさを直接感じてもらうことにしたのである。当時の内政部長余政憲も「高屏シャツ」を例に、国民と一体感のある台湾色を備えた服装の制定を協議し、国際的な儀礼の場で着用できるよう、文化建設委員会など関連部署に要求した。そして、この古臭くて理不尽な「服制条例」は二〇〇三年五月の立法院三読[10]で正式に廃止されたのである。

　ところが、これがすんなり廃止されたからと言って、新たな条例を制定することの困難が軽減されたわけではなかった。当時の国民服が青の袍・黒の褂であることのばかばかしさは容易に指摘できたものの、では、いったい何が台湾色と国家アイデンティティを備えた新しい国民服になるかというと、うまく提起できなかったのである。「台湾シャツ」論争は、このように極めてデリケートな歴史的時期に起こり、注目を浴び、議論を誘発したのであった。「台湾シャツ」が「青年装」や「高屏シャツ」のような手軽さと爽やかさの域に達するのはわけもなかっただろうが、「唐装、福佬装、客家シャツ、原住民族衣装の特色」を同時に備えなければならないとなると、デザイン上では不可能である。このデザイン上の不可能性は、「四合一」という族群の一大融合が我々にはできないということではなく、四大族群の政治符号《シンボル》をアピールすることは、そもそも歴史服号《シンボル》としての台湾服の発展とは根本的に異なるものなのだ。ひとつ聞いてみたいのだが、「唐装」「福佬装」と「客家シャツ」はデザインの上でどれほど大きな違いがあるのだろうか。また、「中式襟」と「中式ボタン」はこのデザインの特色と見なされるのだろうか。もし「唐装」も「客家シャツ」を指すなら、「唐装」がここで対応しているのは結局「外省人」グループなのか、それとも「客家」グループなのだろうか。結局、四大服装体系の「四合一」なのか、それとも漢族と原住民族衣装の「二合一」なのだろうか。また、原住民族衣装のデザインとモチーフの違いは何なのだろうか。「台湾シャツ」のデザイン上の不可能性というのは、美学の問題でも、技術の問題でもなく、おそらく目下の歴史解釈から国家の定位に至るまで、台湾の「共通部分のない複数の解釈可能性」の問題なのかもしれない。

しかも「台湾シャツ」は、デザイン的に不可能であるばかりか、それを実施することも不可能であった。まず、対内的な点からいうと、権威的な統治や上行下効《じょうこうかこう》〔上の者が行うと、下の者がそれを見習う〕の時代はすでに過ぎ去り、政治家が着手した「台湾シャツ」運動は、強制的に推進しようとすれば、おそらくかえって大きな反発を招いたであろう。「台湾は政治的立場が多様で、大衆もうるさい社会だが、ただでさえ呂と謝の二人が間接戦をしているのに、唐装・福佬装・客家シャツおよび原住民服を一緒にするのは至難の業ではなかっただろうか」（鄭任汶）。だが、呂秀蓮は「台湾シャツ」への片思いから、前後して自己矛盾するやりかたをとってしまう。まず、自らデザインした「台湾シャツ」で陣頭に立ち、批判と嘲笑を受けると、次は、台湾新シャツ・プロモーションの見学会を開催して、輔仁大学織物学部の教師と学生、さらに各界から応募された四八件の台湾新シャツのデザインを展示し、投票によって二〇件を将来のプロモーション用に選ぼうとしたのであった。当初の独断的な行動は、今や「公民投票」運動となり、「台湾（シャツ）」の未来は集団意識によって決定されようとしていた。彼女は、一方では今日の民主開放の時代に自主的な文化アイデンティティのスタイルで「台湾シャツ」の推進を強調し、もう一方では「台湾シャツ全民推進運動連盟」を設立して行政部門から実施していこうと訴える。「台湾シャツ」で「台湾を着る、男を着る」ことを何としても成功させたいと願ったことが、かつての人権運動・女性運動の闘士に反権威主義的な権威的行動をとらせ、反（ジェンダー）伝統的な伝統的アピールをさせたのであった。

さらに「台湾シャツ」は対外的にも実現不可能であった。「台湾シャツ」は構想から一貫してAPECを想像上の国際舞台に設定していたが、理由はほかでもなく、台湾が一九九一年に中国・香港と同時に加入して以来、APECは台湾がグローバルメディアに露出できる得難い国際舞台であり、今のところ、高級官僚と参会者を派遣できるごく限られた国際組織だからである。政治的介入はしないことで知られる経済会議のAPECは、「経済優先」という水面下で、かえって強権政治のあれやこれやの駆け引きがうごめき、例えば、中国エコノミーは台湾エコノミーに対し、数々の難癖をつけたり、攻撃、抑圧をしかけてくる。台湾の政治指導者は様々なルートを通して絶えず願望や善意を説明してきたが、今に至るまで非公式の元首会議には一度たりとも出席できていない。換言すると、台湾の政治指導者は現在に至るまで他のエコノミーの特色ある服を着ることがかなわず、今後もAPECの主宰権を勝ち取ることもできないというのに、かえって「APECの国家元首会議で台湾色のある服を着る」ために、転ばぬ先の杖のように頭を悩ませているのである。確かにそれは当面の台湾政治の潜在意識と国民の焦慮という重要な徴候のひとつの表れであろう。

ただし、「台湾シャツ」のデザイン上の不可能性はひとまず置くとして、対内的・対外的な実行上の不可能性についていうと、「台湾シャツ」の最大の難点はやはり理論上の不可能性にあるだろう。つまり、APECという国際組織を想像の座標とする「台湾シャツ」が、国家の主権的独立を強調する「国民の新衣装」であると同時に、グローバル化時代の「ポスト国家」(post-nation)の「帝国の新衣装」であることはいかに可能か、ということだ。(三〇)もし本章第二節で論証したように、グローバル化した「帝国の新衣装」がかつての「帝国主義の新衣装」と「国民の新衣装」の二項対立を解体し、「脱歴史化」と「脱政治化」のスタイルによって、グローバル・レインボーの政治ファッション・エスニック風符号《シンボル》に取って代わられるなら、当面の「台湾シャツ」論の形態は、「国民の新衣装」と「帝国の新衣装」の二合一と言えるだろう。つまり、「台湾シャツ」を「国民の新衣装」として国民アイデンティティを凝集しようとし、同時に「帝国の新衣装」として「ポスト国家」の文化的多様性を平面展示しようというわけである。その中の「国家主権」と「グローバル主権」、「国家」と「ポスト国家」、「国家主義服号《ナショナリズムシンボル》」と「政治エスニック風服号《シンボル》」に関わるあまたの矛盾は、おそらく「アナクロニズム」（anachronism）の一言では言い尽くせないだろう。

「台湾シャツ」は結局ナショナリズムの新たな衣装なのか、それともグローバル帝国の新たな衣装なのか、それはまさに、「台湾」は結局独立しているのか、まだなのか、新国家なのかポスト国家なのかという問いと同様、おそらく明確に答えることはできないだろう。「台湾シャツ」は、「グローバルな区別」の下での台湾の「国家アイデンティティ」の投影として、台湾島内に鬱積した挫折や失意、狼狽、矛盾、期待と焦慮を暴き、未だ国際舞台への登場が容認されていないというのに、すでに台湾社会や文化のデリケートな神経を相当挑発している。しかも、「台湾シャツ」と「唐装」の歴史的な紛糾は、「対等」（「台湾シャツ」すなわち「唐装」）から、「対立」（「台湾シャツ」対「唐装」）という諸々の矛盾に至り、さらに台湾の目下の「脱中国化」を「本土アイデンティティ」の潜在的矛盾や危機として展開している。だが、今まさに燃え盛る「台湾シャツ」論争は、我々に再び「帝国」における「帝国主義」の亡霊や、「ポスト国家」におけるナショナリズムの亡霊を見事に見せてくれるのである。「台湾シャツ」が強調する「魅惑国家」は、その特殊な歴史・地理・文化的な文脈によって、「時間的遅延」（日本統治時代に西洋服・東洋服と区別された「台湾シャツ」が、百年後の今日、台湾独立建国運動の国民服に投影されている）と「時間的圧縮」の矛盾（「台湾シャツ」は、かつては植民地解放の「国民の新衣装」論の形態を有し、今日はポスト国家の「帝国の新衣装」の機能を前提としているが、同時に「国民の新衣装」と「帝国の新衣装」の役割を演じ、この百年間の変遷と発展を圧縮してしまった）を出現させ、「アナクロニズム」であり、「時代的同時並置」（chronological simultaneity）でもある。「台湾シャツ」が強調する「魅惑国家」は一種の二重の二重であり、「帝国の新衣装」の上での「政治的ファッションの魅力」と

「植民史の亡霊」の衝突であり、また「国民の新衣装」の上での「新国家」と「ポスト国家」の重なり合いなのである。

二〇世紀前後の「国民の新衣装」は植民地解放・国家独立運動の興起に伴い、帝国主義という西洋化された服装と互角であろうとする政治的企図と革命的動員を明確に標榜していた。だが、二一世紀前後の「国民の新衣装」は、グローバル帝国の地域経済が整合される中で、「文化的ショーウィンドウの多様性」としての展示品に一変し、グローバル化時代の「同質化の下での異質の出現」として、「帝国の新衣装」となったのである。しかも、現在の「台湾シャツ」をめぐる政治文化論争は、「国民の新衣装」から「帝国の新衣装」に至る百年の歴史的変遷と権力の再構築に直接呼応するだけでなく、この変遷と再構築に対して重大な挑戦を提起している。つまり、「台湾シャツ」は「帝国の新衣装」と「国民の新衣装」として、同時に二重の方法で現れたのである。「台湾シャツ」の論争は、我々に「国民の新衣装」から「帝国の新衣装」に至る時間軸上のあれこれ複雑な紛糾をはっきりと見せてくれるだけでなく、「台湾シャツ」が「国民の新衣装」であると同時に「帝国の新衣装」として時間軸上に並置されているという内在的矛盾をも明確化させている。グローバル化のいかがわしさが目まぐるしく変転する、今、このとき、「台湾シャツ」が未来において「現れ」、「選ばれる」かどうかという問題には、グローバルのローカル化、ローカルのグローバル化といった変数がすでに充満していると思われ、それは、台湾という国家の微妙な位置づけに関連するだけでなく、歴史と理論的枠組みの上で「帝国の新衣装」が発展しうるダイナミズムにも関わっており、その行く末を注意深く、真剣に見守る価値はあるだろう。

本論文の初校は『台湾社会研究季刊』第六四期（二〇〇六年一二月、五七～一〇五頁）に発表された。これは行政院国家科学委員会特別計画『身体—城市』三年期計画の第一年部分の研究成果である。

引用文献

Fennell, Vera Leigh. *Just a Stitch in the Political Fabric: Gender, Labor, and Clothes in the Reform-Era China*. Ph.D.Dissertation. Illinois: U of Chicago, 2001.

"Here lies free trade, slain in anger by folks in fancy dress." *The Australian*. Nov. 25, 2004. http://www.theaustralian.news.com.au/printpage/0,5942,11487992,00.html.Accessed:2005/7/22.

Hobsbawn, Eric and Terence Ranger, eds. *The Invention of Tradition*. Cambridge: Cambridge UP,1983.

Jones, Carla and Ann Marie Leshkowich. "Introduction : The Globalization of Asia Dress : Re-Orienting Fashion or Re-Orientalizing Asia." *Re-Orienting Fashion*. Eds. Sandra Niessen, Ann Marie Leshkowich and Carla Jones. New York: Berg, 2003.1-48.

Nandy, Ashis. *The Intimate Enemy: Loss and Recovery of Self under Colonialism*. Delhi: Oxford UP, 1983.

Passavant, Paul A. and Jodi Dean, eds. *Empire's New Clothes: Reading Hardt and Negri*. New York: Routledge,2004.

Ruhlen, Rebecca N. "Korean Alterations: Nationalism, Social Consciousness, and 'Traditional' Clothing." *Re-Orienting Fashion*. Eds. Sandra Niessen, Ann Marie Leshkowich and Carla Jones. New York: Berg, 2003. 117-37.

Tarlo, Emma. *Clothing and Matters: Dress and Identity in India*. Chicago: The U of Chicago P, 1996.

Taylor, Lou. *The Study of Dress History*. Manchester: Manchester UP, 2002.

Templewood, Viscount. *Nine Troubled Years*. London: Collins, 1954.

山内智恵美『20世紀漢族服飾文化研究』西安：西北大学出版社、二〇〇一年。

王宇清『国服史学鉤沈』（上・下冊）、新荘：輔仁大学出版社、二〇〇〇年。

王東霞編著『従長袍馬褂到西装革履』成都：四川人民出版社、二〇〇二年。

「日拠時代教育制度因人而異」『中国時報』一九九五年七月二五日。

田中千代／李当岐訳『世界民俗衣装：探尋人類著装方法的智慧』北京：中国紡織出版社、二〇〇一年。（『世界の民族衣装――装い方の知恵をさぐる』平凡社、一九八五年）

安毓英、金庚栄『中国現代服装史』北京：中国軽工業出版社、一九九九年。

林語堂「西装的不合人性」『林語堂文集　第七巻　生活的芸術』北京：作家出版社、一九九五年、二四九～二五四頁。

郭丹、張佑周『客家服飾文化』福州：福建教育出版社、一九九六年。

麦克・哈徳（Michael Hardt）、安東尼奥・納格利（Antonio Negri）／韋本、李尚遠訳『帝国』台北：商周、二〇〇二年。

黄士龍『中国服装史略』上海：上海文化出版社、一九九四年。

黄能馥『中国服装史』北京：中国旅遊出版社、一九九五年。

康有為「請断髪易服改元折」『中国近代史料叢刊・戊戌変法資料II』、上海：神州国光社、二六三～二六四頁。

陳光興「『帝国』与去帝国化問題」『帝国』二三～四一頁。

陳柔縉『台湾西方文明初体験』台北：麦田、二〇〇五年。

葉立誠『中西服装史』台北：商鼎文化、二〇〇〇年。

――『台湾服装史』台北：商鼎文化、二〇〇一年。

銘志「唐装可当台湾服装」『中国時報』十五版時論広場、二〇〇三年一二月二三日。

鄭任汶「政治恋衣癖」『中国時報』四版焦点話題、二〇〇五年七月一一日。

魯迅「洋服的没落」『魯迅文集全編』北京：国際文化出版公司、一九九五年、一〇〇六頁。

蘇旭珺『台湾早期漢人伝統服飾』台北：商周編輯顧問、二〇〇〇年。


【原注】

（一）帝国主義から帝国への方向転換に対する『帝国』の分析枠組みは、欧米の特定地域の歴史文化的経験を主な参照枠組としている。陳光興は「《帝国》与去帝国化問題（『帝国』と脱帝国化の問題）」の中で、次の点を明確に指摘した。「戦後のグローバルな脱植民地運動の観点から見ると、帝国主義の帝国への転向というのは、国民国家を基地とした資本主義帝国への転向にすぎず、ヨーロッパからアメリカへの転向であり、その間にはかなり強力な連続性がある。それは形式的なロジックの転換であるが、実質的な差異はなく、欧米の近代性《モダニティ》内部の差異にすぎない。つまり、帝国主義と帝国はさほど変わらないのである」（p.33）。

（二）洋装に関するここでの歴史的議論は、第三世界の「上層社会」と知識階級に限られる。結局、一九世紀末から二〇世紀前半まで、スーツを仕立てる費用はばかにならなかったため、「下層社会」には幅広く流行しなかったためである。ここで用いる「洋装」という言葉は、広義ではスーツ・洋服と同等であるが、本稿の植民地モダニティに関する服装の議論は、国民政治の符号としての男性服の変遷に集中している。それゆえ、本稿中の「洋装」は多くの場合、西洋の男性のフォーマルなスーツ（suits）を指す。現在、第三世界の服装変遷史における帝国主義とナショナリズムの葛藤をポストコロニアルの角度から研究したものは、多くが「性別分業」による分析方法を採用している。つまり、男性はヨーロッパ近代の象徴であるスーツを着用したが、女性の多くは伝統的な服装やその他改良的なデザインを着用する傾向が見られ、それによって文化的伝承を確保したからである。当然このような簡単な二分法では、異なる国家や地域の特殊事情を処理することはできず、それが関与する複雑な時間的変化や権力の転換も処理することはできない。二〇世紀の「国民の新衣装」に関する本稿のここでの議論は、ポストコロニアルな服装に関する議論の焦点を、女性の服装（中東と北アフリカのヴェールやインドのサリー、中国のチャイナドレスなど）から男性の服装へと転換し、国民の身体イメージにおける男尊女卑を明らかにすると同時に、もう一方では脱植民地化に関わった男性の「服装の焦慮」（それは身体を持つことでもあり、また、服を着なければならないことでもあった）、および起動しうる政治―文化―心理の移転メカニズムを明らかにすることである。

（三）本稿の一九世紀末から二〇世紀にかけてのインド国民服運動の歴史描写については、主にインドの歴史学者 Emma Tarlo の著書 *Clothing Matters* の詳細な史料と整理された服飾史の流れを参照した。

（四）さらに、「ガンディー帽」の登場と流行が、カディとはまた別のインド国民服の重要な指標となった。この帽子はイギリス植民地政府が弾圧したため、かえって名が知られて注目を浴び（公務員がガンディー帽をかぶって出勤するのを禁止したばかりか、逆らったものは逮捕拘禁した）、インド独立運動の象徴的価値を大きく高めたのであった。ガンディー帽の歴史的論争については、以下を参照のこと。Tarlo, p.82-86, 96-106。

（五）ガンディーの手織木綿の腰布は、四〇〇〇年前の古代インド文明にまで遡ることができ、当初は、宗教修行の「浄衣《じょうえ》」（神事や仏参のときに用いる潔斎の服）の形状であった。一般的にヒンドゥー教の男性教徒が常用する長い腰布「ドーティ」（dhoti）は二種類に分かれる。ひとつは体に巻き付ける「巻スカート式」の長い腰布で、もうひとつは股下に挟む「下帯式」の長い腰布で、ガンディーが着用していたのは、後者である。「『ランゴーティ』（Langoti）とは、英語の loincloth, breechcloth, breechclout のことで、loin, breech は『腰』『尻』をさし、cloth、clout が『布片』を表す。元来、股の間を通すことが禁欲を表すとして、修行者の間で着用されていた。ヒンドゥ教では、裸体を『浄衣』とみなすが、縫い目のないドーティも『浄衣』である」。（田中千代 p.42）。つまり、ガンディーの手織木綿の腰布は、生地の点でローカルなアイデンティティを有していただけでなく、古い宗教的形状の点でも神聖にして犯すべからざるイメージを有していたのである。

（六）康有為の服装改革の思想は一貫しておらず、一九〇二年発表の「南北アメリカ州諸華僑に答えて中国は立憲を行いうるのみで、革命を行いえないことを論じた書簡」（日本語訳は『中国古典文学大系58　清末民国初政治評論集』平凡社収録）の中で、元々の立場を変更し、満洲式服装は改める必要はないと主張した。漢人は早くからそれを内面化し、すでに習慣化していたからであるという。この論が出るや、宋・明の伝統衣装を「祖先の既成の方法は軽々しく変えるべからず」として尊重する反満人士、章太炎らの激しい攻撃にあった（山内智恵美 p.21-22）。

（七）この時期、服装改革とシルクを保護する民族産業の間で、折衷案が出された。つまり、「服は変えても材料は変えない」、「服装は変更可、外国製は不可、中国製は廃すべからず」というものである（王東霞 p.91）。ただし、シルク（材料は変えない）でスーツを作る（服装は変える）という主張は、実践が難しかった。服装の伝統上、生地とデザインには密接な関係があり、兵を二分するような「服は変えても材料は変えない」という折衷案の推進は困難だったのである。

（八）だが、国民論における「符《シンボル》／服号」価値の浮き沈みには、ファッション商品化の影響のほか、中国知識人界のヨーロッパ文明に対する「脱呪術化」（マックス・ウェーバー）も当然含まれていた。第一次大戦がもたらした「西洋の没落」（オスヴァルト・シュペングラー）は、もともと人類文明の先進国と富強のシンボルと見なされたヨーロッパ諸国を、救世主である「生き仏」から、自分さえ守れない「泥仏」へと変えたのである。先に引用した魯迅の「洋服の没落」は、西洋文明憧憬／中国文明回帰というジレンマによる中国知識人の精神分裂が、スーツに対する曖昧な態度と、その後の長衫・馬褂への回帰にいかに具現化されたかを明瞭に描いている。「五四運動後、北京大学で校風を整えるため、制服を定めようということになり、学生の総意を問うたところ、議決されたのも、袍子と馬褂だった」（丸山昇訳）（p.1006）。

（九）伝統的な中国服は平面直裁ちで、前身ごろと後ろ身ごろを直接縫い合わせるため、平らでゆったりしている。一方、西洋の立体裁断は三次元（長さ、幅、高さ）と三位寸法（バスト・ウエスト・ヒップ）を重視し、細かい採寸計算、および大きさや形の異なる裁断片、ダーツ（dart）などのミシン技術によって、衣服は人体曲線に合い、立体的で体にフィットする。

（一〇）一九九五年大阪の首脳会議では平服を採用し、和服ではなかった。一九九七年カナダのバンクーバーでは革ジャンパー、一九九九年ニュージーランドのオークランドではウインドブレーカー、二〇〇〇年ブルネイでは、インドネシア、マレーシアと似たバティックであった。

（一一）現在のポストコロニアル・ファッション研究の中で、「オリエンタリズム」と「自己オリエンタリズム」は慣用される分析概念であるが、ここでこの概念を「帝国の新衣装」論を発展させるための主軸にしないのは、この方法がすでに想定されすぎて新味に欠けるのと、歴史および心理的側面の他、政治・経済・社会と服飾史の細部にかかわる側面（例えば、前段で強調した「文化の多様性」と「経済の単一性」の内在的衝突、あるいは下段で強調する「日常生活における遂行」と「特殊舞台におけるパフォーマンス」の断裂）を持ち込みたいからであり、それによって理論的枠組みの歴史的な厚みと複雑な多面性を押し広げたいからである。二〇〇一年上海ＡＰＥＣ首脳会議の「唐装」に関するここでの議論は、「唐装」が決して単なる「オリエンタリズム」、あるいは「自己オリエンタリズム」の産物ではないと説明すれば足りるが、それが係わる世は乱れ着衣も乱れるといった「雑種」的デザインは、「魅惑国家」など新たな理論化の試みを経る必要があり、そしてようやくその中の帝国主義史の亡霊とファッションの魅力のもつれをほどくことができるのである。

（一二）この種の服装は、中国では「中西式上着」と呼ばれている。歴史的な各段階のスタイルの変遷については、安毓英・金庚栄『中国現代服装史』（p.77-78）を参照のこと。

（一三）本文中で使用する「国民服」は、伝統的な中国語文脈における「王朝を変え、服装制度も変え」るといった「国民服」ではない。前者が強調しているのは、近現代の脱植民地国民国家の勃興であり、後者が強調するのは、数年来の中華文化の道統〔儒学伝統の系統〕が王朝交代時に服装体系を変更することである。前者はまた帝国主義の新衣装と区別し、後者は前朝廷の服装と区別をはかっている。

（一四）テイラーが率直にいうように、イギリス人にとって、「イギリス性」を代表できる「国民服」はない。ただ、スコットランドのウールや王室英兵隊の衣装などを観光の目玉や記念品として販売促進をしたり、サッカーファンのようにイギリス国旗を直接身にまとって国民服にするしかないのである。

（一五）かつて中国の「国民の新衣装」であった中山服は、現在ももちろんファッション化・流行符合化の新たな衝撃に直面している。国際的な流行となったレトロブームとエスニックブームの影響で、「八〇年代初頭、西洋のアパレル業界に相次いで平底靴と中山服の『オリエンタル・ブーム』が起き、九〇年代初頭には、上海のアパレル業界が『フィフティー新風』を世に問うて、中山服の中から新たに美的インスピレーションを得たのと同様であろう」（安毓英・金庚栄p.44）。政治符合と歴史記憶に満ちた中山服にとって、「脱政治化」できるかどうかは一大問題であるが、忘れてならないのは、中山服のファッションの魅力としての起点が、一貫して西洋ファッション界の「赤色中国」（毛装）に対する政治符合の流用から来ている点である。つまり、西洋ファッション界が「赤色中国」に注目しなければ、中山服は注目されないということである。

（一六）以下を参照のこと。http://www.theaustralian.news.com.au/printpage/0,5942,11487992.00.html〔現在、アクセス不能〕

（一七）この種の「ファッションショー」が誘発するエピソードや茶番はことかかない。APECの「ファッションショー」を真似たヨーロッパ貿易部長のトップ会議でも、ドイツの貿易部長が主催国デンマークの用意した「民族衣装」の着用を拒み、憮然として退席し、帰国を早めたことがあった（"Here lies free trade"）。服装に対するこの種の過度の反応は机上の不満の延長であろうとなかろうと、また、かつての帝国主義大本営たるヨーロッパと今日のEUに内在する矛盾や衝突であろうとなかろうと、この「民族衣装」が引き起こす意外な爆発は、依然として各国の民族主義とグローバル帝国の緊張関係が、完全に平面化されてグローバル帝国のレインボースペクトルの多様性を展示し、ショー化するまでにはいたっていないことを暴露している。

（一八）二〇〇五年の国家元首会議を準備するため、韓国政府は韓国文化を最も代表しうる「伝統衣装」を「評議・選出」する関連活動を積極的に展開した。韓国の「国民服」に関する論争は、Ruhlenの文章を参照のこと。

（一九）フィリピンの植民統治史からいうと、一九九六年のスービックのAPECは、かつてのスペイン人植民者が現場にいない（APECのエコノミー会員ではない）とはいえ、アメリカ帝国植民地主義という兄貴分が全日程に参加していた。その皮肉な意義は言うまでもない。

（二〇）もうひとつ別の解釈の可能性は、一九世紀の明治維新以来、「西洋化」に全面的に専心してきた日本にとって、「スーツ」はすでに日本の近代的国民服のひとつになっている、ということだ。しかも、「和服」は「インフォーマル」な「国民服」ではなく、洋装よりもさらに「フォーマル」であるため、国際的な場でカジュアルな服装や軽装という二次的な位置づけに甘んじることはできないのである。「神聖」な和服は、他国の人が着たければ着ていいようなものではないのだ。大阪の

APEC閉会時の記念撮影では、一般的なカジュアルウェアや軽装が採用されたため、日本の大東亜帝国主義の「歴史の亡霊」に気まずい局面を造成されないですんだが（エコノミー会員の中には和服の着用を拒むものが出てきたかもしれない）、同時に、主催国日本の文化的尊厳を維持することもできたのである。

（二二）二〇〇一年高雄市長の謝長廷、高雄県長の余政憲、および屏東県長の蘇嘉全が協力して「高屏シャツ」を打ち出し、これら三カ所の地方行政機関が積極的に推進した。このシャツはもっぱら台湾南部の酷暑用にデザインされ、さわやかな素材に半袖・開襟を用い、不便なスーツにネクタイの代わりとされた。また、実用性を考慮しただけでなく、「高屏シャツ」には政治的「符／服号《シンボル》」性もかなり明確で、民進党が政権を握る台湾南部の二県一市の「生活共同体」の象徴となった。しかも、二〇〇五年に謝長廷が行政院長に就任すると、「高屏シャツ」で行政院院会に正式に登場し、これを全国公務員の夏季の服装として推進すると発表したのである。ここには、台湾南部の執政経験を「生かして中央入り」を図ろうとした意図のほか、時期的には日本の首相小泉純一郎が沖縄の「かりゆしウェア」で公の場に登場し、日本の公務員に、夏季はスーツではなく、クールビズで出勤するようアピールしたことに直接呼応している。さらに、「高屏シャツ」の登場は、国民党政権時代の「青年装」にも直接対応していた。一九七二年、中華文化復興総会は国民服改善会議を何度も召集し、スーツが現在台湾男性のフォーマルウェア（特に外交官は国際規定を遵守すべき）であるものの、台湾の酷暑には必ずしも適さないと指摘し、スーツに代わる夏季の服装を制定すべきであると決議したのである（王宇清 p.46）。手軽で涼しい「青年装」がこうして誕生したのは、当時の政治家と密接な関係がある。一九七〇年代中期、蒋経国の推進により、「青年装」は男性公務員の代表的服装となり、開襟に上下左右の四つの大きなオープンポケット、ジャケットとシャツが一体化したデザインは、さわやかな上に便利で、スーツにシャツ、ネクタイといった煩雑さを簡略化していた。「青年装」は政治家のリードで、政府機関が制服予算を組み、順調に全国の上級から下級までの公的機関の男性用制服になり、革新的な服装の新たなシンボルになったのである（葉立誠『台湾服装史』p.184-186）。だが、七〇年代に全盛だった「青年装」は、八〇年代末には勢いを失ってしまう。「ポスト蒋経国時代」の国民党政府官僚にとって、青年装は手軽でさわやかとはいえ、国民党強権統治時代の色彩、ひいては戒厳令時代の軍隊・警察・党員のネガティブな連想に満ちていたのだ。そこで、李登輝や連戦が農村に赴き、親しさを強調して正式なスーツを着用しない場合、青年装ではなく、涼しく通気性のあるパナマシャツや南洋シャツを着るようになった。さらに、民進党執政期に、青年装は完全に姿を消し、高位高官だけでなく、一般公務員ももはや着用しなくなり、「高屏シャツ」が出てきてようやく、「青年装」に代わる台湾南部の公的機関の新たな男性制服になったのである。だが、これが強調するのは、手軽で涼しい「高屏シャツ」も、「北上」の過程で徹底的に政治符合化され、「台湾新シャツ」の雛形になったということである。

(二二) ここには当然、もう一つ表面には現れない性解放の側面が含まれている。呂秀蓮が強調するように、三〇年前彼女は、女性がハイヒールを脱ぐ性解放運動を進めていたが、今の「台湾シャツ」は男性がスーツとネクタイをやめる、もうひとつ別の、新たな性解放運動なのである。だが、このジェンダー解放の側面は、後に呂秀蓮が宣伝コピーで「台湾を着る、男を着る」と強調したため、水泡に帰した。台湾シャツは生地やデザインの点で女性化の連想（過度の柔らかさ、過度の薄さ、肩パットなし、上着なし、ネクタイなし、裾はズボンの中に入れず、ベルトは締めず、飾りボタン、襟ぐり・袖口に花の刺繍など）をもたらす可能性があったため、かえって「男性的気概」を強調し、アピールすることになったのである。第一のレベルでは、スーツの着用は男性の気概を演出するが、台湾シャツでもそれができるというもの（さらに脱構築的な読解では、男性の気概はスーツで「構築」できるが、同様に台湾シャツでもできる）。第二のレベルでは、台湾シャツを着て「台湾人になってこそ」男の中の男であることを暗示し、生地とデザイン上に女性的な連想の溢れる「台湾シャツ」も、「国民論」という援護があれば「男性化」されるというものであった。

(二三) 中華人民共和国の歴史にも、女性が着手し、リードした国民服運動が登場したことがあるが、当時もダブルスタンダードのジェンダー越境にすぎなかった。それは、江青が発動した女性服運動である。一九七五年前後、天津を中国政府の服装試験都市に据え、江青に率いられたデザイナーの手になる女性用ワンピースが推進されたのであった。「この種の新しいワンピースは、民族衣装の伝統を大いに広めたといわれている。それは宋代の服装をモデル」にし、（黄能馥 p.387）、後に「江青スカート」と呼ばれた。ただし、文革の終息にともない、この女性用「国民服」運動も失敗に終わった。

(二四) 台独支持の原理主義者にとって、呂秀蓮が二度の総統選挙で着用した「水蓮装」はすでにかなり疑わしいものに見えた。この選挙戦の「戦闘服」は「政治的に正しい」「水」（陳水扁）と「蓮」（呂秀蓮）の図案に若草色の色彩であったが、同時に「中国イメージ」の古典的飾りボタンと斜めの開襟といったデザインの細部が「政治的に正しくなく」採用されたのである。ただし、「水蓮装」に深いプライドを抱く呂秀蓮は、自らテレビのショッピングチャンネルで「水蓮装」や「水蓮傘」、「水蓮ネクタイ」など政治関連商品をセールスした。それは、政治アイデンティティの符号《シンボル》としての、かつての陳水扁の「ベレー帽」（「ベレー帽」は中国語では「扁帽」。陳水扁が台北市長選のとき、選挙グッズとして「扁帽」シリーズを商品化し、売り出した）の商品操作の盛況には及ばなかったものの、九〇年代に起きた台湾政界の「服装の政治操作、政治の商品操作」の傾向を顕在化させるのに成功した。

（二五）前述のように、「唐装」の命名自体、文化的他者による観察眼的位置を前提とし、西洋人から見た中国服を広く指している。ただし、「唐装」にも別の解釈と定義があり、特に客家の服装を指すことがある。「男性の前開きの短いシャツは俗に唐装シャツと呼ばれ、客家の男性が労働時や家の中、外出活動の際、最も常用する服装である」。着丈が中くらい、または長めの前開きシャツは俗に唐装上着と呼ばれ、スタイルは丈の短いシャツとほぼ同様だが、色は青、灰色、黒の数種に限られている（郭丹、張佑周 p.16-17）。呂秀蓮が初めて国策顧問をファッションショーに出演させたとき、「台湾シャツ」が「唐装」に酷似していると批判されたが、彼女は諦めずに再度民進党籍の立法委員をショーに出演させ、専門家がデザインした多種多様の「台湾シャツ」を披露した。招待に応じた行政院長謝長廷は、故意に「客家シャツ」で出席し、暗に違いを見せつけた。ただし、服装史の発展と命名の点からいうと、この政治舞台上の「台湾シャツ」と「客家シャツ」の対決は、やはり「台湾シャツ」と「唐装」の対決にもなりえたのである。ただ、このときの「唐装（シャツ）」が指していたのは、やはり「客家シャツ」であった。換言すると、伝統的な定義による「台湾シャツ」、「唐装」、「客家シャツ」はデザインの点では大同小異だが、目下の政治命名運動の中で曖昧で雑多な論争を多数引き起こした。

（二六）厳密にいうと、ここでいう「漢服」は「満服」のことである。満洲族による清朝統治期、「男は従い、女は従わず」といわれたように、漢族の女性は依然として明代の服装の伝統を守り、満族女性の服装とは一線を画すことができたが、漢族男性には服装改革や辮髪が全面的に要求された。

（二七）「和服」が普及しなかったのは、仕立代がかかるためだけでなく、日本植民地政府が漢服を野放しにし、（西）洋服を奨励したのと同時に、「和服」を植民／被植民、高貴／普通といった社会階層の服装境界区分として、維持しようとしたためである。日本統治末期の「皇民化運動」は植民者の衣装である「和服」の境界を部分的にゆるめ、「国語家庭」に和服の着用と日本語使用を奨励したが、やはり植民者は台湾人が和服を着ることに、潜在的な焦慮を隠すことができなかった。例えば、当時台湾の日本人小学校では「共学制」を推進し、台湾人「共学生」に和服の制服で登校を許したが、後に洋式制服に改め、日本人生徒にだけ和服での登校を継続させたのである。だが、台湾人生徒は台湾シャツでの登校を許されなかったばかりか、台湾シャツで街を歩くことさえできなかった（「日拠時代教育制度因人而異（日本時代の教育制度は人によって異なる）」）。この時期、（西）洋服によって、日本の植民地主義が和服を尊しとするのは避けられたが、逆にまた、それは漢服（台湾シャツ）を見下すときの第三の道となり、日本による植民地モダニティの正統性を象徴し、中国民族主義の残余とも（部分的に）一線を画すことになった。

（二八）黄周曾は当時「新文化運動」の機関紙『台湾民報』に発表した文章「換新衣裳」で、新時代の到来を指摘し、思想改造は古い衣を新しい衣に変えるようなものだと述べている。すなわち、「現代に生まれた者は、社会進化の事実を決して拒絶したり否定したりできない。だが、頭の古い人々は旧制度の墨守を理想とし、典型は美徳であると盲信し、伝統的な旧慣を絶対的な真理であると誤認している。この種の迷信は根本的に改革しなければならない。あれら守旧派が着ているのは古い服であり、彼らにだけ似合うのである。我々新時代に生きる者には、おのずと着るべき新たな服があり、わざわざ古いものを着る必要などないだろう」という（葉立誠『台湾服装史』p.78）。この興味深い引用文の中で、「衣服」は完全的に隠喩として使われており、思想改革と服装改革の間にはどのような連結も影響も起こらないものとされている。この種の論述スタイルからおそらく間接的に解釈できるのは、なぜ「新文化運動」のリーダーたちが日本式や洋式衣装を故意に排斥せず、だからといって、なぜ「台湾服」を文化や民族アイデンティティの位置にまで教条化しなかったのか、という点である。

（二九）ここでいう長衫は、一九三〇年代に台湾の知識人女性が中国大陸の影響を受けて着ていたチャイナドレスを指す。このチャイナドレスの流行は、台湾の伝統的な漢人女性のブラウスとスカート、またはブラウスとズボンに比べ、日本の植民地政府にとって、より憂慮すべきものであった。台湾と中国大陸の「現段階」の密接な関係の視覚的象徴とされていたからである。

（三〇）台湾の post-nation の翻訳は、規定通りの「後国家」のほか、むしろ、post を「破」〔中国語の発音は pò〕とする、より潑剌として、遊び心もある挑戦的な「音訳」の方が流行っている。

【訳注】

〔1〕中国語には「披著羊皮的狼」という表現があるが、出典は『イソップ寓話』の他、『聖書』にも見られ、親切そうにふるまっているが、内心ではよからぬことを考えている人物のこと。

〔2〕原文にはMotilal Nehru（モーティーラール・ネルー、一八六一～一九三一）の名が挙げられているが、実際、初代首相はその息子、ジャワハルラール・ネルー（Jawaharlal Nehru、一八八九～一九六四）である。

〔3〕訳は、『魯迅全集』第七巻（学習研究社、昭和六一年五月）より、丸山昇「洋服の没落」を引用した。同書の注によると、樊山老人とは、清末の文人樊増祥（一八四六～一九三一）で、号は樊山、湖北省恩施の人。

〔4〕孫文は、一八九五年一〇月二六日、広州で武装蜂起に失敗し、日本に亡命する。一一月一二日、香港経由で神戸に向かった後、横浜に移って興中会分会を組織し、一八九六年一月に「断髪改装」した。参照：張家鳳『中山先生与国際人士（上）』（秀威資訊、二〇一〇年七月、六頁）。

〔5〕日本語訳は、アントニオ・ネグリ、マイケル・ハート著、水嶋一憲、酒井隆史、浜邦彦、吉田俊実訳『〈帝国〉グローバル化の世界秩序とマルチチュードの可能性』（前掲第三章原注（二））から引用した。

〔6〕「民俗衣装」と「民族衣装」の関係についていうと、「民俗衣装」は、人々がその土地の風土・資源・生活に密着した工夫の上に立って、自ら生み出した服で、各地方に残った民族の伝統を引き継いだものも多い。「民族衣装」はある民族特有の服だが、民族は様々な原因・契機で移動することがあり、自然環境の変化や戦争による征服・被征服など社会構造の変化のため、純粋に民族的な服の着用が困難になることがある。民族文化が純粋性を失いながら風俗化し、独自の発展を遂げ、社会に広まる過程で民俗衣装が生まれる一方、ある民族が他民族に征服されても、衣装は残り、民族衣装の存在が保たれる場合もある。参照：田中千代『世界の民俗衣装』（前掲書）二七～二八頁。

〔7〕「族群」とはethnic groupの訳語。台湾には外省人・閩南人・客家人・原住民族の「四大族群」があると言われ、「四合一」とは、四大族群の融合を意味する。「四大族群」という分類は、一九九三年に民進党の立法委員である葉菊蘭と林濁水によって提示されたものである。詳細は本台湾学術文化研究叢書、王甫昌著、松葉隼・洪郁如訳、『族群　現代台湾のエスニック・イマジネーション』（東方書店、二〇一四年一一月）を参照のこと。

〔8〕「福佬」とは福建人のことで、福建省から台湾に移民してきたエスニック・グループを指す。「閩南人」とも呼ばれる。

〔9〕原文は「台湾衫」。日本統治時代、日本人からは「台湾服」と呼ばれていたが、本稿では戦後の「台湾シャツ」〔台湾衫〕との整合性を考え、「台湾シャツ」と訳す。

〔10〕「三読」は、台湾立法院の立法の過程のひとつ。台湾立法院の公式サイトによると、立法の順序は以下のとおり。

「提案」はまず議事運営委員会に送られ、議事日程が決められます。政府機関または立法委員が提出した法律案は、タイトルが読み上げられ「一読」を完了した後、即委員会に渡され審査するか若しくは「二読」に移されます。委員が提出したその他の議案は、本会議の討論を経て、委員会による審査、或いは「二読」の実施、もしくは審議しないとなります。委員会による議案の審議は、規定により公聴会の開催が義務づけられます。論議を呼ぶ議案などは、各党派議員団による協議を通し、意見をまとめることもできます。議案の「二読」で、審議の結果は通過、或いは再審査或いは撤回或いは取り消しとなります。

法律案や予算案に限り、「三読」の議決が義務づけられており、「三読会」では議案内容が抵触、或いは憲法やその他の法律に抵触している場合を除き、文字修正のみが行なわれ、三読を完了した法案は、総統に公布を要請し、行政院に送付され処理されます。

行政院は立法院が議決した法律案、予算案、条約案の実施が難しいと判断した場合、総統の許可を経て立法院による再審議を求めることができ、半数以上の委員が元案維持を議決した場合、行政院院長はこれを受け入れなければなりません。

http://www.ly.gov.tw/jp/01_introduce/introView.action?id=9

◉第五章　私たちはみんな台湾人みたい

台客《タイクー》が言葉や族群の限定をもう超えたってことは、おれが認めるところだ。おまえがそうか、おれがそうか、じゃなくて、誰がそうかなんて、はっきりわかんないほうがいい。境界線はあいまいなほどいいんだ。ある日出かけてって、「ハイ！　ニューヨーカー」、「港仔《ホンコン野郎》」、「北京哥們《アニキ》」、「上海公子《王子》」っていうなら、じゃあ、おれたちは「台客」さ。

伍佰〔1〕『call me 台客！』

台湾を例にすると、その歴史がひとつの植民史というなら、台湾文化はこれまでずっと文化のごった煮であり、「トランス文化」は台湾文化の特徴、「トランス言語」は台湾言語の特質であった。それゆえ、植民地本位的な幻想を除去すると同時に、我々は「植民地化以前の汚されていない土地と言語への回帰」という幻想も除去しなければならない。「純粋」な郷土や「純粋」な台湾本土の文化・言語など事実上存在したことはないのだ。……同様に、いわゆる「台湾の本質」が指すのも、単に中国語テクスト本位主義を拒むひとつの立場にすぎず、実際には、台湾の被植民経験の内に含まれるあらゆる異なる文化の異質なるもの（difference）の総体に等しいのである。

邱貴芬「発見台湾」

「台客《タイクー》現象」というのは、ここ数年、台湾社会の文化的領域のなかで最もホットな話題であり、服装や言葉づかい、立ち居振る舞い、レジャーから音楽のスタイルまで、その生き生きとして多様な表現は、映画やテレビ、バラエティ、芸術・文化活動、商品の販売、政党政治など、様々な言説領域にまたがっている。だが、それが展開する「言語／身体的多様性」〔2〕が生み出すあまりに旺盛なパワーは、それぞれの身勝手な議論に留まらず、様々な権力や欲望、表象と解釈のメカニズムの対立、複雑なもつれあいなどに係わっている。この「言語／身体的多様性」の背後には、メディアの少なからぬ宣伝戦略と商品消費を操作した痕跡がうかがえ、それが煽った話題性も特定の短期的な時空に限られているが、「台客現象」が誘発した権力の分配と潜在意識的な欲望は、最良の切り口となって我々の観察する台湾最新の文化アイデンティティ論に変更や修正を加えるのである。

ただし、誰を以て「台客《タイクー》」というのだろう。「台客《タイクー》」とは誰のことなのだろう。「台客現象」をめぐる諸説紛々は、「台客」という言葉の語源考証が果てしなく蔓延、拡張した点——五〇年代に外省掛《がいしょうけい》〔3〕の軍人村子弟が本省掛《ほんしょうけい》青年につけた呼称から、七〇年代の観光開放後の台湾旅客の略称に至るまで、あるいは、「いなかっぺ」に対する都市と農村、階級差による侮辱から、龐客《パンク》・頂客《ディンクス》・嘻哈客《ヒップホップ》などサブカルチャー流行用語の表現に至るまで——に見られるだけでなく、さらにいうと、「台客」に定論がないために誘発された様々な社会心理的焦慮と文化解釈の衝突にも見られる。(一)まず、振り返ってみたいのは、この複数の心理的焦慮と複雑な文化解釈の錯綜から出てきた三大矛盾である。第一の矛盾は、「台客現象」の呈している「正名」と「汚名」の弁証法である。「台客ルネッサンス」論の文化的支持者は、一致団結して「奇観化された他者」であったかつての「台客」を、台湾ローカル・アイデンティティの肯定としての今日の「台客」へと転化しようとし、俗っぽく、ダサくて、レベルの低い「台」〔「台湾的なダサさ」を意味する形容詞〕を、ロマンティックでエネルギッシュで誇り高く、ダサいけれど元気で、「台」であるからこそ美しいという「台」へと変身させ、ネガティブをポジティブに、嘲笑を賛美に変えようとした。だがもう一方で、こうした行為は政治団体の強力な攻撃を誘発し、これこそ「皮相な自虐」にほかならず、歴史の傷口に塩を塗るものであり、「台客」にこめられたエスニック・グループと階級差別を完全に軽視しているとの非難を浴びたのである。「反転」によって「脱汚名化」を図ろうとした前者の文化的企図は、かえって後者により「再汚名化」というフラッシュバックを招いてしまったのだ。(一)

第二は、「台客現象」が「抽象」と「具体」という矛盾を露呈したことである。「台客などいたためしはない」という人もいるのだが、彼らによると、「台客現象」をめぐるあらゆる報道とメディア表現は、文化経済によって操作されたものであり、「台客」というのは様々な言説から解釈されたヴァーチャルな想像上の「集団」のことで、決して境界線が明確に引かれ、特定の客観的条件を指摘できるような既存の社会集団ではないという（例えば、労働者階級やブルジョアのような）（李明璁、鄭凱同）。もう一方で、「台客などいたためしはない」というのは、社会学と人類学のフィールド調査が欠けているからだという人たちもいて、彼らは、今回の「歴史的な声」が北部中産階級の文化エリートによる代弁活動であり、「台客」の主体的な身体と声は出てきていない、と見ていた。それゆえ、「台客現象」の大騒ぎは弱小グループとしての「台客」（例えば、中南部の労働者階級の青年文化には地域／階級／世代上の周縁的な弱者があふれている）が自ら語り、自ら力をつけ、自ら名づけたりすることの助けにはなっていない、というのだ。前者の言う「台客などいたためしはない」は、すなわち象徴記号の争奪戦を意味し、テクストの自己増殖による経済生産のことだが、後者にとってのそれは、社会的な弱小グループは輪郭がぼんやりとしており、自分たちの身体と声を表に出せないということなのである。

第三に、「台客現象」はさらに「特殊」と「普遍」の矛盾をも露呈した。「台客などいたためしはない」との批判と同時に、「台客はどこにでもいる」という拡張や増殖もまた出てきたのである。「台客現象」のうち「台客」の身分を線引きするために生まれてきた複雑な描写は、おおよそ二項対立やより多様な区別、あるいは様々な「特殊」分類の方法で展開された。例えば、新／旧台客、真／偽台客、土／洋台客、優性台客／劣性台客、南部台客／北部台客、郷土型台客／都会型台客、文化台客／政治台客／バラエティー台客／美学台客、さらに香港式台客／外省台客／ＡＢＣ〔American-Born Chinese〕台客などである。つまり一方では、時間的・地域的・対内的・対外的区別といった異なる方法により、細分化された命名権の分配を展開しようとし、もう一方では絶えず区別し、絶えず名づけ、絶えず呼びかける過程で、「台客連続体」（TK continuum）あるいは「台客共和国」（the Republic of TK）といった幻影が生まれ、「誰が台客か」という特殊性の確認から、「誰が台客ではないのか」という全体的な包括にまで拡張されていった(三)。

これらの幾重にも重なり合う矛盾は、言語行動記号としての「台客」の不確定性を指すだけなく、「台客」が感情記憶の強大なエネルギーとして、異なる省籍・階級・世代間のそれぞれ一様でない感覚構造に微妙な影響を与えていることを顕在化させた。現在まさに拡大を続け、台湾の様々な文化論を絶えず巻き込みながら、どこか底の浅い商業的な宣伝や一時のあだ花にも見える「台客現象」に対し、本稿が介入するのは、針小棒大な扱いをしたり、錦上に花を添えて野次馬的に楽しもうとするのではなく、この現象が我々に供してくれた歴史的ダイナミズムを探り、理論概念を再考するチャンスを深く感じ取るためである。「台客現象」の豊かな面白さは、まさにそれが言語から感情、身なりからイデオロギー、日常生活から国民アイデンティティに至るまでのとてつもなく広大な局面に影響を及ぼしている点にあるのだ。しかもその影響力は、二一世紀に台湾がアイデンティティ論を構築する上での困難と解決を新たに叙述したり、グローバル消費時代の国民論の可能性と不可能性を改めて論じたりする際に、遺憾なく発揮されるのである。

それゆえ、この「言語／身体的に多様」な「台客現象」を前にして、本章が採る介入のスタイルと切り口の角度は、「台客現象」の再現やメタ分析に重点を置くことではなく、むしろ既存の「台客」論の設問方法を変えようとすることにある。それは、「台客って誰？」という質問から、「台客って誰みたい？」への転換である。既存の関連言説についていうと、「正名」／「汚名」であれ、「台客などいたためしはない」／「台客はどこにでもいる」といった諸矛盾であれ、「台客って誰?」という問いは一貫して何よりも答えを必要としながら、答えることのできない中心的テーマであった。だが、この「台客って誰?」という問いは、主体の身分やサブカルチャーのアイデンティティ、族群意識などの識別を前提とし、このアイデンティティが空間(対外的／対内的)、あるいは時間(過去／現在)のダイナミックな区分の上に構築されるのであれ、このアイデンティティという前提が指すのは最終的には「他者／自己」の明確な区別である。一方、「台客って誰みたい?」という問いは、グローバル／ローカル、自己／他者、主／客が相互に衝突するなかで、「台客現象」を二一世紀のグローバルなローカル文化現象の可能性として思考することである。「台客って誰?」という問いは存在論を前提とし、「他者／自己」の差異区分と相互構築を際立たせるが、「台客って誰みたい?」の方は認識論の膠着した局面であり、現象の流動と内外・真偽の分かちがたさや新旧の捨てがたさといった「イメージ衝突」(image crash)に満ちているのだ。

ここで「台客って誰みたい?」という新たな問いの背後に設定されたオリジナルな理論概念「似不像」について、より詳しく説明する必要があるだろう。(四) 中国語の「四不像」の典故は、「頭は鹿、尾は驢馬、蹄は牛、背中は駱駝」という「駄鹿」だが、古くは「麈」と呼ばれ、その後、どこもみな似ていない、あるいは得体が知れない人物や事物を広く指すようになった。ただし、同音で一字違いの「似不像」は、「似」の持つ曖昧模糊や衝突する力によって、「四不像」の前提である明確に識別できる独立・閉鎖した単位(鹿、驢馬、牛、駱駝)を揺るがして混淆し、「四不像」がこの独立・閉鎖した単位に依拠して生み出す「結合概念」(鹿の頭に驢馬の尾を加え、牛の蹄と駱駝の背中を足したのが駄鹿である)に挑むのである。(五) しかも、本稿の「似不像」の同中に異あり、異中に同ありというのは、独立・閉鎖した単位と「組み合わせの概念」から来るのではなく、グローバル化した流動的「イメージ衝突」およびこの「イメージ衝突」がおそらく影響を与えるであろう「イメージの弁証法」(the dialectics of images)に由来する。「似不像」の似て非なるもの、似ているようで似ていないものは、グローバル化の「再地引用」(re-cite and re-site)であるポストコロニアル的文化現象であり、そこには「擬像」(simulacrum)の幻像も見られれば、「模擬」(mimicry)の矛盾もあり、さらに「雑種」(hybridity)と「実践」(performativity)の重複と転換も見られるのだ。

しかもより重要なのは、「台客って誰?」〔台客是誰?〕から「台客って誰みたい?」〔台客似誰?〕への問いの転換が、中国語の「是 shi」と「似 si」の発音上の横すべり〔「似」は「標準的ではない」台湾語発音の「是」に似ている〕を際立たせたことである。それによって、「似不像」の理論概念は、「台客現象」というテクストの流れが展開する中で、「視覚イメージ」と「聴覚イメージ」の間で起こりうる断裂の側面、およびこの断裂が暴いてしまう文化資本の差異とハビトゥス〔その階級における特有の習慣、行動様式〕の固定化を増加させたのであった。トランスカルチャーがローカルな場で引用され、定着するといった「再地引用」の過程で誘発される「似不像」は、同時にローカルな歴史的傷跡と植民地経験の「フラッシュバック」を誘発し、それによって「似不像」はグローバルなローカル化という「イメージ衝突」の上に、さらにもうひとつ重ねて、ポストコロニアル文化の潜在意識にある私の家のようで家でないという「怪しさ」(the uncanny)を反映させるのである。

以下では、「似不像」の理論概念から出発し、「台客って誰みたい?」という問いによって、「台客現象」の当面の錯綜や混乱、散漫な議論の現状に改めて切り込んでいく。全章は四つの部分に分かれ、第一節では、「台客」と「ヒップホッパー」[4]の「似不像」を扱い、「ヒップホップ台《タイ》」ファッションのカラフル、カジュアル、コラージュ、レトロなスタイルを分析し、グローバルに一世を風靡したヒップホップ文化をいかに「再地引用」したかを探りたい。第二節では、台湾国民論に対する「ヒップホップ台」の潜在的転覆力を扱い、同時に九〇年代の「偽台湾人」論と現在の「真台客」論の違いを分析する。第三節では、「台妹《タイメイ》」と「辣妹《ラーメイ》」の「似不像」を扱い、一方では「台客」論の男性中心主義とファロス・イメージを明確化し、もう一方では「台妹」イメージの構築過程で歴史を超え

（transhistorical）、国民を超え（transnational）、文化を超え（transcultural）たファッションの経路《ルート》を整理する。第四節では、議論の焦点を視覚イメージの衝突と越境経路から、聴覚イメージの断絶と歴史的傷跡のフラッシュバックへと転換させ、「似不像」が時空の転換過程で誘発する時間的遅延と地域落差がいかにして「郷に入っては郷に従え」的な「再地引用」を、同時に文化的辺境性の「四不像」のシンボルに下落させるのかを考察したい。

一、「台客」と「ヒップホッパー」の「似不像」

現在、「言語／身体的に多様」な「台客」論が生産される過程で、人々が最も夢中になっているのは、なんといっても多種多様でバラエティーに富んだ「台客」の識別法を提供することであり、音楽のスタイル、レジャー活動、交通手段から生活習慣に至るまで、帰納的な方法で「台客」の全体的な生活形態やスタイルを列挙しようとしている。中でも「ファッション」は「台客」を外見から識別する上で最も重要な項目である。ただし「台客」は、語の定義がひとつにまとまらないのと同様、ファッションの特徴についても諸説紛々で、白い下着や花柄シャツに白いサンダルを組み合わせてはじめて、十分「台」だという人もいれば、ポロシャツにバギーパンツ〔だぶだぶのズボン〕、ゴールドのネックレスでなければ、という人もいるし、洗えるシルク〔washable silk〕のシャツにだぶだぶのラッパズボン、金メッキのドラゴン・ヘッド革ベルトだという人もいる。本節では、ファッションによる「台客」の外見識別を議論の出発点とするが、分析のポイントは台客ファッションの特色の最大公約数を帰納と整理によって見つけることではなく、「伝統台」／「業務台」／「流氓《チンピラ》台」／「廟会台」〔「廟会」は廟の縁日の意〕／「運動《スポーツ》台」〔5〕など、タイプごとのファッションに分類することでもなく、あまたの「台客」論に繰り返し登場する「ヒップホップ台」に焦点を置くことにする。換言すると、ここでの分析は「台客」の食・衣・住・行・育・楽

〔孫文が唱えた生活に必要な六つの要素〕など、多数の側面を概括するのではなく、ただファッションに焦点を合わせ、しかも、異なる地域・職業・階級・世代ごとの身なりを概括するのでもなく、「ヒップホップ台」の外見の描写とファッションの特徴にのみ集中したい。

圧倒的大多数の「台客」の描写にすべて見られるのは、⑴「ヒップホップ台」は「台客」ファッションの一種のサブ・ジャンルである、⑵「ヒップホップ台」は「台客」ファッションの基本アイテムである、という言い方である。第一の観点からいうと、「ヒップホップ版台客」は「廟会版台客」など他の「台客」とは異なり、そのファッションの特色は「偽造有名ブランドのスケボーファッション、スケボーパンツ（カラーの下着を露出するバギーパンツ）、スケボーシューズ（黒の革靴をスケボーパンツに合わせることもある）に、指や首には必ずシルバーのアクセサリー（ドクロのリングや十字架のような）が必須」という（呉瓊枝、葉虹霊）[六]。第二の観点については、ヒップホップ・ファッションは「台客」の必須アイテムだが、さらに台客とはこのようなものだといった「描写的」(descriptive) な叙述から、台客はこうすべきだといった「規範的」(prescriptive) な叙述へと転換しており、「台客ファッションのエッセンスを摑みたいなら、以下のいくつかの要件を必ず覚えておかなければならない。一、服装の配色の大胆な衝突。二、ネックレスはゴールドではなく、シルバー。三、バギーパンツを穿くときはカラーの下着を露出させる。四、必ず髪を染め、金色かオレンジ色が最も台客」であるという（黄志豪など）。あるいは、「ヒップホップ・ファッションは、台客たちの定番で、基本的には台客のいるところには、必ずヒップホップ・ファッションがある」（史莱姆 p.21）、または、「正真正銘の台湾 Hip-Hop」のラップ歌手大支《ターチー》（一九八四年、台南生まれ。音楽番組の司会も務める）によると、「実際台湾で一番ヒップホップなのは台客さ」ということである（毛雅芬 p.61）。

だが、「ヒップホップ台」が「台客現象」に登場したことは、なぜことさら興味深く、分析に値するのだろう。多くの人に言わせると、「台客文化」と「ヒップホップ・カルチャー」はもともと「正統」文化／「舶来」文化、本土性／移植性の対峙であった。「『ヒップホップ・カルチャー』は青少年が西洋スタイルの移植というポストモダン文化の追求に傾倒していることを象徴し、一種の独立独歩や自我の即興的個性化を強調するが、『台客文化』の方は様々な外来文化の特質を吸収する際、本土風の傾向をより偏重し、一種の模倣的で、コラージュ的な包容力のある自己を顕示し」ている（葉永文 p.20）。だが、「ヒップホップ台」の「ヒップホップ」には「台」（台湾的なダサさ）が含まれ、「台」には「ヒップホップ」が含まれ、まさにもともとの「台客文化」／「ヒップホップ・カルチャー」の二項対立の前提を揺るがし、破壊することは十分可能であった。もっとも、「ヒップホップ台」の登場は、「台客文化」と「ヒップホップ・カルチャー」の二者合一を指向していたわけでは決してない。「ヒップホップ台」は「四不像」ではなく、いわゆる「ヒップホップ・ファッション」（だぶだぶのＴシャツ、バギーパンツ、スニーカー）と「台湾式衣装」（竹笠、腹掛け、花柄ズボン）のミックス＆マッチではなかったのだ（江家華 p.70）(七)。この種の「四不像」は独立・閉鎖した「台客文化」の単位を前提に、独立・閉鎖した「ヒップホップ・カルチャー」の単位を加え、一たす一は二という組み合わせ概念によって形成されている。では、「四不像」ではない「ヒップホップ台」とはすなわち「似不像」なのだが、それは、すでに存在し、明確に区別される、オリジナルな「台客文化」と「ヒップホップ・カルチャー」を指すわけではなく、「台でもヒップホップでもなく、台でもヒップホップでもある」（neither/nor, both-and）という曖昧な揺れの中で、「台客文化」と「ヒップホップ・カルチャー」そのものの浮動する混淆性や開放された未完の状態、あるいは「ヒップホップ」と「台」の相互書き換えや相互創造を、我々に再考するよう迫るものなのである。

そこで、本稿は「ヒップホップ台」についての議論を、世代間格差による「台客」のサブジャンル（「青少年台客」や「Ｆ世代（自由（FREEDOM）、夢（FANTASY）、未来（FUTURE）、趣味（FUN）の四つのＦを主張する若い世代）台客」など「新消費非画一化というオルタナティブ・アイデンティティの構築」）に狭めようとするのではなく、またそれを台湾の都市にのみ存在する特定のヒップホップ・グループに当てはめようとするのでもなく（これはやはり「台客って誰？」という古い設問枠組みのもとで、既に存在し、確認されうる社会的グループあるいはサブカルチャー・グループを探すことである）、ましてや「ヒップホップ台」が「台」であるのは、「ヒップホップ」のモデルを間違えて伝えたこと（花柄シャツにスニーカー、バギーパンツに革靴などの組み合わせ）にあるなどと単純化するつもりもない。（八）「ヒップホップ台」についての本稿の議論は二つのレベルに分かれる。第一のレベルで扱うのは、グローバル・ポップカルチャーの「再地引用」のプロセスで誘発される「既視感」を通して、「ヒップホップ台」が新旧のイメージ（ゴールドのネックレス、バギーパンツ、サンダルなど）を衝突させ、変化や新たな解釈の可能性をいかに生み出したのかを探ることである。第二のレベルでは、目下のトレンドであるミックス＆マッチ、レトロ、カラフルな傾向が、いかに「ファッション」そのものを「ファッション」でないものにしてしまうか、また、現在の「ファッション」（fashion）と「スタイル」（style）の間の曖昧な揺らぎから「ヒップホップ台」の矛盾がなぜ由来するのか、といった点を考察していく。

まず、「ヒップホップ台」が誘発した「イメージ衝突」から見ていこう。かつて「金銀を身につける」ことは、台湾社会が農業形態から工業形態へと転換する過程で、「いなかっぺ」を識別する方法のひとつであった。財産価値を最も具体化するやり方として、それらを偉そうに身につける態度は嘲笑されたのである。ただし、「現在、もしゴールドの太いネックレスをつけて天母《ティエンムー》（台北の高級住宅街）の街角を歩いている人がれば、それはおそらく台客ではなく、L.A.からやってきた人だろう」（聶永真p.84）。この引用文中にある天母の街角（台北を代表する外国人居住地区で、流行消費の重要な拠点でもある）の「ゴールドの太いネックレス」は、かつての野暮ったい「金銀を身につけ」た人ではなく、かの地、L.A.が代表するようなアメリカの「ヒップホッパー」であり、こちらの「いなかっぺ」の「台客」ではない。ただし、忘れてならないのは、この文章が同時に我々に気づかせてくれるのは、ヒップホッパーの「ゴールドの太いネックレス」が台湾で新たに引用され（re-cite）、新たに定着する（re-site）（本稿では二つを合わせた呼称「再地引用」を用いる）過程で、台客の「ゴールドの太いネックレス」に新たな意味が生じる可能性である。つまり、「ヒップホップ台」の一番大事なアクセサリーである「ゴールドの太いネックレス」は、今このとき、彼の地のヒップホッパーの「ゴールドの太いネックレス」を通して、かつてのこの地の台客の「ゴールドの太いネックレス」と遭遇し、さらに「イメージ衝突」が生む「既視感」の「似不像」である「ゴールドの太いネックレス」によって、ダサい「台」をおしゃれなヒップホッパー化すると同時に、「ヒップホッパー」を台化するのである。[九]

もうひとつ、「ヒップホップ台」の特色は、いうまでもなく台湾における「バギーパンツ」の「再地引用」である。七〇年代末、ヒップホップ・カルチャーは、ニューヨークはブロンクスの都市構造の変化の中から起こったが、そこに潜んでいたスラムの魅力とストリートの反抗的な文化がつぶさに展開し、ストリートダンスやグラフィティ、ラップミュージックのほか、だぶだぶのTシャツとバギーパンツが最も注目を集め、やがて我先に模倣されるような流行りのストリートスタイルになった。まさにヒップホップ専門誌 *The Source* がラップグループ・ジョディシー（Jodeci）を描いたように、「バギーパンツをずり下げて、カルヴァン・クラインの太いゴムをへその下で覗かせる、あのジョディシーのルックスや、自分にははっきり言ってなんだってできるんだという自負を窺わせながらガンをつける態度は一世を風靡したのである」（ネルソン・ジョージ p.256[6]）。だが、このスラム街スタイルはその後、進化の過程で有名ブランド化され、さらに、だぶだぶのだらしないアメリカン・スタイルの様々なカジュアルパンツやスニーカー、スケボーパンツなどと組み合わされ、コラボの形でグローバルに流行するファッショナブルなカジュアル・スポーティースタイルを生み出した。[一〇] しかも面白いのは、もともと台湾農村の肉体労働用のだぶだぶのズボン、廟の前で演じられる宋江陣（中国の古武術と芸術を組み合わせた民俗的パフォーマンス）の悪役のズボン、ジャージー、家にいるときや夜市をぶらぶらするときの短パンなどが、ヒップホップパンツやスケボーパンツ、スポーツカジュアルパンツとの間に「そっくり」な「イメージ衝突」を生み出し、もともと俗物と見られていた前者が後者のグローバル・トレンドのおしゃれなイメージに一変したことである。もしかつて、身なりの点で「田舎／下品／時代遅れ」といった蔑称（田んぼに出て農作業するときのズボン、家にいるときのゴムひものズボン、ジャージー）であった「彼ら」「台客」が、「都会／流行／おしゃれ」な「私たち」「非台客」（体にフィットしたパンツやジーンズ）との境界を鮮明にしていたとしたら、今日の「ヒップホップ台」の登場は、「田舎／下品／時代遅れ」と「都会／流行／おしゃれ」を一つに融合し、最も古臭いものを最も流行りのものに、最も落ち目のものをもっとも人気のものに、最も「台」（ダサい）ものを最も「哈」（憧れ）のものにすることを可能にしたのである。

　例として、二〇〇五年末の台北県長選に向けた政党の集票活動を見ていこう。かつて民進党の「イケメン・ギャル選挙応援団」が繰り広げたローカルな若者たちのパワーに一矢報いるため、国民党選挙団は「キラキラ台客応援団」を特別に組織し、「台客」ブームに乗り遅れまいと、必死で台湾色を出そうとしていた。中でも国民党の中央常務委員である連勝文（一九七〇年生まれ。父の連戦は元中華民国副総統、中国国民党主席）は、「濃い紫の龍の紋入りシャツにバギーパンツを組みわせ、大きな金メダルにサングラス、金時計」といった、まさに「ヒップホップ台」のいでたちで登場する（蕭旭岑）（一一）。一見したところ、ゴールドのネックレス、金メダル、金時計、サングラスの組み合わせは確かに十分「台」風味で、「俗っぽいがエネルギッシュ」であった。だが、ここの「濃い紫の龍の紋」が暗に参照しているのは、中国や日本の伝統的な龍の図案ではなく、むしろヒップホップ・カルチャーの中でも猥雑さが混淆するブルース・リーのカンフー映画に見るアジアン・ドラゴン族のイメージである。しかも、このバギーパンツは五分埔（台湾最大の服飾問屋街）や夜市で買ったのであれ、有名ブランド店で買ったのであれ、いずれにしても若くはつらつとしたエネルギーに満ち溢れていた。これは田舎者「みたい」であり、おしゃれ「みたい」でもある「似不像」で、また「ダサ」くもあり、「オシャレ」でもあり、確かにグローバル・トレンドの「再地引用」

プロセスにおける「台湾の奇跡」と呼びうるものであった。

だが、もともと俗物視されていたのに、今やファッションの殿堂入りした最良の代表といえば、「台客」を外見から最も識別・参照しやすいとお墨付きを得た英雄ブランドの青と白のサンダルであろう。このサンダルは台湾では誰にでも知られ、どの家にもある日常生活の必需品であり、一足三〇から三五台湾ドルでどこでも買える使い捨て品である。これが「台客」のトレードマークになったのは、サンダルそのもの（たとえこれがローカルカラーを備えているとはいえ）にあるのではなく、より重要なのは、「家用」サンダルを履き、街や夜市などをぶらついて公私の領域を曖昧にすることや、「気軽」で「自由」さあふれる生活習慣を指している点にあった。ただし、今や青と白のサンダルの「起死回生」は単なる「台湾色」のための「台湾色」の自己肯定ではなく、より重要なのは、それが近年、シューズ・デザイン上で流行りに流行っているグローバル・ファッション・トレンドのひとつになっている、という点である。流行のオリジナルアイテムとしての「サンダル」は、潜在能力が開発されて、各種ブランドや最高級ブランドの製品が絶えず刷新され、ファッションショーのステージから様々な公式の場にまで頻繁に歩を運び、ひいては身なりに最もうるさいパーティーや授賞式会場でも、至る所でその美しい足取りが目にされるようになった。二一世紀最新の空間的「脱神話化」をつぶさに展開し、公私・内外の区別を完全に取り払っているのである。かつて台湾のデザイナーが「台客」をファッションの可能性として論じたとき、英雄ブランド・ビーチサンダルもいつの日かブラジルのハワイアナス（Havaianas）のビーチサンダルのようにうまくイメージチェンジできるだろうと期待したことがあった（蔣文慈p.78）。ただし、忘れてならないのは、日本の「草履」から生まれ変わったブラジルのビーチサンダルと、日本統治時代の身体的記憶からイメージチェンジした英雄ブランドのビーチサンダルにはもともときわめて大きな類似点があり、しかもハワイアナスのホームページのカタログ上には、台湾の青と白のビーチサンダルと「そっくり」なデザインと配色がたやすく見つかるのである（もちろん価値の上ではかなりの違いがあるが）。青と白のサンダルが「再デビュー」し、評価されたのは、おそらく「台客が流行を作った」というローカルな誇りよりも、「流行が台客を作る」というグローバルな風潮の方がより重視されたからであろう。

もし「ヒップホップ・カルチャー」の「再地引用」が、「流行っていない」（non-fashion）青と白のサンダルやゴールドのネックレスをトレンド化し、「流行遅れの」（outmoded fashion）だぶだぶのラッパズボンやプラットフォームシューズを新たに流行らせたのだとしたら、これらの「よく似たもの」の「イメージ衝突」はまた、身なり服装の点で、「台客」の参照となる効果的な言語行為について、我々が改めて考察するのをどのように助けてくれるだろうか。[一二] まず、「台」の参照となる言語行為と「トレンド」という「時間」の直線的な発展との関係はどのようなものだろうか。また、ミックス＆マッチ、レトロ、カラフルなポストモダン美学としての「台」と、「空間」的に分散・分割されたものとしての「スタイル」との関係はどのようなものだろうか。前述のとおり、「台客」の服装上の百花斉放を描くことは、表面的には異なる世代・地域・生活形態によって生み出された差異を表現することであるが、実際には一致性を備えた運動法則にほぼ帰納しうる。つまり、あらゆる「流行遅れ」こそ、まさに「台」なのだ。「それゆえ台客とは、かつてはパンチパーマ・ビーサン・ゴールドのネックレスのことであったが、後には、ビルケンシュトックのサンダルやポロシャツとなり、さらにまた、テレビ番組『両代電力公司』[7] がリストアップした台客年表のように、人々の記憶に残る廃れた流行を意味するようになった」（黄千千）。換言すると、パンチパーマが流行った当時、それは決して「台」ではなく、ビルケンシュトックのサンダルが流行った当時も、それは「台」ではなかったのだ。ただし、パンチパーマが廃れたときにまだパンチパーマをかけていたり、ビルケンシュトックのサンダルが廃れたときにそれを穿いたりするのは、まさに「台」である。この種の「廃れた流行」という言い方は、毎回リストアップされた「台客」の服装の特色が、なぜこのように「時代を超えて」何でも揃った、逸品ぞろいの「トランスカルチャー」であるのか、十分に説明できるかもしれない。

ただし、忘れてならないのは、「台客現象」のうち身なり服装の点で何が「台」の識別・参照となるのかというと、消極的には「廃れた流行」を指すが、より積極的にはポストモダンのコラージュやミックス、コピー、ハイブリッド、けばけばしさ、わざとらしさ〔camp〕、「きんぴかでダサいもの」の誇示を指す。しかも、前者の「廃れた流行」は後者の加工処理やクリエイティブな再生を経て、面目を一新し、異彩を放つのだ。興味深いのは、この種の「台客文化」のポストモダン的コラージュ、ミックス、コピー、ハイブリッドは、一般大衆の描く「ヒップホップ・カルチャー」の特色に他ならないということだ。「ヒップホップは、たとえば、カンフー映画、チトリン・サーキット・コメディ〔主にアメリカ南部各地のアフリカ系アメリカ人が集まるナイト・クラブやバーを巡業していた演芸旅芸人集団〕、七〇年代のファンクなどさまざまなネタや、古くなったポップ・カルチャーを臆面もなく取り込んで、そのアーティストの個性や時代性を加味して焼き直した、いわば、ポスト・モダン・アートなのである」〔ネルソン・ジョージp.11〕。「ヒップホップ・カルチャーは音楽を超えた複雑な文化現象である。ディスコ、ソウル、ファンク、ジャズ、ドゥー・ワップ、アメリカの男性黒人のアカペラ、アフリカの部族音楽などを継承し、さらにマルコムXの黒人公民権運動、モハメッド・アリのボクシング、NBAのバスケット、ブルース・リーのカンフー映画、アフリカ中心主義などの要素が結びついたものである」〔林浩立p.11〕。換言すると、本質のない「台客文化」は非純血種のヒップホップ・カルチャーと似たようなものであろう。

だが、ポストモダンなヒップホップ・カルチャーの、ハイブリッド・コラージュ・レトロな総体が登場したとき、流行りの服を身体表現の場とするヒップホップ・ファッションは最も人目を引いた。まさにネルソン・ジョージ著『ヒップホップ・アメリカ』の中で言われているように、「ヒップホップ・ファッションの全体的な進化が如実に物語っているのは、それこそが、ヒップホップにおいて最もマルチなミックスが実現されている分野である」〔p.320〕からだが、「ヒップホップ・ファッション」の発展と変化は、かえって我々の伝統が認めていたトレンド進化論の観点に、大々的な挑戦をしかけたのであった。かつて、ヒップホップ・ファッションの特徴は「ブランド」であったが、このストリート「ブランド」は単なるブランド、あるいはデザイナーのロゴではなく、自分の名前やストリートの名前を縫いつけたもので、それによって自己顕彰・自己プロモーションを行い、さらには衝突する色の組み合わせや、夏に冬服を、冬に夏服を着るスタイルによって、他人とは逆の方法で知名度を上げたのである。

たとえば、ダンガリーのジャケットを裏表に着込んで背中にサヴェージ・ノーマッズやジョリー・ストンパーズなどといったチーム名を大きく入れるギャング・モードこそが、確かにオリジナルなヒップホップ・ファッションだったのだ。あるいはグラフィティ・アーティストが好んで着込んだフード付きのジャケットやスウェットもまたそうで、こうした服が好まれたのはグラフィティを描きつける地下鉄車輌の操車場に張りめぐらされた有刺鉄線をかいくぐるときに、自分の面が割れないことと自分の頭を有刺鉄線から守らなければならなかったからでそういう必要から生まれたひとつのスタイルだったのだ。あるいは自分のタグを刻印したネームプレート付きの、純金の塊のような金鎖を身につけながら、野球帽やペインターズ・キャップを横に被ってみせる。身にまとうスウェット・スーツは大概アディダス製で、アディダスのスーパースターにはやたらとぶっ太い靴紐が通されているか、なにも通されていない場合が多かった。こうしたものがすべてヒップホップ・ファッションと呼ばれるものの起源だ。（……）

オールド・スクール・ヒップホップのファッション・スタイル面ではかなり即興的な要素が濃く、ぼくとしては七〇年代末からおよそ一九八三年までがこの時期にあたると思う。地下鉄の車輌にグラフィティを描く際にグラフィティ・アーティストが使っていた蛍光色を真剣に服にも使ってみようかとファッション・デザイナーが考え始めたのもおよそこの時期だ。（ネルソン・ジョージ p.321-322）

だが、もともと安価で耐用性や機能性があり、即興の組み合わせがきき、個性を強調した早期のヒップホップ・ファッションは、スポーツ用品メーカー（アディダス、ナイキなど）と主流のファッションブランド（トミーヒルフィガー、ラルフローレンなど）が積極的に参入すると、個人の名前やニックネームの「有名ブランド」は商品ロゴの「有名ブランド」に変わっただけでなく、果てしない変化を繰り広げ、どうしても変わったものを着なければいけないといった派手な風潮を煽り、ヴェルサーチやドルチェ＆ガッバーナなどセクシーで派手なブランド（謙虚で極めてシンプルなアルマーニなどのブランドに比べて）にすっかり入れあげ、「アーバン・プレップ」（urban prep）（東海岸のプレップ・スクール的着こなし）の流行を生み、だぶだぶで色とりどりのファッションが人を虜にし、瞬く間に七〇年代ノスタルジーに戻り、「ファンク風味」十分なラッパズボンとプラットフォームシューズをレトロなサングラスと組み合わせ、あらゆる低俗なものの魅力を発揮し、あらゆる廃れたものを再生循環させたのである。

それゆえ、「ヒップホップ台」の登場は、「ヒップホッパー」と「台客」の「間」で「再地引用」を経て生まれた「イメージ衝突」であり、「ヒップホップパー」の「内部」と「台客」の「内部」からミックス＆マッチ、レトロ、コピーを経て生まれた「イメージ衝突」でもあったが、より積極的に「ヒップホップ」を指向するのは「台」であり、「台」こそまさに「ヒップホップ」であり、「真のヒップホッパーと偽の台客」あるいは「偽のヒップホッパーと真の台客」といったオリジナル／コピーの違いを消去したのである。[一三]「ヒップホップ台」の登場により、我々は「トレンド」を一種の直線的な時間（最新シーズンの流行）と循環する時間（レトロの流行）の間の内在矛盾として考えるようになり、二一世紀の「トレンド」はトレンドではなく（fashion is out of fashion）、「トレンドは死んだ」という宣告を考えるようになった。現代のファッション研究者がいうように、時間的な変遷交替を強調する「トレンド」は、すでに空間的区分を同時に並置する「スタイル」に取って代わられたことが明らかにされ（これは「トレンド」の窮すれば則ち変じ、変ずれば則ち通ずの最新の手管であるかどうか、完全に確定できるわけではないが）、「あなたはどのような時代にいるかではなく、どこにいるか——あなたの生活スタイルや属しているグループ——で境界線を引くようになり、それによって、あなたは先端的な時代にいるのか、遅れた時代にいるのかがわかるのである」（Polhemus, p.28）。絶対的な時間の座標を廃した「ヒップホップ台」はほぼ何でも包摂でき（蛍光落書きの特大Tシャツにバギーパンツの組み合わせは「ヒップホップ台」であり、カラーのラッパズボンに二色のプラットフォームシューズの組みわせもまた「ヒップホップ台」である）、永遠に流行遅れになることはない（「内容」ではなく、一種のポストモダンのミックス&マッチ、コラージュ、レトロ「スタイル」としての「ヒップホップ台」、および一種のスタイル・グループを空間化して並置したものとしての「ヒップホップ台」からするとだが）[一四]。「トレンド」がもはや覇を唱えることはなく、「スタイル」があちこちに林立し、品質も甲乙つけられず、ローカルがすでにグローバルであるとき、「ヒップホップ台」がグローバルにローカル化された「似不像」であるという矛盾は、おそらくもはや矛盾ではなくなるのである。

二、「偽のヒップホッパー・真の台客」というABC文化経路学

前節の「ヒップホップ台」についての議論では、グローバルに流行する「再地引用」に誘発された「イメージ衝突」を切り口に、「ヒップホップ台」が「やぼったさ」と「洋風」、「トレンド」と「スタイル」の間で相互衝突していたことを引き出した。一方、本節では「ヒップホップ台」の考察を敷衍し、焦点を「再地引用」が誘発する「根源（roots）から経路（routes）へ」というトランスカルチャーの分析に移し、「ヒップホップ台」の具体的な服装イメージからアイデンティティのエスニックイメージへと拡大していく。「根源／経路」というのは、現代の「旅《トラベル》」理論の重要な観点であり（Clifford）[8]、しかも「台客現象」における「似不像」である「ヒップホップ台」は、

ポストモダンとポストコロニアルの間の繁雑な交錯をつぶさに繰り広げるだけでなく、さらに一歩進んでトランスカルチャーの経路学がオルタナティブの国民論をいかに構築するのか、その可能性を展開しているのである。[一五]

まず、ひとつの興味深い例から見てみよう。二〇〇五年八月の台客ロックコンサートに、台湾の著名なミュージシャンやグループが一堂に会し、伍佰や陳昇[9]、張震嶽[10]、BABOO[11]、閃亮三姉妹[12]らに誰もが声援を送った。だが、同時に一部の歌手の「台客」アイデンティティに疑いを抱いたものもいたのである。疑われたのは「香港」の歌手杜徳偉《アレックス・トー》[13]（「港仔」も「台客」だろうか）の他、「麻吉Machi」の黄立成[14]で、アメリカで生まれ育った彼（台湾で俗に言われるＡＢＣ、つまりAmerican-Born Chineseだが、現在の政治的に正しい言い方ではＡＢＴ、つまりAmerican-Born Taiwanese）も「台客」と見なされるのだろうか、ということであった。[一六]面白いのは、多くの歌手とグループ（背後の多国籍レコード産業も含む）が「台客ルネッサンス」を一斉に支持したのと同時に、麻吉Machiだけがコンサートのパンフレットに、「台客」とは台湾人をバカにした言葉なので、差別に満ちたこの言葉を使わないでほしいと書いていたことである。「先祖の故郷」に戻り、「本土」と一体化した麻吉Machiは、その晩の台客ロックコンサートで「台客ではない異分子」となり、台湾の観客から「台客」として受け入れられなかったのみならず、本人たちも自己を識別する一要素として「台客」を受け入れようとはしなかったのである。

もちろん我々が忘れてならないのは、麻吉Machiの黄立成はもともとL.A.Boysラップグループの一員（他の二名のメンバーは黄立行と林志行で、三人ともアメリカのロサンゼルスで生まれ育った）で、このグループは九〇年代初頭の台湾音楽市場に新勢力として登場し、異彩を放ち、ラップとストリート・ダンスをうまく導入しただけでなく、だぶだぶのヒップホップ・ファッションによってビジュアル的な焦点にもなっていた点である。

もうひとつ別のどちらかというと歌詞の内容ではなく、ダンスの動きや外見のイメージを重視するヒップホップ音楽が一九九二年から台湾の音楽市場に登場し始め、ロサンゼルスの華人青年三名からなるグループL.A.Boysが台湾で一連のアルバムを発表し、英語によるラップのパフォーマンスが大量に採用された。彼らのアルバムの中には当時の中国語ポップスと同じようなラブ・ソングがたくさん含まれ、自分たちをラップ歌手とは位置づけておらず、ヒップホップ・グループのメンバーとも考えていなかったが、ヒップホップ・カルチャーを音楽のレベルを超えて、わかりやすいシンボルによってうまく伝達したのである。それがまさにだぶだぶの衣装とストリートダンスであった。……L.A.Boysのアルバムに収められたブックレットからは、レコード会社がラップミュージックやストリートダンス、特殊な言語、および若者のある種の態度を結合し、一種のイメージの集合体を構築しようとしていたことがうかがえる。彼らはこの種の集合体こそヒップホップ・カルチャーであると定義はしなかったものの、ここには台湾ヒップホップ・カルチャーのおおよその雛形が見出せる（林浩立 p.14-15）。

飛んだり跳ねたりのL.A.Boysは、L．A．から台北にやって来て、レコード産業が仕立てたポップカルチャーのイメージによって台湾のヒップホップ・カルチャーの雛形になったわけだが、これが関わるトランスカルチャーの経路は、決して「米国」に「中国」を加えた「二文化併存性」（biculturality）として処理することはできない。L.A.BoysのＡＢＣ文化経路学が起動させたのは、重層的な「ディアスポラ・カルチャー」（diaspora culture）であり、そこに含まれるのはヒップホップ・カルチャーの「ディアスポラ」――アメリカのポスト工業化時代の都市周縁と移民エスニック・グループのディアスポラ・アイデンティティが、アフリカ系アメリカ人やプエルトリカン、ジャマイカン、ヒスパニック系など非白人の周縁エスニック・グループの記憶と反抗意識を結集させた（Gilroy）――、および華文文化の「ディアスポラ」である。つまり、九〇年代の台湾が「再地引用」した「ヒップホップ・

カルチャー」は華人によってすでにアメリカナイズされており、九〇年代の台湾が「再地引用」した大衆的「華人アメリカ文化」もまたヒップホップ化されていたということだ。

さらにもっと面白いのは、かつてのL.A.Boysと今日の麻吉Machiが、九〇年代初頭の「台湾人」に関するアイデンティティ論と現在二一世紀初頭の「台客」に関する多くの論争を双方とも政治舞台に乗せたことだ。もし「ヒップホップ台」の麻吉Machiが今回の「台客」論の「異分子」だとしたら、「ヒップホッパー」のL.A.Boysはそれ以前の「台湾人」論の「異分子」であった。一九九三年に台湾の文化的ラディカルな機関誌『島嶼辺縁』[15]が「偽台湾人：台湾第五の一大族群」特集を出し、九〇年代初頭、台湾の国家機構が国民を構築する上で主導した「新台湾人」アイデンティティ、およびこのアイデンティティが基礎を築いた「四大族群」（福佬・客家・外省・原住民族）の言説スタイルを批判しようとしたことがあった。『島嶼辺縁』が標榜した「偽」とは、「架空の」（illusory）、「想像上の」（imagined）、「模倣」（mimic）と「ハイブリッド」（hybrid）であり、台湾の戒厳令解除後の階級運動やジェンダー運動、環境保護運動などの社会運動のエネルギーを結合させて、族群や血統、土地をアイデンティティの前提とした「新台湾人」論に対抗させようとしたのである。もし「新台湾人」論が「台湾人＝福佬人」に狭隘化されるという当初の意図を打ち破り、族群の内在的衝突の解決を図ろうとしていたというなら、「偽台湾人」は再び「新台湾人」の族群大融合という見せかけを引き裂き、その中の民族的暴力と本質主義を暴き出したのであった。しかも、文化的ラディカルな雑誌のこの号の表紙は、いわゆる「偽台湾人」の代表、蒋経国、[16]鄭南榕、[17]L.A.Boysが飾っていた。

『島嶼辺縁』第８期「假台湾人」専輯（1993）表紙
ホームページより（URLはp252を参照のこと）

ではなぜ、L.A.Boysは蒋経国、鄭南榕と同様「偽台湾人」なのだろう。この不遜で挑発的な肖像を合成した表紙デザインについて、同誌は前書きで明確に説明している。つまり、「蔣経国は本質主義的な真の台湾人論における偽台湾人と見なされるが、ここでの『偽』は『偽装』を意味する。一方、L.A.Boys は偽台湾人論における偽台湾人で、ここでの『偽』は『パロディ』あるいは『雑種』の意味での偽台湾人である。鄭南榕については、新台湾論における『偽』台湾人で、ここでの『偽』は『シミュレーション』を意味し、これ以上本当の台湾人はいないというほどの、あるいは極度に本物の（hyper-real、また本物すぎる）台湾人ということである」（『島嶼辺縁』第八期）。「台湾人」論には「本質主義的、回顧的、閉鎖的、ルーツ追究的」な傾向が、「新台湾人」論には「未来の、開放的な、相互主体的な（inter-subjective）」といった嘘の約束ごとが溢れているが、『島嶼辺縁』の「偽台湾人」論は、まさに L.A.Boys を「台湾人のパロディ」（mimic Taiwanese）や「雑種的台湾人」（hybride Taiwanese）のケースとして担ぎ出し、若々しくエネルギッシュな音楽消費イメージによって国民論の正統的な厳めしさや道徳家気取りのきまじめさに対抗させながら、もう一方ではＡＢＣ文化が台湾で生み出す地域移動的なものや曖昧なアイデンティティ、アメリカ経由でアイデンティティを形成したいといった欲望の迂回を流用し、もともとの明確な境界、純正な血統、国籍の明確な国民論を反転させていた。そこで、中国系アメリカ人青年ラップグループ L.A.Boys は、彼らの若々しく素直な笑顔と勝手気ままなヒップホップ・ファッションによって、これ以上「偽物」ではありえないほど偽物の蔣経国や、これ以上「本物」ではありえないほど本物の鄭南榕とともにラディカルな雑誌の表紙に並び、九〇年代初頭の「偽台湾人」のアイコンになったのである。

だが、当時の「偽台湾人」L.A.Boys から、今日の「偽台客」麻吉 Machi に至るまで、国民アイデンティティとしての「台湾人」と、ポップカルチャー・スタイルとしての「台客」の間には時代的変遷や世代間格差、言説の転換が観察できる。九〇年の「台湾人」と「新台湾人」「偽台湾人」は台湾の政治文化論のフィールドを主な舞台とし、L.A.Boys のあだ花はまさに政治領域へのポップカルチャーの混入であったが、現在の「台客現象」の「言語

／身体的多様性」は、まさにポップカルチャーと消費市場を主な舞台とし、台湾のあらゆる社会文化現象と同様であるとはいえ、一時的に政党政治の混入は避けられない。(一七) しかも、台湾「第五の一大族群」としての「偽台湾人」論戦略は、「新台湾人」の「四大族群」の枠組みは打破したものの、依然として閉じられて独立した単位の one and one more のロジックの下に運営されていた。たとえ、新たに増えたこの族群があまたの小集団を大きくひとまとめにしたとしても、である。だが、今日の「ヒップホップ台」とは「真のヒップホッパーであり、偽の台客である」、あるいは「偽のヒップホッパーであり、真の台客である」という曖昧さは、「四大エスニック・グループ」が閉じられた独立単位であり、「新台湾人」が組み合わせ概念による国民操作であることを完全に打破している。またさらに一歩進めて、現今の台湾文化の主体性である「似不像」に関する新たな言説の方向を展開し、これまで政治的イデオロギーによって主導されてきた「本土論」「愛台湾論」「統一独立論」「政党対立」（これらの古い言説スタイルのフラッシュバックが絶えずあるとしても）と一時的に関係を断ち、グローバルなポップカルチャーの再地引用を取り入れて、比較的リラックスして自由な、また、シニカルでアイロニカルな態度によって、雑種・混血・コラージュ・コピーについての多くの想像空間を反映させているのである。

九〇年代の「偽台湾人」から現代の「偽台客」に至る流れによって、「ヒップホップ台」の登場は十分説明され、「真／偽」の識別は困難になり（本章第一節で展開した「オリジナル／コピー」の脱構築的転換のように、「真」のヒップホッパーも「偽」で、「偽」の台客もまた「真」である）、さらに「真／偽」を二項対立の基準に設定していた元々の定義も完全に書き換えられた。「ヒップホップ台」が「真」のヒップホッパーであり「偽」の台客であることよって、「真」はもはや「偽」に対応するのではなく（「真台湾人」VS「偽台湾人」、「真台客」VS「偽台客」）、「真」とは「過度に」「非常に」「十分な」の表現となり、「偽」は「借りる」「手を借りる」「かこつける」の表現となったのだ。そこで、

「真」（過度に真実な）のヒップホッパーは台客を借り（迂回し経由せ）ねばならず、ヒップホッパーを借り（迂回し経由し）てはじめて「真」（過度に真実な）の台客が生まれる、というわけである。[一八] しかも、一種のトランスナショナル・カルチャーの「迂回し経由する」ものとしての「偽」が強調するのは、「ヒップホップ台」がグローバルな「再地引用」のプロセスで展開する複雑な分岐であり、ひいては分岐で迷える羊となったトランスナショナル・カルチャーの経路であるが、それこそが、台湾の既存の国民論の安定した枠組や、「本源」の純潔と「根源」の安定に対するあらゆる政治的偏執を揺るがすことができるのである。さらに、ここで再度「ヒップホップ台」の麻吉Machi＝黄立成を興味深い例として挙げてもいいが、それは単なる身なりや音楽スタイル上の様々な寄せ集めであるばかりか、「麻吉Machi」というグループ名の選択にも、複雑な変化や矛盾する多方面の文化経路学が見られる、ということだ。Machiとは、台湾の「外来語」で、日本語「マッチ」を踏まえたものだが、日本語「マッチ」もまた「外来語」で、英語matchのカタカナ表記である。だが、中国系アメリカ人の黄立成は、英語のMatchではなく、台湾における日本からの外来語を英文につづりなおしたMachiを用い、さらにMachiを中国語の音訳で麻吉《マーチー》とし、まさにいくつもの領域をぐるぐると往来している。ただし、「麻吉Machi」は聞き慣れたようでもあり、聞き慣れないようでもあり、ダサくもあり、異国風でもあり、英語のMatchをMachiにマッチさせるだけでなく、Machiは麻吉にマッチさせることで、台湾の複雑な文化経路（哈日・哈米・哈台）と、現代の流行語に極めて接近することによって、L.A.Boysの後に続くもうひとつのＡＢＣ「ヒップホップ台」の名前を作り出し、名を売ったのである。

だが、麻吉Machiの複雑で平坦ではない文化経路の語源学は、「台客」の複雑で平坦ではない文化経路の語源学に呼応しているわけではない。「台客現象」の中で服装や外観は「台客」の参照物としてはあまりにバラバラでまとまらず、加えて、「台客」という語は系譜学を遡っても諸説紛々であったが、その中から一般的には想像しがたいものの、文化を根源ではなく経路としてうまく展開しうる見解がふたつほど現れた。ひとつは、非常に出鱈目な歴史考証であるが、「台客」の起源を論じた多くの文章で期せずして出典として引用されている、日本人の邱澤烏川が一九二四年に著した『台湾匪誌』である。繰り返し引用され定説となっていたが、『台湾匪誌』の作者は邱澤烏川ではなく（真の作者は秋澤次郎）、書中に「台客」という言葉や呼称はひとつも出てこないと指摘され、「台客」が日本人植民者によって台湾人の悪党につけられた呼称であるという由来は、誤った情報が次々伝えられたあげくの虚構の出来事となった（呉瓊枝）[一九]。もうひとつ、非常に無意味な言語的考証によると、「台客」はスコットランド方言のTyke（田舎者、耐えられないほどの俗っぽさ）に由来し、英語のTachky（ど派手、下品）と同工異曲であるという。換言すると、この「外来語」の考証過程で、最も本土的で正統な「台客」はなんとスコットランド方言Tykeの音訳になってしまい、台は「台」ではなく、Tyのことで、客も「客」ではなく、keだという。当然、最も「いかがわしい」と思わせるのは、Tykeの発音と意味が、「台客」の発音と意味に相当Matchし、非常にマッチ（Machi）しているという点であった。

もしMatchが麻吉に変われるなら、Tykeももちろん台客に変われるわけだが、前者が笑いを取るための創意の現れなら、後者はでたらめなテクストの自己増殖である。ただし、笑うに笑えないのは、そして、忘れるべきでないのは、この種の笑いを取るための文化生産そのものに「内外反転」と「外内反転」というトランスナショナル・カルチャー経路のイメージがかなり透けて見えることである。それが我々に注意を喚起するのは、「台客」が単に「対内識別」（本省／外省、都市／地方、南／北など）から次第に「対外識別」（ニューヨーカー／港仔／北京哥們／上海公子など）へと転換し、さらに複雑ででこぼこな文化経路を展開して、あらゆる内／外の明確な境界を曖昧にしている点である。しかも、「台客」の中の「ヒップホップ台」はさらにグローバルな再地引用における「迂回し経由する」最良の例であり、その「内外反転」と「外内反転」の推進力のために、「ヒップホップ台」と「台客」は分離できず、真偽の区別もつかず、さらに「真」（過度に真実な）のヒップホッパーは台客を借り（迂回し経由せ）ねばならず、ヒップホッパーを借り（迂回し経由し）てはじめて「真」（過度に真実な）の台客になるというトランスナショナル・カルチャーの経路になることができ、もともとアメリカに生まれ育ったと定義されるＡＢＣが、台湾土着のＡＢＣに一変することを許すのである。台湾の音楽家・何穎怡（『ヒップホップ・アメリカ』の訳者でもある）は、『誠品好読』[18]が主催した台客座談会で、次のような驚くべき発言をした。「『娯楽百分百』（若者に人気の娯楽番組）で大小Ｓ[19]が自分自身をショウ・アップするスタイルは、ある種の台客要素を摑んだ後、彼女たちが思うヒップホップ・スタイルと融合させているが、大小Ｓを含む新世代の芸能人たちには、『私たちは台湾育ちのＡＢＣ』であるという自覚が特に濃厚である——彼らは決してＡＢＣでないにもかかわらず」（林欣誼、許正平による整理 p.45）。言うまでもなく、「ヒップホップ台」が誘発した「イメージ衝突」の下で、またそれが展開する「文化経路」の中でのみ、「台湾育ちのＡＢＣ」というこの「矛盾語」は成立するのであるが。「真のヒップホッパー・偽の台客」「偽のヒップホッパー・真の台客」という幾重にも重なり合った反転の中でのみ、「台湾育ちのＡＢＣ」は誕生しうるのであり、かつての「偽台湾人」と今日の「真の台客」に続く最新品種となったのである。

「台湾人」アイデンティティに対する「ヒップホップ台」の挑戦は、まさにあらゆる「国民」アイデンティティに対する「ディアスポラ文化」の挑戦のようなものであった。ポストコロニアル文化学者が言うように、「ディアスポラ文化」には「ローカルとグローバル、ここ とあそこ、過去と現在の結びつきが充満し、静態的・本質主義的、かつ全体主義的概念の下で形成された地理と歴史に根づく「国民文化」や「国民アイデンティティ」をゆるがす潜在力が満ちている（Ang. p.34）。しかも、多方向に離散した「ヒップホップ台」は、中国にあらず、西洋にあらず、台湾にあらず、アメリカ華僑にあらず、非アメリカ華僑にもあらずだが、あちこち飛び回り、あちらに飛んでいったり、こちらに飛んできたり、東や西を飛翔したりしながら、単一の出生、単一の地域、単一の歴史、単一の血統、単一の国籍の確認系統としての「台湾人」の殻を破り、あらゆる「本源」と「根源」を、不断に現れる錯綜し複雑化したトランス・カルチャーの経路に転化するのである。真偽の見分けられない「ヒップホップ台」はまた「真台湾人VS偽台湾人」「真台客VS偽台客」の二項対立の体系を打ち破り、それによって、あらゆるローカルなものはすべてすでに「再地引用」が展開する経路となり、あらゆる「真」はいずれも、本物そっくりであり、本物であろうとし、本物を超え、あらゆる「偽」はいずれも借り物であり、経由し、借用し、他人や他国、他文化の手を借りて、自己と他者、外国と本土、オリジナルとコピー、ローカルとグローバルをこれ以上明確に分けられないほど偽物となるのである。

三、「台妹《タイメイ》」と「辣妹《ラーメイ》」の「似不像」

ただし、内／外が分かちがたく、土／洋が識別困難で、真／偽の判断も難しい「ヒップホップ台」は、雌雄の別も分けがたいことを意味していないだろうか。諸説紛々で、見解もバラバラな「台客」という言葉には、男性／女性による差別的な扱いはないのだろうか。本稿ではここまでの「台客」と「ヒップホップ台」に関する議論で、「台客現象」におけるジェンダー論争には触れてこなかった。だが、第三節では、「台妹《タイメイ》」という新たな造語を切り口に、「台客」という語がおそらく前提としている男性中心主義と男性気質の投影を顕在化させ、もう一方では「台妹」の身なりから着手し、「台妹」と「辣妹《ラーメイ》」〔セクシーなギャル〕の間の似ているような、似ていないような「似不像」について詳述したい。もし前二節で「ヒップホップ台」の「似不像」がグローバルな再地引用の「イメージ衝突」と「文化経路」をうまく展開したのであれば、本節の「辣妹台」〔台湾的にダサいセクシーギャル〕はトランス・ヒストリーやトランス・ネイション、トランス・カルチャーのトレンド・イメージの衝突と文化経路の中で「似不像」の反撃の可能性というもう一本の線を引き出すだろう。
ところで「台客」の由来については、誰もかれもが頭を悩ませたり、派手にやりあったりしていたが、「台妹」の方は非常に明確で、その由来はただ「台客」にある。

「台妹」は「台客」の定義から派生した。まず、「台客」があり、それから「台妹」が生まれたのだが、「台妹」の定義は明らかに「台客」より狭い。つまり、台妹は台客の眼差しから生まれた女性であり、彼らが望む女性でもある。

台客には年齢制限はなく、老年、中年、青年のいずれも台客になれるが、台「妹」の方は若くて美しい女性だけしかなれない。美しくなくてもなんとか台妹にはなれるが、必ず若くなければならないのである。規定年齢を超えた女性は「台客精神」の範疇には入れないらしい。（陳建志）。

「女性版台客」として「台妹」と命名することは、明らかに「台客現象」の新たな創造であり、それ以前は「台妹」を他者の言語行動あるいは自己アイデンティティの参照にしようとする動きなどなく、せいぜい「好台《ハオタイ》」（超ダサイの意）を、ジェンダーを越えた慣用語とするくらいであった。ところが、「台妹」という語が現れるや、「台客」の男性的前提が顕在化しただけでなく、「台客現象」における一連のジェンダー・イデオロギー操作も引き出されたのである。まず言うまでもなく、「妹」が若く幼いイメージを連想させ、「台妹」の年齢的な広がりの可能性を狭めてしまい、「一種の賞玩対象としての幼さ」（陳建志）を容易に生んでしまったこと。次に、目下の「台客」の男性中心主義が、ややもすれば男性気質の構築に向かい、閩南語のいわゆる「聳《ソン》擱《コ》有力《ウラアッ》」（ダサいけどパワフル）という表現が、「人並み以上の胆力と識見、不遜な戦闘力、傲慢な自信」を指すだけでなく、時には「チンピラ的」

なことのひけらかしにもなりえたこと（江家華 p.70）。さらに気迫、気勢、義理人情を強調する「口調」と「爽快さ」（原文の「爽」は閩南語で「爽快」の低俗表現）が、いうまでもなく「幹」（fuck の意）で始まる様々な罵り言葉によって、ときに「すげえ」を意味する「很爽」「很屌」[20]など攻撃的な言葉や潜在的な暴力に転化しえたこと、などだ。最新の台客ロックのトレンディで独創的な発想を以ってしても、「在野」と「創始」の精神を結び付け、ヒップホップ・カルチャーの「東方龍族」によって大中国意識の「龍的伝人」を書き換えようとした際、ファロスの勃起した男性イメージは相変わらず主導的な地位にどっしりと構えていたのである。「新台客よ一緒に硬くなろうぜ／おれたちの時代の詩がまさに始まってる／みんな東方龍族の子孫だ／血のなかにふつふつとたぎってる／頑張って知識と流行を追おうぜ／刺激的なロックの愛を求めるのは／まさに今だ」（連建興 p.76）。

ただし、「台客」が衝動的で露悪的、勇壮剛健な「男の中の男」の代名詞とされたとき、「台妹」の言説編成（原文の「論述形構」は formation discursive の訳で、ミシェル・フーコーが『知の考古学』で理論化した言語分析の概念）はむしろダブルスタンダードと狭隘化現象を展開したのであった。台客の「口調」が気迫と義理人情と見なされて評価される一方、「台妹」のまっしぐらで、「愛拚才会贏」（八〇年代に「台湾宝島歌王」と呼ばれた葉啓田が歌い、ヒットした台湾語の歌。奮闘してこそ成功する、の意味）という態度は、当面の父権制社会のジェンダー・イデオロギーに必ずしも容認され、許容されなかったのである。当初、若者たちに「台客」「台妹」の話題を盛り上げた娯楽番組『超級両代電力公司』制作チームが率直に認めたように、「『台妹』にはなんとしても人を驚かせたいという勢いがあり、率直で傍若無人な表現は両極端の反応を引き起こし、激賞する人もいれば、痛罵する人もいましたが、背後には、社会に決められたある種類型的なジェンダー・イメージが反映され、議論されるに値するところはありました」という（梁妃儀インタビュー p.49）。ただし、もし誰にでも、何でも言ってみせるといった「台妹」の猛烈な誇示が、父権社会の許容度の点でダブルスタンダードを表現しているというなら、「台妹」のたまらなくセクシーで身震いするような格好は、「台客」の言説編成の過程でジェンダーが狭隘化された現象を表していた。「台客」には「ダサいけどパワフル」を表現する多様なルートがあり、ひいてはその「慷慨と無邪気、気迫を語り、放浪を求める」表現はさらに一歩進んで「台湾ドリーム」を打ち出す可能性にもなりえたが（楊沢）、「台妹」はそれとは異なり、唯一のルートに沿って、服装上の誇示や露出的な姿態によって反逆やイケてることを表現するしかなかったのである。換言すると、「台客」の奮闘してこそ成功するという態度は、「台妹」の場合、脱いでこそ成功するに変わり、「台妹」の衝動的な露悪さは、ただ服装上のさわやかな露出として直接的に表現されたのである。[二〇]

　では、これら一連の言語編成の中で、「台妹」の身なりがどのように特徴づけられてきたか、見てみたい。「台客」の身分の定義とファッションが百花斉放であったのとは異なり、「台妹」の場合は、年齢層とセクシーな身体によって二重に狭隘化され、「比較的」一致した視覚符号——金髪、マイクロミニスカートかショートパンツ、キャミソールか体にフィットしたTシャツ、プラットフォームシューズかプラットフォームブーツ[21]——を呈示していた。しかもこの視覚符号の組み合わせは、現今の「西門町ギャル[22]」「イーストエリア・ギャル[23]」のファッションの語彙を混ぜ合わせただけでなく、最も草の根的・本土的で有名な「（ビンロウ）西施ギャル[24]」をも指向し、新種である「台妹」の着こなしの特徴は、台湾社会の既存の「ギャル」イメージと明らかに重なっていた。だが、少しも「台」ではないのに、最も「台」として知られる「ヒップホップ台」と同様、最も「土」と言われる「西施ギャル」も少しも「土着的」ではなく、「本場風味」は少しもない。全体的には様々な民芸風なものと植民地文化の影響をごちゃ混ぜにしただけでなく、現在のグローバルイメージの衝突や、トランスカルチャーの経路を表しており、その興味深い複雑さは本章の前半で論じた「ヒップホップ台」の服装論と比べて少しも遜色はない。[二一]「西施ギャル・ファッション」あるいは「辣妹台ファッション」は「正統な台湾ファッション」というよりむしろ、「グローバルなガールズ・セクシー・ファッション」の一環である。しかも台湾のガールズ・セクシー・ブームは、九〇年代を代表するガール・パワーGirl Powerのイギリス・ギャル「スパイス・ガールズ」（Spice Girls）やアフリカ系アメリカ人女性歌手たちの、グローバルに放映されたセクシーダンスのイメージを通して生まれたというより、これらトランスナショナルなイメージはむしろ、日本で「再地引用」されて生まれた「109ギャル」「ヒップホップ・ギャル」が、台湾でさらに「再地引用」されて「西門町ギャル」「イーストエリア・ギャル」「西施ギャル」を生んだ結果なのである。「辣妹台」の「ローカル性」は、すでに「グローバル」な流行の一部であり（グローバルなポップカルチャーから完全に独立した「在地（ローカル）」や、グローバルな流行を相互書き換え・相互創造しない「再地（リローカル）」もない）、「辣妹台」のセクシー、派手、誇張、ミックス＆マッチは、先に「台客」を議論した際に用いた用語であり、「台妹が流行を作った」というより、むしろ「流行が台妹を作った」といえるのである。

ここで、「辣妹台」の登録商標と見なされるプラットフォームブーツを例に、それが誘発しうるイメージ衝突、および文化経路について考察してみたい。一五世紀のチョーピン（chopine）はスペインの宮廷ファッションが外部に広まったもので、トルコ起源のコルクを詰めたこの厚底靴は一八世紀のヨーロッパで一世を風靡した。さらに二〇世紀の三〇、四〇年代、厚底プラットフォーム（platform）（木・コルクなどを革巻きした元々は若い女性用の厚底の靴）は巻き返しをはかり、ファンタジックな七〇年代には巷で大流行し、当時の華やかな男女のロック歌手はいずれも五、六インチのプラットフォームを履くことをいとわず、舞台の上で歌ったり踊ったりした。しかも、六〇年代にイギリスのデザイナー、マリー・クワント（Mary Quant）を中心に開花した「ミニスカートにロングブーツ」の組み合わせは、七〇年代にプラットフォームシューズが流行ると、ただちに「プラットフォームブーツ」というトレンドを生み、ロンドンの有名店ビバ（Biba）を中心に世界各地に強力に発信されていった。さらに、九〇年代のディスコの復活につれて、プラットフォームシューズとプラットフォームブーツは大挙してトレンドの舞台に復帰し、イギリスのスパイス・ガールズであれ、日本の流行ファッションの女王安室奈美恵であれ、いずれもそれらのトレンドの魅力を発揮し、しかも後者の熱狂的な席巻はプラットフォームブーツを日本の「109ギャル」の登録商標にし、さらには台妹の必須アイテムにしたのである。

だが興味深いことに、「辣妹台」のプラットフォームブーツは九〇年代「ファッション」のレトロ・ブームのアイテムになったと同時に、前述の「ヒップホップ台」のような「トレンド」と「スタイル」の間の曖昧な揺れを露呈してしまった。九〇年代から二一世紀の今日まで、プラットフォームブーツの流行は依然として屹立して衰えず、渋谷系女子高生のファッション教祖の肩書が安室奈美恵（茶髪、チョコレート色の肌、白いアイシャドー、銀色の口紅、バーコード型のタトゥー、へそ出しTシャツ、マイクロミニスカートなど）から、浜崎あゆみ（金髪、白い肌、ボリュームのあるまつ毛、明るいメイク、キャミソール、バギーパンツ、バギースカート、レトロな幅広ベルトなど）に変わったとしても、また九〇年代の渋谷系セクシーがすでにアメリカ式ヒップホップ・ファッションと融合し、「ヒップホップ・ギャル」はベストにマイクロミニのホットパンツの組み合わせや、R&Bルックのおさげ髪に七分丈のジョガーパンツとハイヒールの組み合わせ、あるいは特大イヤリング、ハンチングにスタジャン、ローライズジーンズとスニーカーの組み合わせなどを試していたとしても、プラットフォームブーツは日本と台湾で依然としてコケティッシュな魅力をリードしていたのである。それに関連する要素としては、機能性を考慮したことや（全身の比率を調整し、脚のラインを長く見せることは、下半身の比率が短めなアジア女性にとって、特に重要である）、身体文化を熟知した考察（日本文化にもともとある下駄、あるいは厚底の草履、さらに五〇年に及ぶ日本植民地支配の影響を受けた身体と生活習慣）が挙げられよう。その他当然、一種の「スタイルグループ」としての「辣妹台」の空間的な区分と、一種の「トレンド」としての「辣妹台」の時間的な進行の間にある矛盾が、プラットフォームブーツを一方では「廃れた流行」としてファッションの舞台に再び回帰させ、もう一方では「廃れた流行」を無時間的な「正典」あるいはサブカルチャー、ストリート・カルチャー、スタイルグループのトーテムに転化し、「トレンド」の日進月歩に合わせないようにしている、ということが挙げられる。

それゆえ、「辣妹台」は「台」であると同時に、「哈日」でもあり、しかもこの「哈日」にはさらに「哈日の哈欧」と「哈日の哈米」など複雑なトランス・カルチャーの経路が含まれている。だが、前の二節で「ヒップホップ台」が展開した内／外、土／洋、真／偽、オリジナル／コピーの脱構築的な反転を参照すると、「辣妹台」は必ずしも「１０９ギャル」のコピーではない。なぜなら、「オリジナル」の「１０９ギャル」そのものもコピーであり、さらに「コピー」とは単独で閉ざされた「あるがまま」（時間の流動と空間的ずれがない）の「オリジナル」を前提としていると同時に、単独で閉ざされた「永久不変」（再度の引用と再度の定着がもたらす変更・転化がない）の「複写」を前提としているからである。「辣妹台」は身の程知らずに他人を真似たり、優れたものを真似て失敗した「四不像」ではなく、「イギリス・ギャル」「アフリカ系アメリカ・ギャル」「日本の１０９ギャル」「日本のヒップホップギャル」の「似不像」であり、イメージ衝突上の類似や既視感であるばかりか、「グローバルな再地引用」過程における「反復による変化」（repetition with variation）なのである。「辣妹台」の着用する「西施ギャルファッション」の場合、マイクロミニスカートやミニパンツ、シースルー・ベールとプラットフォームブーツなどの基本アイテムの他、台湾で「再地引用」される際、各地の状況に応じた巧みなバリエーションを随時展開している。例えば、桃園県が「三不政策」（ビンロウ西施を取り締まるための、胸・腹・尻を露出してはならないとする政策）を採用すれば、シースルーのレースで腹部を覆ったギャル「ワンピース」で対応するように。しかも、次から次へと行われる取り締まりをかわすため、「西施ギャルファッション」は「１０９ギャルファッション」より多くの工夫をあれこれと至るところに凝らしている。例えば、開閉可能なスリットや穴を開けたり（両側でも、前後でもいいが、地方の法規と警察の取り締まり頻度によって決まる）、突発事件にも機敏に対応できるアクセサリーによって（ヘアバンドはネックレスになるし、ベールはキャミソールになる）、「西施ギャルファッション」の露出度はいつでも衣服上の様々な装置で調整できるようになっている（史莱姆・呉瓊華・博瑞思 p.94, 96）。もし「西施ギャルファッションが最もローカルな台湾の草の根トレンド」であるというなら（史莱姆・呉瓊華・博瑞思 p.96）、「西施ギャルファッション」の「ローカル」とはすなわち「リローカル」（再地引用）であるため、この「リローカル」は「グローバル」と「ローカル」を内外反転させるだけでなく、「グローバル」と「ローカル」の間に時空間上の変動と差異を生み出し、「リローカル」の独自性を再定義しうるのである。換言すれば、「西施辣妹《ギャル》台」の服装は、ガールズ・セクシー・ファッションのグローバルな流行であり、また同時に台湾の最もローカルで最も草の根的なものであるが、両者の外見はまったく異なっていても、その間に真の衝突と矛盾は決して存在しないのである。

それゆえ「台妹」の登場は、「台客」の本来的な男性中心主義と男性的イメージを顕在化させただけでなく、さらに一歩進めて、「イメージ衝突」や「文化経路」の外部で、グローバルな再地引用にはパフォーマティヴな「反復の中の変動」の操作可能性がより備わっていることを開示したのであった（もはや「反復」と「変動」の二項対立ではなく、「変動」は「反復」から生じ、「反復」は必然的に「変動」を生むのであり、これはまた、「言語行為論」Speech Act Theory[25]を出発点とする「雑種性」「遂行性」などの理論概念のポイントでもある）。しかも、さらに重要なのは、「台妹」がジェンダー・イデオロギーの違いを顕在化させ、それによって、「台客現象」にジェンダー・ロールがあてはめられる過程で不意に起きた挫折をより目立たせてしまったことである。まさに「台客ロックコンサート」前後に起きた「ミス台湾コンテスト」事件は、「台客似不像」と「台妹似不像」の間に存在しうる桁違いの差別待遇を余すところなくあるがままに暴露したのであった。台湾のミスコンテストにはもともと論争が絶えなかったが、二〇〇五年八月、ようやく閉幕した「ミス台湾」コンテストはさらなる論争の的になり、諸々の学歴詐称や脅迫事件が起きただけでなく、主催者が賄賂を受け取って票集めをしたとまで告発されたのであった。ただし、そのときのコンテスト活動で最も注目を集めたのは、当時のニュース・メディアが「ミス台湾」グランプリ受賞者の「台湾国語」を話題にして、人気の出てきた「台客現象」に便乗しようと、マスコミに躍起になって売り込んだことだ。だが伍佰などの「台客」歌手をたたえたり、おだてたりするのとは異なり、「台妹」イメージのレッテルを張られたティアラの美女はメディアからダサいと批判され、あまり標準的でない「国語」をストレートに嘲笑され、テレビにはミス台湾の物まねショーまで現れ、「台湾」風味たっぷりの国語が大げさに演じられたのであった。

　自称「台客」の伍佰が「台湾国語」を話すと魅力的なのに、「台妹」イメージを押しつけられた「ミス台湾」グランプリが「台湾国語」を話すと、なぜからかわれるのだろう。もともと「台妹」の派手なセクシーさ、ミックス＆マッチとコラージュは、グローバル・ギャル風の表現であり、台湾の「リローカル」なトレンドの特色でもあるというのに、なぜひとことしゃべるや、すべての努力は台無しになってしまうのだろう。なぜある種の「台湾風味」は「本場風味」になるのに、ある種のそれはかえって「臭み」になってしまうのだろう。なぜある種の「趣味の悪さ」は「人気がある」のに、ある種のものは依然として俗悪・下品・粗野で、ばかにされるのだろう。なぜある人のミックス＆マッチはただのごちゃごちゃで、ある人のレトロは流行遅れとされ、ある人のコラージュはつぎはぎと見なされ、ある人の「似不像」は結局「四不像」の末路に落ちるのだろう。「台客」は「俗」（中国語のダサい）・「聳」（台湾語のダサい）・野暮ったさを自信・誇り・流行に反転できるのに、「台妹」はかえって不注意に発した二言三言の「台湾国語」によって永遠に復活不能となってしまう。「台客」の「台湾国語」がアイデンティティの正統なシンボルに転換するとき、「台妹」の「台湾国語」は「ある種治療の必要な障害」（胡淑雯 p.222）になってしまうのだ。[二二] この潜在的なあるかないかの「ジェンダーの境界」が露呈させるのは、単に「台客」女性版としての「台妹」の受動的で付属的な地位だけでなく、「台客」のフラッシュバックとしての「台妹」が騒動を引き起こし得るパワーである。「台妹」は「台客」に比して、ジェンダー、年齢、階級、文化イメージと社会受容の点ではマージナルであるため、かえってよりラディカルで徹底した理論的な疑義を提起し、我々にイメージと言語、グローバルとローカルの間に起こりうる断絶について再考するよう、またポストモダンのカーニバル的コスチュームの「似不像」の中に、なぜポストコロニアルのトラウマ的「四不像」がすでに存在しているのか、改めて精査するよう迫るのである。

四、ポストコロニアル政治と「四不像」のフラッシュバック

前節で述べたように、「台妹」が言語表現で犯した失敗が、まさにジェンダー差の運行メカニズムを通して、我々に容易に見せてくれるのは、「似不像」のカーニバル的なコスチュームの中に「四不像」が横すべりして紛れ込み、この横すべりの中に歴史記憶や感情構造、ハビトゥス、および権力ヒエラルキーが連れ出されることである。しかもこの時、「似」と「四」の同音異字によって、「四不像」はまさに「似不像」の理論概念の「フラッシュバック」となり、「視覚」イメージの「似不像」と「聴覚」イメージの「四不像」に断裂が生まれ、それによって、現在の「台客現象」における言語権力ヒエラルキーの潜在的な操作スタイルが暴かれるだけでなく、「台客」という語がかつて台湾史の進化プロセスで代表していた省籍差別（外省人は本省人の非スタンダードな国語を軽蔑し、自分たちとは異なる本省人の生活習慣には慣れない）と階級差別（都市／地方、南部／北部、中産階級／労働者階級が生み出す行為や立ち居振る舞い、言語表現の差異）も新たに召喚されるのである。

では、いったい「台湾国語」とはなんだろう。それはまさに国民党政府が台湾に移動した後、強力に推進した「国語政策」の産物である。国語を尊び、台湾語を貶める言語ヒエラルキーの上に構築されたため、台湾語なまりのある国語は「二等」国語となり、「二等」国民のイメージが充満したのであった。それゆえ、「台湾国語」の成り立ちは、家庭教育や出身背景、生まれ育った地域、言語環境の違いを指すだけでなく、ピエール・ブルデュー

（Pierre Boudieu）のいわゆるハビトゥス（habitus）としての話し言葉のアクセントや行為、立ち居振る舞いと、「身体的装い」としての身なり服装の間に起こりうる断絶をより顕在化させたのであった。[二三]「なまりを消す」ことは「身なりを変えること」に比して永遠に困難で非常に緩慢であり、多くの人にとって、一生達成できない努力である。それゆえ、装いは変えられても、なまりは変えられない「ミス台湾」は衆人の嘲笑の的になったのだ。「ミス台湾」が経済資本と引き換えに一部客体化された文化資本（流行のファッションとアクセサリー）を入手し、ひいては制度化された文化資本（学歴など認可されうる学識・教養能力）を製造（あるいは偽造）できるとしても、口を開くや、身体化された文化資本（動作や態度、話し方を含めた、TPOにかなった行為の養成）が不足しているため、退散するしかないのである。変更しやすい「外観や装い」と、それが難しい「なまり」の間の断絶によって、「ハビトゥス」（なまりのほか、立ち居振る舞いの数々、習慣的な言葉づかいなどが含まれる）は「身体的装い」のフラッシュバックとなり、「生活の癖」は「生活スタイル」のフラッシュバックになるのである。一挙手一投足によって、あなたがカジュアルスポーツ・スタイルのスケボー族か、三重（台北郊外）の暴走族かが即刻決定され、口を開けば、あなたが「イーストエリア・ギャル」か「ビンロウ西施」かが決まる、というわけだ。

　つまり、二級言語という「台湾国語」の位置づけは、目下の「台客現象」が関わる文化資本の違い、およびハビトゥス／身体的装いの断絶を私たちに教えてくれるばかりか、かつて一種の「汚名」であった「台客」がこの一連の「台客」「正名」運動の中で、未だに決して完璧な名誉回復（たとえ部分的な名誉回復とはいえ、「台客」の台湾国語の名誉回復空間は、明らかに「台妹」のそれをはるかに超えている）をしていないということも、十分納得させてくれるのである。それゆえ、ここで歴史に立ち返ることは、「台客」を永遠に不変で、停滞状態の「歴史名詞」とするのではなく、歴史を自己変化、自己脱構築する「差異化過程」（a process of differentiation）と見なすことであり、しかも、このプロセスが明確化するのは、まさに純粋な本源や純粋な差異というものはなく、ただ権力操作の下で絶えずヒエラルキー化されるダイナミックな差異区分があるということだ。しかも、このダイナミックな差異区分の歴史を通してのみ、この一連の「台客現象」における「台湾国語」のヒエラルキーの転換、および「台客現象」がいかに目下の台湾社会の言語ヒエラルキーのより複雑な状況を反映しているか、といった分析が容易になるのである。まず「台湾国語」を定義する上での二段階の転換について見ていこう。第一段階は、「台湾国語」がもともと台湾語なまりを帯びた非スタンダードな国語から、国語と台湾語アクセント、および国語と台湾語語彙の相互浸透と影響のもとに形成された新言語表現モデルであることを強調することへの転換である。この新たなモデルは、さらにあまたの政治家が公的な場で肯定的に披露し、台湾「本土アイデンティティ」論の推進にも積極的に協力したため、新「台湾国語」としてときにスタンダードな「純粋」国語より歓迎されるようになった。第二段階の「台湾国語」は、「中国／台湾」を区別する過程で新たに定位され、書き換えられたものである。もともと台湾語のアクセントによって、「内に向けて」違い（外省／本省）を区別した「台湾国語」は、今や「外に向けて」違い（中国／台湾）を区別するようになり、中国大陸の「普通話」（標準語）と対比することで、すべての台湾人の国語は「台湾国語」になったのである。

　この周縁化された「台湾国語」は当然、過去を振り返りつつ、旧来の「台湾国語」と新「台湾国語」の再定義をも行った。台湾語を新「国」語（台湾国の）にするという一部台湾語原理主義者の主張に加え、目下「台湾国語」の言説編成は、トランスカルチャーの開放的な多様性に向かっており、「台湾国語」は二級で劣った、且つマージナルで不純な台湾版普通話ではなく、原住民族や新旧移民の言語を融合させた多様性の包摂であることが強調されている。[二四] 例えば、「台客」のロックシンガー伍佰は、「台湾製造《メイド・イン・タイワン》」という曲の中で、「客家語は中原から来たんだ／台湾語は福建から／ナルアイヤワント〔オノマトペ〕で歌うのはイケテルぜ／国語は北京語だし／最近じゃベトナム語も入ってくる／オレたちはこんなもの全部ごっちゃにして／ヘッショイ、ヘッショイ、俺たちみんな／メイド・イン・台湾」と歌っている。この言語の一大融合が関与する脱歴史化、脱権力ヒエラルキー化の問題はひとまず置くとして、むしろ問うべきは、この包摂力のある新「台湾国語」が、省籍／階級／地域権力区分上の二等言語ヒエラルキー、およびなまりとしての旧「台湾国語」を真に解消できるかどうかという点である。伍佰は北京で「台湾国語」を誇れるのに（音楽界の帝王の台湾国語は台客ロックと同様、文化的な地域差のおかげで商品の魅力的な個性となり、中国大陸のトレンド市場打開の助けになるが、障害にはならない）、ミス台湾のティアラの美女は台北で「台湾国語」の汚名を脱却できず（口を開くや、年齢や性別、文化習慣上のマージナルであることが直に暴露されてしまう）、かつての「ミス中国」[26]が今日の「ミス台湾」へと転換した「本土化」の過程で、衆人の非難の的になったのである。「台客」の伍佰と「台妹」のミス台湾への差別的待遇は、まさに「台客」ルネッサンスとカーニバル的コスチュームの一大バックラッシュを現前化させる。つまり、「新台客」が「台湾国語」によって台湾イメージや本土アイデンティティ、あるいは商品の売れ行きを表現するとき、「台妹」は「旧台湾国語」によって「旧台客」の言語的トラウマを再現してしまうのだ。このジェンダー差と置換が巧みに暴いた「台湾国語」の新たなヒエラルキーこそ、「旧台客」／「新台客」、「旧台湾国語」／「新台湾国語」の相互間に揺らめく亡霊や「いかがわしさ」の原因なのかもしれない。

ただし、「台湾国語」は決して「台客現象」中、唯一焦点を当てられた言語ヒエラルキーではなく、英語がグローバル化した現在、それが国語や台湾語、台湾国語より優勢な言語となり、英語の介入によって形成された「米式国語」と「台式国語」はオリジナルの「台湾国語」を再構築するのである。本章第二節ですでに「ヒップホップ台」のＡＢＣ文化経路学が国民アイデンティティの単一な安定性をいかに揺るがし、ひいては「台湾で生まれ育ったＡＢＣ」の「似不像」をいかに生み出したかについて詳細に論じた。しかし、ここで引き続き考察したいのは、「ヒップホップ台」のＡＢＣ文化経路学の中に、なぜ「台客」と「台妹」固有のＡＢＣ言語のトラウマがそもそもすでに潜伏していたのか、という点だ。ここでいうＡＢＣは、もはや中国系アメリカ人のバックグラウンドを指すのではなく、グローバル言語としての基礎英語を指し、ここでの「台湾で生まれ育ったＡＢＣ」は、もはやグローバルな「再地引用」過程でオリジナルを曖昧にし、アイデンティティを揺るがす新品種ではなく、文化資本を持たず、ただ簡単な英語をしゃべりはするものの、台湾語なまりの濃厚な「台客」と「台妹」のことである。「新世代の台客は、友人間では互いに必ずイングリッシュ・ネームで呼び合い、男性たちはたいてい『アラン』『ディビッド』『マイケル』『ジェイソン』『アンディ』と呼ばれ、女性の場合は、『アップル』『ティファニー』『ミシェル』『シャネル』である。話の中にきわめて簡単な英単語を大量にはさみ、どの音節にも決まって重いアクセントが置かれている」（洗懿穎 p.10）。Allen が「エーラン」に、Apple が「エーポー」に変わるとき、この「四不像」の滑稽な中国語が真似るのは、まさに台湾なまりに影響された非スタンダードなイングリッシュ・ネームの発音であり、この「台式英語」は「台客」「台妹」のダサさを洋風に変えるだけでなく、台湾社会にあまねく存在する「下手糞英語」（原文「菜英文」）コンプレックスを余すところなく展開している。（二五）

しかも「台妹」の場合、ジェンダー・ヒエラルキーの点で劣勢にあるため、その「下手糞英語」コンプレックスは「台客」よりもさらに重い。

これら自称台妹の名流たちは、とかくこれといって台というわけではない。しかも正真正銘の台的な少女たちは、ふつうあまり台妹とは呼ばれたがらない。というのは「台妹が好き」とのたまう男たちは、台妹と歌ったり、踊ったり、一緒に遊んだりはするが、正式な恋人は台湾語より国語が流暢なばかりか、英語でさえ台湾語よりきれいにしゃべるからだ。

台妹は栄光の時代を迎えても、それを認めるのが恥ずかしいからか、ある種「低いところ」にいるという自覚によって、自分たちのなまりを必死で直そうとしてきた。今になっても、台客、台妹の多くは依然としてＡＢＣやＡＢＴの口調を真似し、台湾国語の ji・qi・xi を米式国語の zhi・chi・shi に置き換え、ヒップホップ・スタイルやあか抜けた挑発性を大げさなまでに演出しているのである（胡淑雯 p.218, 221）。

ここで言われる「台妹」は、あきらかに国語が台湾語より流暢で、英語が台湾語よりきれいな「台湾生え抜きのＡＢＣ」ではなく、国語でさえ満足に話せず、中国系アメリカ人のＡＢＣが話す米式国語を真似る「台湾生え抜きのＡＢＣ」のことである。「高級国語人」や「国際英語人」との対比の下では、「台」は国語がスタンダードか否かだけでなく、英語の良しあしや、流暢かしどろもどろかという点でも区別されてしまう。「台妹」の言語的トラウマの原因は、「台湾国語」だけでなく、身の程知らずに他人を真似た「米式国語」とやはり身の程知らずな「台式英語」にもあるのだ。一方、「台客」の言語的トラウマは、「台湾国語」の一部が段階的な名誉回復をなされたとはいえ、やはり「米式国語」と「台式英語」を話せば水泡に帰すという点にある。

ただし、あれほど「最高」の言語ヒエラルキーにいるＡＢＣ「ヒップホップ台」（英語は上手で、「米式国語」は可愛くて魅力的、おまけに台湾語まで話せる）が、必ず「台客」のトップの座を安定して確保できると、我々は無邪気に信じるべきではない。本章第二節で述べたように、「偽台湾人」の代表とされるL.A.Boysであれ、「偽台客」の麻吉Machiであれ、彼らが多方向に離散した文化経路によって、単一民族のアイデンティティと一族の根源を巧みに揺るがすとき、彼らは同時に国籍不明・血統不純で洋風口調のために疑問視されるのである。しかもたいていの場合、彼らはあたかも流動的に生成し、曖昧に揺れる「似不像」にも見え、あっという間に、「中」でもなく「西」でもない、得体の知れない「四不像」と一緒にされてしまう。

麗しの宝島　人間の天国　台湾人であることを誇りに思え
おれたちの国土　おれたちの故郷　なんで全身洋風にしちゃうわけ
おまえがいくら洋風ぶってもへまするだけで、傍で見ててつまんない
おまえのわけわかんない四不像の感じは　ほんといやだぜ
台客song〔27〕なんてこった　兄弟げんかしてどうすんの
台客songすげえ　これがおれたちの文化だって知ってんの
台客songチョーすげえ　不満があれば大声で言えよ
台客songけっこうすげえ　夜も遅くなったし、急いでうちに帰ろうぜ

台湾の六甲楽団〔二〇〇三年に結成された六名よりなるラップグループ〕が歌ってヒットしたこの「台客song」が、歌詞の中で名指しで批判している「四不像」は、言うまでもなく全身西洋人気取りの「ヒップホップ台」やＡＢＣ「ヒップホップ台」のことである。それゆえ、この曲は学者から「ヒップホップ・カルチャー」に対する「台客文化」による批判であると解釈されたことがあった（葉永文p.17）。ただし、「ヒップホップ台」の提示しているのがグローバル・ヒップホップ・カルチャーの再地引用（「台」の中にヒップホップあり、「ヒップホップ」の中に台あり、「偽」ヒップホッパーこそ「真」の台客であり、「偽」台客は必ず「真」のヒップホッパーである）であるなら、この「四不像」という言葉の暴力が展開しているのは、「台客」の「外部」と「非台客」の境界区分ではなく、「台客」の「内部」、ひいては「ヒップホップ台」「内部」の境界区分なのである。歌詞の中で、台湾人のプライドを英語なまりの「ヒップホップ台」の嫌な感じと対比しつつ、郷土化された「国土」イメージの中で、おれたち／おまえたちの差異を区別し、自分たちがいじめられ、排除されたところから生まれる反撃感情によって、全身西洋人気取りのやつらに対

する人身攻撃を合理化しているのだ。ただし皮肉なことに、「台客 song」はうぬぼれを披露すると同時に、かえって自分たちのコンプレックスを露わにし、また全身西洋気取りのやつらを攻撃すると同時に、かえって自分たちの「下手糞英語」コンプレックスを暴露してしまう。「爽」〔sòng〕を同音の「song」へと変えることは、きわめて稚拙なＡＢＣ「台式英語」を披露することに他ならないからだ。しかも「台客」を自ら標榜する六甲楽団は、同様に音楽スタイルにラップ風味を交えた「台客 song」によって、識別され、区分された様々な暴力が至るところに存在することを繰り返し教えてくれるだけでなく（「台客ルネッサンス」を標榜する台客ロックコンサートでさえ、少数の「台客」ミュージシャンが舞台上で観客を煽って韓国スターのペ・ヨンジュンを公然と口汚く罵り、「韓流」に対する反動を言葉で発散している）、さらに、「似不像」の存在がグローバルに増えれば増えるほど、「四不像」へのローカルな批判も増え、自分が「似不像」であるかどうか焦れば焦るほど、他人を「四不像」であると批判する暴力も増える、ということを再度明確に示してくれるのだ。

だが、「似不像」と「四不像」の間の横すべりは、「台客現象」における省籍／階級／ジェンダーなど権力差の上に構築された言語ヒエラルキーに現れるだけでなく、同時に物質の生産・流通ルート、および文化的地政学上の真正品と偽造品の差異にも現れる。もし、「ヒップホップ台」が「似不像」であるため、「真のヒップホッパー、偽の台客」「偽のヒップホッパー、真の台客」という批判と非難を受ける中で、「真」の台客がヒップホッパーを必要とする点をうまく反転できるなら、「偽」台客ははじめて「真」のヒップホッパーの文化経路学になりうるのである。あるいは、「辣妹台」が「似不像」であるという点で、オリジナル／海賊版の二項対立を脱構築し、オリジナルこそ海賊版で（オリジナルの「１０９ギャル」は海賊版である）、海賊版すなわちオリジナル（「西施辣妹台」のグローバルな独り歩き）であることの積極的な可能性を展開するなら、ここで我々が追究しなければならないのは、もはや「四不像」とは「虎を描いて犬に似る」という嘲笑ではなく、原本通りではないコピーの「真似しても似ていない」という批判でもなく、むしろ、「四不像」がいかに「路径《ルーチン》」〔「経路」の意〕を「入境《ルーチン》」に変えたのか、「假道借徑」〔道を借りて経由する〕の「假」をいかにより「假」に変えるのかということである〔「真／偽」に対する「偽」ではなく、「偽」に対するイメージ衝突、「偽」の文化経路が生み出す時間的遅延、空間的移転である〕。グローバルな「再地引用」は単に「経路」の問題ではなく、同時に「入境」〔入国〕の問題であり、さらに「郷に入っては郷に従え」の問題なのだ。つまり、（1）グローバルもいったん入国すれば、ローカルな風習に「従う」ことが必要で、ローカルなテキストに文脈化されなければならず（con-textualize）、（2）グローバルな入国は「即刻」、「台」や「俗」に変わり、「遅れてきたモダニティ」（belated modernity）としての「台」、「グローバル・カルチャーの周縁性」としての境遇を現前化させる。この二重の含意と同時に操作される「郷に入っては郷に従え」によって、「似不像」は絶えず「四不像」へと横すべりし、「四不像」は絶えずフラッシュバックのスタイルで現れ、ポストモダンの「似不像」はポストコロニアルの「四不像」の「いかがわしさ」を浮動させるのである。[二六]

　本章の結論で、我々はふたつの異なる引用を比較し、ジェンダー差の論理に依拠して、イメージと実物、美学と倫理、言説と実装〔実行する、実現させること〕の断裂の中で、「台客」「似不像」の前衛的なリベラリズムと「台妹」「四不像」の居心地の悪い苦衷を対比させたい。最初の引用は、「台客」の伍佰や黄俊雄など[28]「台客美学前衛派」を出発点に、文化ミックス（mix）の精神で「偽造共和国」と「台客共和国」としての台湾のプライドを讃えたものである。

　民国六〇年代の経済的テイクオフ後、台湾社会全体の発展は、「ダサい」から「上品」への変化というより、むしろ「田舎のダサい」から「台北のダサい」へ、さらに「世界のダサい」に至ったということ、つまり「下請け共和国」から「偽造共和国」へ、さらに今日の「台客共和国」への変遷であった。今まで混血と変化は矛盾していたが、それこそがこの土地に確立された文明の本質だったのである。土俗的な生命力は台湾の移民社会の本質だが、それに加え、一貫してコピーや寄せ集め、コラージュに長けた台湾人の性格は時間的な経過の中で絶えず様々な要素を沁みこませ、自己増殖と転化を繰り返してきた。その結果、一世代上の人たちが片時も忘れない「蜂蜜が不純ならすぐ首をはねる」といった規範的な台湾らしさは日ごとに廃れ、「ビールとトマトジュースのカクテル（レッドアイ）」や、「ロゼワインのシードル割り」といった類の混血・異種交配の台湾文化に変わったのである（楊沢）。

もし伝統的で保守的な観点から、「台客」や「台妹」とはまさに流行への盲従であり、「下手糞」で「稚拙」なスタイルによる外国製ポップカルチャーのコピーで、しかも、このわかったようなわからないような、独りよがりの薄っぺらな模倣こそ、まさに台湾に文化的主体性が欠けていることのネガティブ・リストであるというなら、ここでの解放的な論調は、模倣やコピー、コラージュを台湾の文化的主体性の表現と見なすことである。しかも、このような前衛的解放論は、この一連の「台客現象」の至るところに見られるのである。例えば、「我々に見えるのは、もはや単に植民地帝国による暴力的な侵略によってオリジナリティを欠いた、ただ拙劣な『日本の真似』や『ヒップホップの真似』しかできない弱小民族ではない。あのいわゆる奇妙な日本の真似やアメリカの真似というのは、実は台湾特有の自由なオリジナリティなのである」（呉瓊枝）といったものだ。

「偽造共和国」としての「台客共和国」の楽観的な進取の気風に対して、第二の引用は「台妹」の生活実践面を切り口とした文章で、まったく異なる一面を提供している。

CC[29]のような台妹には、どうしても「流行」を定義する権利が得られないため、模倣術をしっかり身につけ、手薄な資本に頼って海賊版と複製品で生きるしかない。ナイトマーケットで売られているのは、「LV」のバッグや「Burberry」のスカーフ、「Calvin Klein」のショーツ、「インド」のテータリック（マレーシアやシンガポールで愛されるミルクティー）、「フランス式」クレープ、「正統」大阪お好み焼きなどだが、オリジナルに忠実なものは皆無で、どれもみな台湾風である。

彼女たちはおしゃれが大好きな露店ガールで、流行りものとトレンドには少しの警戒心もなく、蔡依林《ジョリン・ツァイ》や浜崎あゆみの複製品になることなど気にしたことはない。ただ、衣装代は人さまの百分の一にすぎず、安いコピー品を充てるしかないのだ。自由に使える財力も、美貌も足りないのを知っているので、彼女たちは一種の「過剰」な美学を開花させ、平日、収奪してきたひとつひとつの流行の要素をすべて身に着けるが、それが同系統のものか、内在的に均衡がとれているかはどうでもよい。芝居じみたスタイルでガチャガチャと衝突する色彩、粗雑なディテールを繰り広げ、気だるそうな崩れた足取りで盛んに見せびらかしている。一種の粗野なバロックである。（胡淑雯 p.219）

ここに描かれた「台妹」の模倣術は、もはやポストモダンが装うカーニバル的遊び心とクリエイティブなエネルギーを強調してはおらず、反対に彼女らが文化資本の上で複合的な弱者であることを故意に目立たせ、その模倣術をポストコロニアル状況下の身の程知らずで拙劣な模倣へとあっけなく下落させる（口を開くや、状況はより悪化するだろう）。ここでの「過剰」はファッションショーに見られる精緻なディテールのバロックを指してもいいし、偽造品や露店の安価で粗雑なバロックを指してもいいが、両者はいずれもコラージュであり、ミックス＆マッチやレトロであり、過剰でもある。ただし、前者と後者が「イメージ衝突」の上で瓜二つの「似不像」を出現させるとしても、前者は文化資本と地政学の高位にあり、後者は反対に「四不像」が招く他人の嘲笑と自分自身のやましさ

からどこにいっても逃れることはできない。[二七]

もし我々が「真のヒップホッパーと偽の台客」、「偽のヒップホッパーと真の台客」の「真偽」の問題をすでにうまく脱構築してしまったのなら、真正品の「真のヒップホップ台」と偽造品の「偽のヒップホップ台」を区別する必要はあるだろうか（たとえこの「偽のヒップホップ台」が早期ヒップホップのコピーや複製、コラージュ、レトロ精神に最も符合していたとしても）。有名ブランド真正品のバギーパンツと露店の偽造品のプラットフォームブーツには、いったい商品ヒエラルキー上の差はあるのだろうか。我々は文化経路と理論概念を操作する上でオリジナル／コピーの二項対立は簡単に反転できるが、真正品／偽造品の違いは迅速に、また、そう簡単に反転することはできない。なぜなら、後者が関与するのは、映像コピーと実物の精緻な質感などの問題だけでなく、文化流動の歴史地政学と文化創造の出・入国問題だからである。「ブランド商品」のフラッシュバックとしての「偽造品」は、また「商品」のフラッシュバックとしての「傷物」（原語は「傷品」で、中国語では「商品《シャンピン》」と「傷品《シャンピン》」は発音 shāngpǐn が同じ）でもあり、それが顕在化させるのは「文化帝国主義」や「遅れてきたモダニティ」などの問題だけでなく、かつて台湾が「グローバル下請け王国」であり、後にグローバルな「偽造品王国」となった産業史であり、この亡霊に取りつかれた歴史は、現在の「台客現象」の中に現れるすべての「似不像」に、よく知っているのにうす気味悪く、二重でもあり、分裂してもいるという「いかがわしさ」を加えるのである。[二八]「ヒップホップ台」の文化経路の「似不像」に透けて見える「いかがわしさ」、「辣妹台」のイメージ衝突の「似不像」に透けて見える「いかがわしさ」は、瓜二つで真偽の定かでないポストモダンな「偽もの」（simulacrum）であり、また「ほとんど同じで、異なってもいる」ポストコロニアルな「偽もの」（mimicry）でもある。「文化経路」を用いてオリジナル／コピーの対立とヒエラルキーの脱構築が可能なときでも、我々は依然として地政学上の「文化入国」の方向・時差・移動の問題を解決できず、物質の生産流通ルート上の地域格差を解決することもできない。我々はグローバルな「再地引用」から生まれる「イメージ衝突」や「迂回借道」〔迂回し、道を借りること〕、「反復変更」を肯定すると同時に、依然として「文化入境」と「文化入超」が現前させる二級の辺境的地位という問題を説明することができないのである。

「似不像」はグローバルになされるローカルな出入りや「根源を経路に変える」方法により、「根源」神話と「本土」神話をうまく脱構築したが、「四不像」の方はポストコロニアルな模倣の時差や「路径を入境に変える」方法により、過去を振り返りつつ改めて辺境の時空的差異や「反復変更」の緩急速度を問い直す。本稿を論じるに当たり、まず「似不像」を扱い、次いで「四不像」を前者の「フラッシュバック」としたが、「四不像」のポストコロニアル批判を「似不像」のポストモダン的脱構築に完全に交代させようとしているわけでは断じてない。「似不像」理論の内在的なパワーは、まさに「四不像」に向かって横すべりしていく可能性に見られるが、「四不像」の批判的影響力は、「似不像」のグローバルな流動から来ており、両者の間の持続的な回転運動と相互妨害は、おおよそ本稿が明確化したい後続理論の方向性である。一方、「台客現象」における「似不像」と「四不像」の錯綜は、まさに「ポストモダン」と「ポストコロニアル」の錯綜でもあり、「ポストモダン」の「言語／身体的多様性」としての「台客」と「台妹」は、台湾の「ポストコロニアル」な歴史的文脈と文化的変遷における「似非《えせ》」の持続的生成物なのである。「似不像」が我々を助けて「国民論」を揺るがし、「台湾主体論」を脱中心化すると同時に、「我々はみな台湾人である」が「我々はみな台湾人みたい」となり、それによって「台湾人」は、「台客」「台妹」と同様、イメージ衝突から出てきた「合成人」（cyborg）と文化経路化された「雑種」（hybrid）となり、絶えず開放的で、変貌する（becoming）運動量に満ち溢れる。ただし、「四不像」が我々を助けて服装／言語の断裂やグローバル映像／ハビトゥスの断裂、有名ブランド真正品／露店偽造品の断裂を見せてくれるとき、我々は依然として遍在する言語・文化のヒエラルキーと絶えず操作される階級的格付けから逃れることはできない。結局、「我々はみな台湾人みたい」に対応するのは、ややもすれば「我々はみな四不像である」というポストコロニアル的自嘲であり、この自嘲の中で台湾はグローバルなポップカルチャーの周縁的位置にいるということがはっきりと見えるのであり、改めて「グローバル／台湾」の間の巨大な権力ヒエラルキーの差異を実感するのである。

本論の初校は、『中外文学』（第三五巻第六期、二〇〇六年一一月、八五～一三四頁）に発表された。これは国家科学委員会の特別計画『身体―都市』三年期計画の一年目の部分的研究成果である。

引用文献

Ang,Ien. *On Not Speaking Chinese: Living between Asia and the West.* New York: Routledge, 2001.
Balibar, Étienne. *We, the People of Europe ?: Reflections on Transnational Citizenship.* Trans. James Swenson. Princeton: Princeton UP, 2004.
Bourdieu, Pierre. *Outline of A Theory of Practice.* Trans. Richard Nice. New York: Cambridge UP, 1977.
———. *Distinction.* London: Routledge, 1984.
Clifford, James. *Routes: Travel and Translation in the Late Twentieth Century.* Cambridge, MA.: Harvard UP, 1977.
Gilroy, Paul. *The Black Atlantic: Modernism and Double Consciousness.* London: Verso, 1993.
Mitchell, Tony, ed. *Global Noise: Rap and Hip-Hop Outside the USA.* Middletown, Connecticut: Wesleyan UP, 2001.
Polhemus, Ted. *Style Surfing: What to Wear in the 3rd Millennium.* London: Thames and Hudson, 1996.
王美珍「就是Over了一点：台劇裡的台客精神」『Call me 台客!』洗懿穎編、台北：網路与書、二〇〇五年。七六～七九頁。
毛雅芬「大支：台客是気質問題」『誠品好読』第五六期、二〇〇五年七月、六〇～六一頁。
尼爾遜・喬治（Nelson George）／何穎怡訳『嘻哈美国』（Hip Hop America）、台北：商周二〇〇一年。（ネルソン・ジョージ著、高見展訳『ヒップホップ・アメリカ』ロッキング・オン、二〇〇二年七月）

史莱姆「站在台客的肩上之『開門八件事』」『Call me 台客!』洗懿穎編、台北：網路与書、二〇〇五年、一二～二七頁。
史莱姆・呉瓊華・博瑞思「檳榔西施：公路上的最佳〈涼〉伴」『Call me 台客!』洗懿穎編、台北：網路与書、二〇〇五年。九〇～一〇三頁。
江家華採訪「在地台：蕭青陽」『誠品好読』第五六期、二〇〇五年七月、七〇頁。
呉瓊枝「台客文化：一種源自於台灣的自由独創精神」Date of Access: 2006/8/1. http://reset.dynalias.org/blog/2004/06/post_108.html
李明璁「当我們台在一起：「不断台客」論」『文化研究月報』第五五期、二〇〇六年二月二五日、Date of Access:2006/5/29. http: //www.cc.ncu.edu.tw/~csa/journal/55/journal_park421.htm
林欣誼・許正平整理「同様是台，不同時代」『誠品好読』第五六期、二〇〇五年七月、四四～四八頁。
林浩立「流行化・地方化与想像：台灣嘻哈文化的形成」『人類与文化』第三七巻、二〇〇五年九月、七～二八頁。
林宏瀚「關於台客的另一種品味区判：新台客論述及其争議」、「台客再現：庶民文化与身分認同」研討会、社団法人台湾北社主辦、二〇〇六年五月二八日、台北。
林宏瀚・廖千瑩・徐意欣「新台客・現象説」『誠品好読』第五六期、二〇〇五年七月、四三頁。
洗懿穎編『Call me 台客!』台北：網路与書、二〇〇五年。
邱貴芬「『発現台湾』：建構台湾後殖民論述」『後殖民理論与文化認同』張京媛編、台北：麦田、一九九五年、一六九～一九一頁。
胡淑雯「台妹的復仇」、『哀豔是童年』、台北：印刻、二〇〇六年、二一七～二二二頁。
連建興「新台客正騒熱」『誠品好読』第五六期、二〇〇五年七月、七六頁。
『島嶼辺縁』第八期「假台湾人」専輯、Date of Access: 2006/8/9. http://intermargins.net/intermargins/IsleMargin/alter_native/an07.htm
梁妃儀採訪「『超級両代電力公司』，給個説法」『誠品好読』第五六期、二〇〇五年七月、四九頁。
黄千千「台湾台客爽：以羅蘭巴特対焦台客幻境的集体塑造運動」『文化研究月報』第五五期、二〇〇六年二月二五日、Date of Access:2006/5/29. http: //www.cc.ncu.edu.tw/~csa/journal/55/journal_park421.htm
黄志豪・黄尚智・曹明正・陳怡静「青少年解放陣線：台客文化研究」『星報』二〇〇三年二月一七日、Date of Access:2006/8/1.

http://intermargins.net/intermargin/YouthLibFront/news19.htm

陳佳鑫「台湾嘻哈風発燒」『中国時報』二〇〇三年八月三日。

陳建志「新族類演進中！」『中国時報』人間副刊、二〇〇六年三月二一日。

彭暁珍「『正港』台客現身（声）：台客自我論述及其分析」『文化研究月報』第五五期、二〇〇六年二月二五日、Date of Access:2006/5/29. http: //www.cc.ncu.edu.tw/˜csa/journal/55/journal_park423.htm

葉永文「当代台湾青少年文化的歴史与社会分析：以嘻哈文化与台客文化為例」『思与言』第四三巻第一期、二〇〇五年三月、一～二四頁。

葉虹霊「『在階級与族群之外：台客風潮初探』：一個研究筆記」『文化研究月報』第五五期、二〇〇六年二月二五日、Date of Access:2006/5/29. http: //www.cc.ncu.edu.tw/˜csa/journal/55/journal_park397.htm

楊沢「台客美学先鋒派」『中国時報』人間副刊、二〇〇五年八月一七日。

楊沢口述、許正平採訪「還要性感還要辣：『檳榔西施』的角色扮演」『誠品好読』第五六期、二〇〇五年七月、五二～五三頁。

鄭凱同「什麼是『台』？　台湾文化図像中的模糊地帯」『当代』第一九五期、二〇〇三年一一月、六〇～七九頁。

蒋文慈「新台妹混搭風」『誠品好読』第五六期、二〇〇五年七月、七八頁。

謝一誼「台客舞庁的舞蹈政治」『文化研究月報』第五五期、二〇〇六年二月二五日、Date of Access:2006/5/29. http://www.cc.ncu.edu.tw/˜csa/journal/55/journal_park422.htm

蕭旭岑報導「連勝文扮台客，助選団要走透透」『中国時報』二〇〇五年一一月一日。

聶永真「突然変得很台：関乎一種個性族群的『美取向』」『Call me 台客！』洗懿穎編、台北：網路与書、二〇〇五年、八〇～八五頁。

【原注】

（一）今のところ「台客」という言葉に関する「系譜の考証学」には、インターネット・テクストから来る自己増殖（意味のない創造性と趣味性の充満）のほか、歴史的変遷（縦の深さ）の強調と空間分割（平面）の強調から来る断裂、さらに「歴史化」、「政治化」と「脱歴史化」、「脱政治化」の間の張力も氾濫している。本稿はこの語の運用上、比較的開放的で流動的な観点を採用し、ひとつの基準に拘るつもりはない。それによって、現在この語の広がりが生む様々な現象と徴候を幅広く取り入れることができるだろう。「台客」の系譜の考証学が影響を与えうる（トランスナショナルな）文化的経路を、理論を通していかに展開していくかは、本章第二節の「ヒップホップ台」とローカルなＡＢＣ〔American-Born Chinese〕文化に関する議論の中で試みたい。

（二）ここでいう「台客ルネッサンス」とは、ミュージシャンの伍佰が二〇〇五年八月の台客ロックンロールコンサートで広めたスローガンである。この「ルネッサンス運動」という言い方は、『誠品好読』二〇〇五年七月号の台客特集、『中国時報』文芸欄の「台客美学先鋒派」〔台客美学前衛派〕シリーズ、および『call me 台客!』などのムックでも大いに喧伝された。だが、反対の騒ぎも起こった。その代表的なものは、台湾北社〔二〇〇八年に、台湾が主権独立した現代国家であることを目指して設立された超党派団体〕、台湾教師協会、台湾教師連盟など「本土社団」〔台湾独立を目標とする台湾社会団体の総称。北社、中社、南社、東社、客社、台湾社、台湾国家聯盟、一辺一国連線などが含まれる〕が台客ロックンロールコンサートに対して開いた「台客撤廃記者会見」である。彼らは、「台客」は差別語であり、「旧文化の覇権的植民地主義現象」や台湾に対する中国の覇権的威圧感が溢れている、と強調した。

（三）まさに楊沢が「台客美学先鋒派」で言うように、「大丈夫さ、この宝島ではみんなが台客なんだから！」というわけである。〔楊沢の「台客美学先鋒派」は、二〇〇五年八月一七日に『中国時報』の文芸欄「人間副刊」に掲載された。〕

（四）本書第二章「ハプティック・グローバリゼーション」で、初歩的な試みとして「似不像」理論の概念を展開した。つまり、「四不像」と「似不像」の横すべり的連想を通して、『グリーン・デスティニー』を対象にトランスカルチャー受容の解釈を行い、武侠映画の「ハプティック・スペース」とＳＦテレビゲームの「ヴァーチャル・スペース」の、似ているようで似ていないオリジナルな想像連結（imaginary articulation）を強調したのである。そこではまた、「似不像」の概念を一歩進めて自作の英単語“simularity”に転換し、四不像のスタイルで similarity, simile, simulation, simulacrum（四者はいずれも「相似」のラテン語幹 similis から来ている）を結合し、一種のシミュレーション幻影の既視感を強調した。換言すると、本稿は理論枠組みの上では、中国語と英語、母語と外来語の間の文字転換を発想の出発点として展開するが、単一のポスト構造主義理論体系を忠実に援用したり、単一の理論家の理論を踏襲したりはせず、台湾の特殊な社会文化的文脈というテクストから出発し、既成の理論と連結させたり、反転させたりして、新たな異質の構造を展開するものである。それゆえ、「似不像」と「四不像」の横すべりは、まさに「台客現象」というテクストの文脈で本稿が「理論化」しようと力をいれた点である。

（五）ここで「四不像」が前提とする独立・閉鎖した単位と結合の概念は、本章第二節の「新台湾人」（福佬人＋客家人＋外省人＋原住民族）がやはり「四不像」であり、「似不像」ではないという議論の中でさらに具体的に説明されるだろう。

（六）「台客」の服装に関する報道は相当多く、相互の重複度も高いが、ここに列挙した二項目は、多数のネット上の文章と『銭櫃雑誌』『星報』のようなメディア関連の報道を総合した上で引用したものである。

（七）これは、台湾の著名デザイナー蕭青陽が「好客楽隊」〔二〇〇三年に結成された五名からなる音楽グループ。客家民謡を核に原住民歌謡・ジャズ・ロック・ワールドミュージックを織り交ぜた独特のスタイルが特長である〕の客家語アルバム『好客劇』について企画したアルバムジャケットの構想である。江家華のインタビューを参照のこと。この種の「四不像」に似た思考論理と組み合わせ法には、他の例が多数含まれている。例えば、ストリートダンスとラップを取り入れた歌仔戯《コアヒ》〔台湾の伝統芸能。台湾オペラとも呼ばれる〕は、ヒップホップの要素を台湾の伝統文化に融合させ、台湾風味のヒップホップ・スタイルを作り上げたと強調されている（陳佳鑫）。この種の「四不像」のケースは、いずれも明らかに外来／本土の二項対立を前提としたものである。

（八）グローバル・ヒップホップ・カルチャーの側面には、音楽・映画・服装といった流行娯楽産業などが含まれるが、本稿の論述は、どちらかというと服装の変遷とグローバルな流行に焦点を当てている。ラップミュージックのグローバルなローカル化については、Mitchell を参照のこと。また、林浩立の文章は、台湾におけるヒップホップ現象には、台湾でローカル化された発展とローカル化のプロセスをより明確に示している。つまり、「台湾のヒップホップ・カルチャーの特殊な史的後の結果が見て取れるような、多くの側面や要素がある。早期のラップミュージックと歌仔戯の伝統との結合から、政治的テーマの表現、最近のメディアが練り上げたヒップホップの誇張した肢体動作と言語（最も有名なのは、呉宗憲の文句『Check it out, 看到鬼 now』であろう）、政府主催の各種ヒップホップ関連活動がイメージを打ち出した『活力・健康・快楽』のヒップホップ現象まである」という（林浩立 p.10）。〔呉宗憲《ジャッキー・ウー》（一九六二〜）はバラエティー番組で活躍する台湾の司会者・歌手・俳優。「Check it out, 看到鬼 now」は、英語と閩南語の混合で、あえて訳せば「よく見ろよ！　びっくりした、変なものが見える」だが、実際、これといった意味はない」

（九）ヒップホップ的なゴールドのネックレスと、台湾式のゴールドのネックレスには細部の多くに細かい違いがあり、特に飾り部分の図案やデザインは異なる。ただし、ここで強調するポイントは、外形と材質上の極度の類似である。もしヒップホップ・カルチャーにおける「ゴールドの太いネックレス」の歴史的変遷という点に戻るなら、そこにはヤクザの派閥文化が連想されるだけでなく、金持ちに対する都市の少数弱小勢力と移民族群の具体的なイメージも投影されている。

（一〇）バギーパンツの流行には明らかなジェンダー差が見られた。まずヒップホップのだぶだぶの身なりは脱ジェンダー的なユニセックス化の傾向にあったが、後に発展していく過程で、女性はだぶだぶの上着を捨て、身体にフィットしたセクシーなデザインに走り、男性のバギーパンツはますますファッション化・細分化し（トランクス上部のロゴと流行のマークを露出するというような）、女性のバギーパンツも「お尻の割れ目」を新たなセクシーさとして押し出した。

（一一）国民党立法委員でオリンピックのテコンドー銀メダル受賞者黄志雄もこの活動に加わったが、その服装は「鮮やかな赤のパーカーに白の長ズボン、首にはゴールドの十字架をつけ、ゴールドのバックルつきベルト」で、かなりの「ヒップホップ」スタイルであった。同じく蕭旭岑の報道を参照のこと。

（一二）厳密にいうと、完全に「トレンドを外れた」「非トレンド」のものなどなく、単にリニューアルや交替の速度が速いか遅いかの違いである。いわゆる「非トレンド」とはややもすれば単にあまりに長いこと流行らなくなったトレンドに過ぎず、日常生活にすっかり沈殿し、それが出てきた当初の目新しさやオシャレな感じが完全に忘れられたものである。「非トレンド」を論じるもうひとつの方法は、トレンド論そのものが「トレンド内部」で発展させた「非トレンド」、いわゆる「古典」(classic)が、逆方向の操作（時間の流れを極度に緩和させる）によって、完璧な形式（これ以上の進化はすでに必要ない）とブランドの悠久の歴史（すでに古典化・芸術品化されている）というわべの現象を創造することである。

（一三）だが、権力の配置と欲望の構造からいうと、「ヒップホップはまさに台である」と「台はまさにヒップホップである」とはやはり同等の言い方ではなく、本章第四節で、ポストコロニアルの角度から、改めてここでのオリジナル／コピーに関する脱構築的な反転を扱い、その中の地政学的な権力の差異を析出していく。

（一四）もちろん我々は続けて、ミックス&マッチ、コピー、レトロの派手な「スタイル」もいつかは流行遅れになる日が来るのだろうか、と追及してもよい。「台客」が再び原初に戻るということは、単なる「廃れた流行」（「最新シーズンのレトロな流行」ではない）や「やぼったさ」（「やぼったさ」と「外国風味」の衝突ではない）、「俗気」（贅沢な派手さではない）、「悪趣味」（トレンド論が加工処理した後の新美学ではない）になることにすぎないのだ。もし「スタイルのグループ」が登場し、単にそれがトレンドの直線的で循環的な時間の発展過程のひとつの段階に過ぎないなら、この空間的な区分の並置は、本来的な時間性に備わる古いものを新たなものに変えていくことを巻き込んでしまうだろうか。もしミックス＆マッチ、コラージュ、コピーがもともとのあらゆるトレンドのランクと論理を解消したのではなく、トレンドを組み合わせた一種の新スタイルにすぎないなら、あの宣告「トレンドは死んだ」という新世紀の新民主時代は、トレンドの独裁政治プロセスのひとつの選択肢にすぎないのだろうか。

（一五）当面、学術界が援用しているポストモダンとポストコロニアル理論は、いずれも「言語論的転換」後の構造理論に属し、両者は複雑に絡み合い、截然と二分することはできない。本稿の文脈では、どちらかというと「ポストモダン」によって（美学）スタイルのコラージュ、コピー、雑種、混血を識別し、この（美学）スタイルが現れたことを強調するが、同時にそれは「（ポスト）コロニアル」な政治・経済・文化的文脈の中に置かれて、「政治化」されなければならない。換言すれば、本稿の強調したいポイントは、「ポストモダン」における「ポストコロニアル」であり（ポストモダンの「似不像」はつねにポストコロニアルの「四不像」である）、これら二者の間にありうる対立関係ではない。

（一六）当然、麻吉こそ目下流行中の台客を代表しているというような、異なる見方もある。例えば「台であっても時代に即して発展変化するわけで——歌手でいえば、麻吉、蕭亜軒《エルバ・シャオ》、李玖哲《ニッキー・リー》、謝金燕、S.H.E、ENERGY、ブリトニー・スピアーズなど、ミュージック・ジャンルとしては、heavy bass の類、ラップ・ミュージック、アレグロ・ポップなどが挙げられる」（聶永真）といったものである。

（一七）先に言及した台湾北社など「本土社団」が提唱した「台客排除記者会見」と国民党の「きらきら台客選挙応援団」のほか、『阿扁電子報』に張り付けられた「不同的斯斯，不同的台客」（異なるスースー、異なる台客）などの文章が含まれる。（正式な名称は『阿扁総統電子報』で、陳水扁が台湾総統であった時期に、台湾総統府が発行していたメールマガジン。陳水扁は二〇〇五年九月発行の『阿扁総統電子報』に「不同的斯斯，不同的台客」と題した一文を発表し、「台客」と台湾人意識を結びつけ、当時、台湾社会で盛んになっていた「台客」正名運動を肯定した。）

（一八）既存の台客論に見る真／偽の二項対立を脱構築する方法は、もっぱら「消費プロセス」と「流用プロセス」の創造力の有無を一方的に重視するばかりで、「真」と「偽」を完全に定義し直すようなことはしていない。つまり、「台湾ヒップホップとは、アメリカ式青少年のポップカルチャー Hip-Hop だが、本土色濃厚な台客とはどのような関係があるのだろうか。ヒップホップ・スタイルを装った台客というのは、まさに自ら認める『偽ヒップホッパー』だが、新台客は真偽の問題などまったく気にしておらず、異なる文化商品を流用して、自分たちの意義をいかに新たに創出するかということこそ、彼らの関心であるとも言われている。『消費』の中で一種のアイデンティティを積極的・主体的に創造し、維持すること――これこそまさに新台客の創造力あふれるところなのだ」（林浩立 p.43）。

（一九）この誤りが伝播した出鱈目な事件については、呉文の「注釈三」が参考になる。この注釈は文章の写し間違いの経緯を詳細に証明しているだけでなく、さらに悪例を作り出した本人――台客楽団「濁水渓公社」（一九八九年に結成されたインディーズのグループ。ハードコアパンクや民謡、流しなどのスタイルが特長）にまで遡り、その杜撰さを追及している。

（二〇）ここでは「さわやかな露出」が誘発しうる女性の能動的な欲情と女性の身体の物質化の問題、あるいは女性の自我の表出と男性の盗視の問題については深く論じない。ここでの重点は、「台客」と「台妹」の身体・服装上の差別的な扱い、および社会的な受容度のダブルスタンダードに置く。

（二一）総体としての「ビンロウ西施」の登場には、八〇年代台湾の「電子琴花車」（廟のお祭りや民間の冠婚葬祭の機会に、エレクトーンを備えた派手なトラックの上で、若い女性が踊ったり歌ったりのパフォーマンスを行うこと）の若い女性パフォーマーや、さらに遡ると「胡撇仔戯」（台湾の民間ミュージカル）の「三八仔旦」（滑稽な女性役）と台湾民衆芸能活動における日本文化の「芸者」の影響が挙げられる（楊沢オーラルインタビュー p.53）。だが同時に、それを台湾の本土化や自発的な社会現象と見なす研究者も多い。例えば、「ビンロウ・スタンドのきらきらした美しさは台湾島国文化を大々的にコラージュした装置であり、民衆が環境に応じて自ら作り出してきたものである。それは、台湾の電子琴花車やポールダンスショー、カラーネオン蛍光灯、孔雀が羽を広げたような放射性のシンボル、通俗化された店名など、素人によるデザインのアイデアを融合している。たいていアルミサッシやドア、コンテナを骨組みの素材とし、飛行場付近の交差点に位置するビンロウ・スタンドは飛行機やバスのチケット代理販売所も兼ねている。それは、台湾にはどこにもビジネスチャンスがあるということであり、人々が必死に努力する愛らしさや情熱的な生命力の表れでもある。一見、支離滅裂だが、自然に発生・消滅する巧みで融通のきく生産販売制度の下で、乱雑の中にも秩序ありの台湾本土化的・主体的な『緑色黄金伝奇』〔大いに儲かるビンロウ（緑色）商売のこと〕へと発展を遂げたのである」（史莱姆・呉瓊華・博瑞思 p.101）。だが、このような説明は、本稿が再三強調する「グローバルな再地引用」（あらゆる「本土」はすべて「リローカル〔地域回帰〕」な引用と定着である）と本質的には変わらず、これらの研究が強調する「本土」は「リローカル」化された後の「本土」であるばかりか、「グローバル」を対立とする参照軸によって分割され、識別された「本土」なのである。ここで言及した弁証法は、本章第三節後半の「西施ギャルファッション」をめぐる議論の中でさらに一歩進めて説明する。

（二二）胡淑雯は台妹の復讐を論じる文章の中で、台湾社会の弱小マイノリティー（省籍・階級・職業・アクセントなどによる）としての台妹が、身体的記憶と感情構造の上で受けたトラウマ経験をかなり生き生きと詳細に描いている。文中ではさらに、言語ヒエラルキーが展開する権力的地位に対し、非常に巧みで本質を突いた議論を行っている。最も興味深い例は、何と言っても、かつて「台妹」イメージの代表とされた映画スター舒淇《スー・チー》を論じた部分だ。「私は思わず舒淇を思い出してしまった。ヌード写真と成人映画に出ていた昔の彼女、そして芸術映画に出るようになり、映画祭で主演女優賞を受賞した今日の彼女である。この二つの舒淇の違いは、自信や、演技、素質や気品であると言われている。しかし、私から見ると、これらの変化はすべてひとつの手がかりに凝縮されている。それは、彼女の話すアクセントであり、香港なまりの国語である。この『港』なまりはもはやかつての『下港』〔台湾南部〕なまりではなく、国際的イメージに近い香港なまりなのだ。彼女は新たな言語ヒエラルキー、つまり相対的に文化的上層部に生息しているのである。」

（二三）この一連の台客論において、すでに多くの論文がブルデューの「卓越化」（distinction）と「ハビトゥス」の概念を引用して、台客現象を考察する際の理論的枠組みにしているため、ここでは繰り返さない。「卓越化」の部分は、鄭凱同・林浩瀚の論文を参照のこと。「ハビトゥス」については、謝一誼、彭暁珍の論文を参照のこと。なお、本稿での「ハビトゥス」の援用は、ブルデューのもともとの議論の文脈をさらに複雑化させている。それによって、変更の困難な「ハビトゥス」と容易な「身体的装い」の間の巨大な断絶を突出させ、さらにそこから文化的「四不像」が形成しうる恥辱と挫折感を引き出したい。

（二四）ここでいう「多様性の包摂」とは時間の空間化のことであり、歴史形成の過程で生まれた言語的差異と権力ヒエラルキーが、すべて単一の平面に扁平化され、配列されることである。似たような主張は現在、伍佰など台客ロックミュージックの表現に見られるだけでなく、台湾の学術的なポスト・コロニアル論にも見える。例えば、「台湾語は、国語・福佬語・日本語・英語・客家語、およびその他の台湾社会に流行するすべての言語を混ぜ合わせたものである」（邱貴芬 p.177）。こうした主張の背後には入念な配慮があるが、それは「トランスカルチャー」のごった煮的性格によって新たに台湾語を定義し、もともと「大中国意識」の下にあった国語の唯我独尊から、後の「本土意識」高揚の過程で発展した台湾語（福佬語）の唯我独尊を克服し、それによって植民・被植民の悪質な政治思考モデルを超えようとの企図である。

（二五）台湾の政治家蔡英文のパロディである「菜英文」（「菜」は台湾語で「未熟な」の意。全体で「下手糞英語」の意味）が表現しようとしているのは、まさに台湾がグローバル化の過程で露わにした言語コンプレックスと焦慮である（英語があまりにひどくて国際的にリンクできない）。かえって、英語がとても「菜」な「台客」「台妹」は、話し言葉にきわめて簡単な英語をはさんだり、あるいはお互いにイングリッシュ・ネームで呼び合うのが好きだ。ここに見えるのは、わざわざ郷土イメージを変えようとして、発音が標準的でないため、かえってぼろが出る郷土性であり、「隠すより現るはなし」というものではないだろうか。例えば、『台湾霹靂火』や『台湾龍捲風』などの台湾語ドラマの流行にうかがえる「台客言語学」のように、「台湾語発音の『台湾霹靂火』シリーズによって、郷土ドラマに対するダサくて素朴という一般的なイメージはなくなった。劇中の一部の役には「ヘレン」（Helen）や「マギー」（Maggie）など、イングリッシュ・ネームがつけられ、セリフには時折ひとことふたことの英語が混じる。中でも有名なのは、「slim body」や「おれたち sure win さ!」である（王美珍 p.78-79）。

（二六）当然、ここの「入境」が強調しているのは、「境界」が再び出現することであり、グローバル化された「経路」の脱境域化プロセスは、存在しうる境界の障碍を完全に除去しなかっただけでなく、かえって道を開いて連結させると同時に、より多くの「境界」を生んだのであった。これはまた、エティエンヌ・バリバールのいわゆる「境界の増殖」（multiplication of borders）であり、グローバリゼーションは境界の除去ではなく、かえって境界の再生であり、同時発生（続出）なのである。しかし、本稿のポストコロニアル「四不像」の「郷に入っては郷に従え」が強調するのは、単に国家の境界ではなく、同時にジェンダーや省籍、階級の境界でもある。

（二七）当然、ここでは前節で論じた族群／階級／ジェンダーの転嫁問題が必然的に掘り起こされるだろう。つまり、自分が「四不像」であることを疑う台湾男性は、族群／階級／地域／世代の点でより劣勢にある男性「四不像」を特に批判したがり、これら族群／階級／地域／世代の点でより劣勢にある男性は、ジェンダーの点でさらに劣勢にある女性「四不像」を特に批判したがり、これらジェンダーの点で劣勢にある女性は、族群／階級／地域／世代の点でより劣勢にある女性「四不像」を特に批判したがる、ということが類推される。

（二八）グローバル偽造文化が関わる歴史地政学、特に中国・香港・台湾三地が演じる重要な役割については、本書第三章「偽ブランド・偽理論・偽グローバリゼーション」を参照のこと。そこでは偽造の理論枠組みと歴史的整理の他、最高級ブランドLVを具体的な分析ケースとしたため、ここでは改めてブランド偽装品の市場生態の描写や個々のケース分析は行わない。

【訳注】

〔1〕一九六八年生まれ。台湾で幅広い支持を集めるロック歌手、俳優、作詞家、作曲家。本名は呉俊霖。一九九二年にロックバンド伍佰&China Blueを結成、ボーカルとギターを担当する。伍佰&China Blueの音楽は一九九〇年代に台湾語ミュージックのニュー・ウエーブとなった。

〔2〕原文は「衆声／衆身喧譁」。「衆声喧譁」については、第一章訳注〔1〕を参照のこと。「衆声／衆身喧譁」は一種の言葉遊びで、台客をめぐる言説には「様々な声＝衆声（zhòng shēng）」だけでなく、「様々な身体＝衆身（zhòng shēn）」も共存しているということ。

〔3〕第二次大戦後、中国各地から台湾に移住した外省人の子弟は「眷村」と呼ばれる軍人村で生活していたが、自分たちの生存と利益、および現地勢力との対抗のために団体を形成していった。彼ら外省人子弟のグループは「外省掛」、彼らに対抗する現地勢力のグループは「本省掛」と呼ばれた。「掛」はもともと暴力団の派閥を意味する。

〔4〕原文は「嘻哈客」で、英語のhip-hopperのこと。「台客」と「嘻哈客」は表面的には、一方は台湾的、もう一方はアメリカ（西洋）的だが、かえって、「以不像」の雑種ヴァージョン（台湾的にダサいヒップホッパーを意味する「ヒップホップ台」は「台客」でもあり、「ヒップホッパー」でもある）を生み出した。第一章の訳注〔11〕も参照のこと。

〔5〕「伝統台」は伝統的な台客で、服装の特徴として、ランニングシャツに短パン、青白のビーチサンダルが挙げられる。黄色い包装の「長寿タバコ」（黄長寿）も必須アイテムで、シャツの肩の部分に挟んでいる（短パンには普通タバコを入れられるようなポケットがついていないため、タバコだけでなくライターなども、ランニングシャツの肩の部分に挟む。台湾は

高温多湿で汗をかきやすいため、タバコは皮膚にぴったり張り付いて滑り落ちないという）。「業務台」の特徴はスーツを着用し、髪の毛に大量のポマードを塗り、脇の下にメンズ・セカンドバッグを挟んでいる。オシャレに見えて、実はダサい。「流氓台」はチンピラ風の台客で、太いネックレスが特徴。「廟会台」はアロハシャツにポリエステル素材のパンツを着用し、金髪で帽子をかぶり、「ヒップホップ・スポーツ台」と言われることもある。

〔6〕以下、本章のネルソン・ジョージの引用は、ネルソン・ジョージ著、高見展訳『ヒップホップ・アメリカ』（ロッキング・オン、二〇〇二年七月）に依った。カッコ内のページ数も同様である。本文に合わせて変更した個所もある。

〔7〕「両代電力公司」はTBVS電視台が二〇〇二年五月から放映した番組。蔡康永が司会を務め、番組名も彼が命名した。番組では、一般視聴者の年長者と学生を招き、社会的な現象について忌憚ない議論をしてもらい、世代間の価値観の違いが火花を散らすことから、「電力会社」を意味する名前が付いた。リラックスして笑える場で、普遍的に存在する問題を細心に考えるような番組である。後に「超級両代電力公司」や「忍者電力公司」に名称を改めた。

〔8〕ジェイムズ・クリフォード著、毛利嘉孝・有元健他訳『ルーツ――二〇世紀後期の旅と翻訳』（月曜社、二〇〇二年三月）を参照のこと。居住が集団生活のローカルな土台で、旅がその補足と考えられた時代は、roots（根源）が常にroutes（経路）に先行したが、誰もが移動し、「旅の中に住まう」時代になると、根源と経路、「旅」の多様性をもっと広く理解する必要があるという。

〔9〕一九五八年生まれのシンガーソングライター・音楽プロデューサー。本名は陳志昇。台湾の桑田佳祐と呼ばれる。一九九二年に黄連煜と新宝島康楽隊を結成し、閩南語・客家語を取り入れた音楽により、台湾のミュージックシーンに新たな要素を注入した。その後、パイワン族出身の阿Vanが加わり、原住民族の音楽要素も取り入れている。

〔10〕一九七四年生まれのロック歌手。台湾アミ族出身。二〇〇三年から二〇〇四年にかけて北米ツアーも行った。

〔11〕一九九二年に、ヴォーカル・ギターの林暐哲、キーボードの李欣芸、ドラムの李守信、ベースの金木義則によって結成されたグループ。クラシックからポップス、民謡、エスニック音楽まで取り入れ、歌詞にも中国語・閩南語・英語・ブヌン語が混じっている。

〔12〕閃亮三姉妹（シャイニングスリーガール）は、客家出身の三姉妹江佩珍・江佩云・江珮瑩から成るアイドルグループ。日

本や韓国の模倣が多い台湾の女性アイドルグループの中で、彼女たちは「純正台湾味路線」を行くといわれている。

〔13〕一九六二年生まれの香港の歌手・俳優。台湾や中国でも活躍する。

〔14〕本文ではアメリカ生まれとなっているが、黄立成は実際は一九七二年に台湾の雲林県で生まれ、二歳のとき家族でアメリカに移住した。高校卒業後、弟の黄立行、従弟の林智文とL.A.Boysを結成し、台湾にアメリカのヒップホップ・ダンスを持ち込んだ。その後、二〇〇三年に黄立成をリーダーとして、ラップグループ麻吉Machiを結成する。

〔15〕一九九一年一〇月に創刊され一九九五年九月、第一四号を出した後、一九九六年に停刊。文化批評や新左派の論文を掲載し、戒厳令解除後の台湾社会の民主化に多大な影響を与えた。現在、以下のサイトでバックナンバーが読める。http://www.intermargins.net/intermargins/IsleMargin/index.htm

〔16〕一九一〇年四月二七日、蔣介石、毛福梅夫婦の長男として浙江省に生まれる。国共内戦後、国民党の台湾撤退に伴い、父と共に台湾に移り、中華民国の要職を歴任した。一九七二年に行政院長、一九七八年から一九八八年まで中華民国総統。一九八八年一月一三日に逝去。

〔17〕一九四七年九月一七日、外省人第二世代として台北市に生まれる。台湾の民主・独立を主張し、一八八四年、友人と党外雑誌『自由時代周刊』を創刊。一九八八年一二月一〇日、『自由時代周刊』に「台湾共和国憲法草案」を掲載したところ、一九八九年一月二一日、「反乱罪嫌疑」の廉で検察の令状を受取り、一月二六日から同雑誌社に籠城した。四月七日、編集長室で焼身自殺。妻の葉菊蘭は民進党の政治家で、高雄市長、総統府秘書長などを歴任した。

〔18〕台湾を代表する大型書店、誠品書店が二〇〇〇年に創刊した雑誌。当初、書評や本の紹介を中心とする誠品書店の会員向け雑誌だったが、後にライフスタイルから文芸まで幅広くカバーする総合誌になり、セブンイレブンなどでも販売された。二〇〇八年四月に休刊。

〔19〕徐熙媛《バービー・スー》（大S）と徐熙娣（小S）の姉妹。二人とも台北生まれで、タレント、司会者、歌手として人気がある。

〔20〕「屌」はもともと「陰茎」を意味する俗語。台湾の音楽専門のテレビ局、MTVチャンネルの広告で「MTV音楽台、好屌！」と使われてから、「素晴らしい」を意味する低俗表現として台湾の流行語になった。

〔21〕張小虹氏は靴の種類を使い分けているので、説明を加えておく。原文「厚底鞋」及び「麵包鞋」は、底は厚いが丈は短いシューズ状のもので、「プラットフォームシューズ」と訳した。「高統靴」は、底の厚さには関係なく、丈が短めのブーツ

タイプで、「ショートブーツ」と訳したが、「ハイカットスニーカー」なども含まれる。原文「厚底靴」は、底は厚く丈は比較的長いタイプで、「プラットホームブーツ」と訳した。「馬靴」は、クラシックスタイルの丈長タイプで、「ロングブーツ」と訳した。なお、「厚底靴」と呼ばれることもあるプラットフォームシューズは、乗降のために一段高くなっている駅の構造にたとえて、このように呼ばれるようになったという。

〔22〕西門町は台北市萬華区にある商業地区。台湾の原宿や台湾の渋谷と呼ばれ、若者文化の発信基地となっている。

〔23〕イーストエリアは台北の東区のこと。台北市のみならず、台湾全体で最もにぎやかな高級エリアのひとつ。オフィスビルやデパート、ナイトマーケット、個人商店などがひしめく、最も重要なビジネスと消費の中心である。

〔24〕（ビンロウ）西施ギャルは、台湾で露出度の高い服を着てビンロウやたばこを売る若い女性のこと。西施とは中国の春秋時代に存在した絶世の美女。

〔25〕イギリスの哲学者J・L・オースティンによって提唱され、アメリカの哲学者J・R・サールらによって展開された言語論。従来の言語論が命題の真偽を主として問題にしてきたのに対し、文の発話は同時に行為の遂行となっていると指摘した。

〔26〕「ミス中国」（「中国小姐」）コンテストは、一九六〇年、民間団体の主催で始められたが、一九六四年に第四回終了後中止され、一九八八年に政府が全国的な美女コンテストとして復活させた。以後、「中華民国小姐」「中華小姐」「世界中華民国小姐」（ミス・ワールド中華民国）、「環球中華小姐」（ミス・ユニバース中華）などと名称を変更し、二〇〇三年から「台湾小姐」（ミス台湾）と呼ばれるようになった。

〔27〕ここでは、英語の「song」＝歌と台湾語の「爽」＝sòng（「素晴らしい」「爽快」の俗語）をかけている。

〔28〕一九三三年、雲林に生まれる。台湾の伝統的な人形劇布袋戯の人形師。二〇〇九年に重要無形文化財保持者、二〇一一年には人間国宝に認定された。父親の黄海岱も著名な人形師で、布袋戯劇団「五洲園」の創始者。

〔29〕CCとは、作者胡淑雯の隣人のイニシャルであると同時に、二つのCはシャネルを暗示し、日本のシャネラーのようなブランド大好きな女性のこと。ただし、CCのような台妹が身につける有名ブランド品はいずれも露店で売っているような偽造品である。

◉ 後記　もしも私が本物だったら

「同じものへの生成」という重複するアイデンティティからいかに逃れるか。「他なるものへの生成」という創造的な構築にいかに連結するか。本書では「グローバル映像視覚メディア」「グローバル商品流通」「グローバル帝国運営」「グローバル・ポップカルチャー」の四つの側面から別々に、「偽りのグローバリゼーション」がグローバルな経路を借りて、真偽の権力階層をゆるがせ、いかに差異創造の可能性を展開しているかを考察してきた。「中国語映画」の「偽」、「高級ブランド」の「偽」、「台湾シャツ」の「偽」であれ、あるいは「台客」「台妹」の「偽」であれ、いずれも「偽」によってダイナミックで流動的な「脱領土化」のプロセスを現前させ、安定して閉ざされたアイデンティティである「中国語映画」「高級ブランド」「国民服」「台湾人」への回帰を回避し、様々な連結・転換・反転・構築のエネルギーを放出することによって、「根源」「理念」や「母型」といった前提を翻し、「虚偽の力」をグローバルに離散させようとしたのである。

だが、本書の完成と同時に、『フェイク　タイワン――偽りの台湾から偽りのグローバリゼーションへ』（原題『假全球化』）にふさわしい英語の書名をいかにつけるかということが、理論の実践である文化翻訳の新たな挑戦になった。本書の理論的発想は書中で繰り返し強調したように、中国語文脈の「假」という語の多義性から来ている。つまり、形容詞の「假」（偽物のグローバル化）であり、また動詞の「假」（生産・流通・消費の経路あるいはネットワークとしてのグローバル化を借りる）であり、さらに（動）名詞の「假」、つまり揺るがして不確定にすることとしての「假」であり、ヴァーチャルな変化生成としての「假」、また「事件」としての「假」と「脱領土化」を推進するあるいは可能性としての「假」である。だが、中国語の多義性は、英語に翻訳された場合、偽物・仮借・偽造の横すべりや位置のずらし、転換を同様に引き起こせるだろうか。

「假」を訳すのに本書が最終的に選んだのはfakeであり、他の言葉、例えばpseudo, false, counterfeit, sham, feigned, spuriousなどではなかった。fakeそのものに多くの品詞機能（ひとつの単語で同時に名詞、他動詞、自動詞、形容詞として使用できる）があるだけでなく、偽物・イミテーション、偽ブランド、偽造、瞞着、でっち上げ、捏造、偽物作りを指すほか、さらに音楽の演奏や演唱の即興創作（特にジャズのインプロビゼーション）を指すからだ。しかも、この即興創作の側面は、まさに本書がイデオロギー「批判」の外部でより強調し努力した「創造」的側面なのだが、それはつまり、思考経路によって歴史・文化・政治と身体・記憶・感情を接合させることであった。しかも、本書全体を通して繰り返される反転や、不断に創造され、発展する新理論の概念は、既成の「批判」的言説編成の中に「創造」的思考の推進力を見出し、学術書の書き方そのものを一種の思考連結・一種の差異創造にしようと企図したものである。

だが、本書の校正を大急ぎで進めていたとき、「台客現象」に関する文化論争が再び紛糾したのであった。「ブリティッシュ・ヴァージン・アイランド中子創新有限会社」（NEUTRON INNOVATION（BVI）LIMITED、以下「中子創新」と略）が「台客」と「台客ロック」を商標登録し、それに対して台湾のネット上で一連の署名活動が始まり、これは資本主義的商品論理による「台客」の解釈権の独占であるとし、猛烈な抗議がなされたのである。その声明の中で厳しく指摘されたのは、以下の点であった。


「台客」という二文字は決して特定の個人、あるいは団体の独創によるものではなく、その使用権も当然特定の個人、あるいは団体に独占されてはならない。この二文字は台湾社会で語義の反転と文化的解釈のプロセスを何度も経たが、その後も意味はひとつに定まらず、台客の多様なイメージ、音楽形態、生活スタイルはいずれも庶民が共同で構築した結果である。同様に文化的創意というのは何であれすべて先人が蓄積してきた成果の上に打ち立てられるのであり、それを独占することは文化の刷新と再生産を阻むであろう。(一)

この発言の立場が強調しているのは、流行語としての「台客」の公共性とは、すなわち台湾の現代社会に脈動する「文化プロセス」であり、特定の多国籍企業が独力で生み出した「文化商品」では決してなく、それゆえ、台湾社会が共有する文化的権利は絶対に多国籍資本に独占されてはならない、ということである。

ところで、この「台客商標事件」の発端は、この夏（二〇〇七年）、「東海岸灼熱ロックフェスティバル」がイベント中に「台客ロックの夕べ」という名称を使用し、「中子創新」に権益侵害行為であると控訴されたことにあった。同社は知的財産局への商標申請が受理されて、「台客」は独占的な商標ブランドとして登録されたため、他人は勝手に使えないと公表したのである。中子創新は二〇〇五年に第一回「台客ロックコンサート」を開催して以来、大量の資金とマンパワーを注入し、「台客の各種創作上の価値を引揚げ、様々な運用と発展を極力推進してきた。今日、台客がポジティヴな名詞になり、各界から認知されるようになったのは、我々が不断の努力を続け、各種イベント活動を企画・実行してきたからである」と公言した。さらに、この商標登録というのは、「我々が一連のイベント活動のブランド価値を引き上げるために進めてきた基本的な作業であり、あらゆる企業が製品を商標登録するプロセスと完全に一致している」ともっともらしく主張したのである。(二)換言すれば、「台客」はすでに外資系企業の「オリジナルブランド」、「企業製品」になってしまったため、彼らが主催する関連活動こそ正真正銘の台客シリーズであり、盗用や模倣は許されない、というわけだ。登録された「台客」商品のカテゴリーは、商品利益が発生しうる全分野をほぼ網羅しており、例えば、携帯電話、書籍の出版、雑誌編集、コンピューター・アニメーション制作、ゲームソフト・デザイン、各種男女服デザイン、パッケージ・デザイン、図案デザインから楽曲ダウンロード、脚本創作、コンサート企画、広告企画、ビール・サイダー・ジュース・お茶・インスタントラーメン・玩具・運動器材などなど、多種多様で数量も多く、ブランド商標としての「台客」が生み出しうる付加価値と市場利潤を余すところなく奪い去ろうとしている。

この種の大言壮語や台湾社会の文化的推進力を収奪しようとする赤裸々な資本主義的横領は、当然、すぐさま台湾メディアの運動団体、音楽業界人、学者らの猛烈な不満を引き起こし、また台湾の「文化創意産業」政策の方向性に対する一連の反省と批判をもたらし、文化創作の蓄積が経済的パワーによって一方的にコントロールされたり、利益団体に独占されたりするのではなく、いかにしたら社会全体に共有されるのか、といった考察を促した。しかもこの「台客商標事件」は、本書の「偽りのグローバリゼーション」の思考に直接呼応するだけでなく、本書第三章と第五章の論点にはより具体的に連結しているのである。第三章「偽ブランド・偽理論・偽グローバリゼーション」で詳述したのは、グローバル化の中で商品形而上学的な「ロゴス中心主義」となりうる「ブランド中心主義」が、有名ブランドの「名」の抽象性と象徴性を通し、グローバル市場での販売をいかにコントロールし、利潤の壟断をいかに進めているかということであった。同章では続いて、「偽造の越境散種」の理論概念を通して、「多国籍企業」のグローバルな統合の求心力が偽造品のグローバルな離散によっていかに絶えず揺るがされているかを明らかにした。一方、「台客商標事件」は多国籍資本がいわゆる「本土」に流行しそうなものを迅速にコントロールしようとしていることを、我々に改めて教えてくれただけでなく（市場イメージと剰余価値の利潤蓄積の刈入れ）、さらに我々を驚愕させたのは、「台客」という言葉が社会文化現象から「ブランド商標」へと「上昇」し、さらに文化資本から経済資本へと「急上昇」したスピーディーな累積プロセスである。もし第三章が我々にブランド偽造品とは越境散種的な「脱領土化」の推進力であると悟らせてくれたのであれば、「台客商標化」はさらに一歩進んで、資本の論理と商業メカニズムの迅速、猛烈な「脱領土化」の推進力を教えてくれ、ひいては「グローバル・ブランド中心主義」と「偽造の越境散種」の間のシーソーゲームのような浮き沈みや流動生成は永遠に静態的なバランスや同一性への回帰には至らない、ということを説明してくれる。

一方、「台客商標事件」は本書第五章の「私たちはみんな台湾人みたい」にさらに新たな議論の方向性を切り開いた。この章では、「台客現象」を台湾史のダイナミズムを観察したり、理論概念を再考したりする際の切り口とし、「ヒップホップ台」のグローバルな「再地引用」によって、既存の国民論の安定した枠組み、および「本源的」な純粋さや「根源的」な安定した政治への固執を揺るがしてきた。その結果、「ヒップホップ台」が「真のヒップホッパーであり、偽の台客である」というのは、まさに「真」（過度に真実な）のヒップホッパーは台客を借り（迂回し経由せ）ねばならず、反対にヒップホッパーを借り（迂回し経由し）てはじめて「真」（過度に真実な）の台客になれるという矛盾であることがわかった。国民論に対するこうした概念の脱構築は、本書が正規版／海賊版、オリジナル／コピーを反転させたことに直接呼応し、一方では「似不像」の理論概念によって「同一性」論のアイデンティティ回帰を打破し、もう一方では「四不像」のポストコロニアル的フラッシュバックによって台湾がグローバル文化の消費実践上で周縁的な弱小勢力にあることを顕在化させた。換言すれば、「似不像」が「台湾人」の単一の出生・単一の地域・単一の歴史・単一の血統・単一の国籍という確認体系を揺るがす一方、「四不像」は「似不像」の真偽識別不能性や多方向的離散のカーニバル的狂喜を揺るがすのである。ただし、皮肉なことに、「台客商標事件」におけるブランド商標としての「台客」は、もはや「似不像」や「四不像」の開放的な連結ではなく、似ているということはただ似ていることであり、似ていないことはただ似ていないことであり、似ていれば権益侵害になるが、似ていなければ権益侵害にはならない、ということなのだ。多国籍経済資本の覇権と国家機関や法的行為による直接的介入および厳密なコントロールの下では、「もし私が台客なら」とか、「私たちはみんな台湾人みたい」といった曖昧な揺れは微塵も許されないのである。第五章では、ポストコロニアルの歴史と感情記憶、ハビトゥス、言語表現の「フラッシュバック」をもっぱら考察したが、「台客商標事件」は経済的パワーを文化的パワーの「フラッシュバック」にしてしまい、資本主義の商品利益こそ恐らくよりスピーディーで獰猛、怪奇かつ多変なもう一つ別のパワーであり、決して軽視できないものであることを強烈に示している。そこで、本書はこの事件を全体の結論とした。なぜなら、この事件は本書の「思考連結」と「差異創造」に新たな折り畳みや新たなイメージ、また社会運動との新たな連携をもたらし、まさしく結論部からの新たな出発点となると同時に、現在、「偽りのグローバリゼーション」をめぐる言説の推進力が途切れることのない波動のように次々と盛んに生まれていることを改めて見せてくれるからである。

【原注】

（一）この連署声明は、媒体改造学社〔二〇〇三年五月四日に学術界、ニュース業界、社会運動団体などの志を同じくするものが共同で設立した団体。台湾メディアの構造改革、素養のアップ、従業員の労働権の保証、および伝播生態の健全化を目標とする〕、およびAMG另類媒体発電機〔音楽業界人により支持されたメディア公共化によって二〇〇四年七月に設立された団体。公共メディアが多様な声の発信空間となるよう尽力している〕によって発起された。連署声明は以下のURLを参照のこと。http://www.bigsound.org/tkrock〔現在は参照できない〕

（二）これは二〇〇七年八月七日に中子創新が発表した声明原稿である。前注の「ネット台客カーニバル」連署URLを参照のこと。

◉ 偽りの解説

沼崎一郎

本書の読者は、次々と繰り出される新しい概念の数々に、大いに驚き、大いに戸惑ったことだろう。それぞれの概念に訳注は丁寧につけられており、とても参考になるのだが、困惑を完全には解消してくれない。翻訳はこなれていて、読みやすい日本語になってはいるが、決してわかりやすい文章ではない。もしかしたら、第一章の途中、藁にもすがる思いで、この「解説」を開かれた読者もおられるかもしれない。

そうしたら、なんと解説のうえにも「偽りの」とついているではないか！ 怒らないでいただきたい。本書について「本物の」解説など、書きようがないのだ。もしもそれが、著者の主張を噛み砕いて分かりやすく解き明かすことだとするならば。

それもそのはず、本書は普通の学術書ではない。

自序にあるとおり、著者はダンスを踊っているのである！

しかも、自序にはないが、彼女は歌いながら踊っている。その歌詞のなかに、聞いたこともない言葉が次々と出てくるというわけだが、ラップやヒップホップの歌詞のようなものだと思えばよいのだ。著者は、言葉遊びを楽しむかのように、英語でも中国語でも、語呂合わせや掛け言葉を展開させる。

たとえば、fight が flight になり、flight が f-light と分かれ、そこから light が出てくる。「四不像」は、台湾国語（台湾華語）の訛りで発音すれば同じ音だということで、「似不像」に横滑りするという具合である。

思わず笑ってしまったのは、globalがglobalになり、ballはballsを第一に想像させるというくだりを読んだ時だ。本文では「男性外性器の一部」などと上品に書かれているが、ballsは英語の日常語であり、日本語の日常語に翻訳すれば「キンタマ」だ。著者は「グローバルなんてグロキンタマよ！」と歌いながら踊ってみせているのである。もちろん、balls＝キンタマは男性性の象徴であるから、著者のグローバル化批判のなかに我々読者は「本物の」ポスト構造主義フェミニスト批評を読み取ろうとするわけだが、我々が読み取ったつもりになっているのは実は「偽りの」ポスト構造主義フェミニズムかもしれず、そこで「真／偽」の判断が付けられずに悩む我々読者を、おそらく著者は楽しそうに踊りながら眺めているのである。

そうだとしたら、我々が試みるべきは、著者が第一章で訴えているように、真／偽の二項対立の外で「偽」を展開することなのだ。「偽」を「ヴァーチャルな創造力が余すところなく発揮されたもの」として。「なるほど、グローバルなんて所詮はグロキンタマか、確かにグローバル化はグロいとこあるよなあ。さては、TPPもグロ……」といった具合に。

だから、目新しい概念に出会っても、その本当の意味は何かなどと悩んではいけない。著者の狙いは、意味のずらしであり、ずらしによる違和感の創出であり、そして創出された違和感を通した問い直しである。

たとえば、魅惑国家＝fasciNationとは如何なる概念か、何を意味するのか、などと悩む必要はなく、何をずらそうとしているかを追ってみるべきなのだ。小文字のnを大文字のNにすることで、我々は魅惑fascinationという言葉のなかにNationすなわち国家を見出し、国家が我々を魅惑しようとしているのではないかと疑うことができるのであり、そうすると呂秀蓮副総統の台湾シャツ奨励も「たかがシャツのデザイン論議などとは言えないのだなあ」と実感できるのであり、そう実感できればいいのである。

さらに想像の翼を広げ、あるいは「再地引用」（re-cite and re-site）して、つまり繰り返し引用しつつ新たな場所に置き直して、我々の身近なfasciNationを探してみるのもいいだろう。

すぐに思い出せる（re-citeできる）のは、二〇一六年夏、リオデジャネイロ五輪の閉会式だ。我々は目の当たりにしたではないか、スーパーマリオのコスチュームのなかから安倍晋三首相が現われるのを。あれは、国家による魅惑＝fasciNationを狙ったパフォーマンスそのものではなかったか。あれを見た時、我々は、fascinating!とではなく、fasciNationを動詞化して、fasciNationing!とでも叫ぶべきだったのだ。

それだけではない。「美しい日本」を唱え、多分に復古主義的な首相のfasciNationingを見ていると、大文字のNの前のfasciは実はfascismのfasciではないかとさえ思えてくるのであり、魅惑が国家による洗脳と思想統一につながることが見えてくるのであり、東京オリンピック招致とは何だったのか大いに疑問に思えてくるのである。旧植民地帝国の首都にfasciNationという概念を置き直す（re-siteする）と、その意味するものも変化する。著者の論じる台湾のfasciNationと、「再地引用」先の日本のfasciNationとは、まさに「似不像」である。

ここまでくれば、それだけで本書第四章を読んだ甲斐があるというものだろう。そしてさらに、他の章についても連想を広げることができる。

スーパーマリオ＝安倍晋三首相は、一瞬にして東京からリオへ飛んだわけだが、それはもちろんヴァーチャルなグローバル飛行であり、偽飛行である。あれ、これって第二章に出てきた武侠映画の空中軽功じゃない？　すると、安倍晋三首相のパフォーマンスも、ハプティック・グローバリゼーション？　スーパーマリオのコスチュームは第四章に出てきた帝国の新衣装？　小池百合子東京都知事の和服もそう？　いやいや、どちらもフェイクジャパン？　おお、あの閉会式のイベントは、まさに偽りの日本から偽りのグローバリゼーションへと展開するショーだったのか！

このように、我々読者は著者と一緒に踊ってみればいいのである。

ところで、著者はどんなダンスを踊っているのだろう?

＊＊＊

ここでも、著者をまねて、問いをずらしてみよう。「著者が踊っているのは何ダンスか」と問うのではなく、「著者が踊っているダンスは何ダンスみたいか」と問うのである。

第五章に出てくる「ヒップホップ台」みたい!

だって、武俠映画だの、偽造ブランド品だの、台湾シャツだの、台客だの、「俗っぽく、ダサくて、レベルの低い」テーマばかり取り上げるなんて、ほんとに「台」じゃない?

だが、「台」は単なるダサさではなく、台湾的なダサさである。著者には「台湾的」なものへのこだわりがあるのだ。

著者が「台湾的」なものにこだわるのは、ポストモダニズムやポストコロニアリズム、ポスト構造主義フェミニズムといった外来の諸思想を「再地引用」(re-cite and re-site) したいからである。その過程で、ヒップホップ同様「似不像」が誘発され、これらの思想は台湾的に変容されざるをえない。だから、著者が踊るダンスは「ポストモダニズム台」であり、「ポストコロニアリズム台」であり、「ポスト構造主義フェミニズム台」なのである。

それゆえ、著者は、ポストモダニズムやポストコロニアリズム、ポスト構造主義フェミニズムの諸概念を、決して素直には使わない。たとえば、武俠映画の空中軽功の分析においては、既に触れた global から globall への「キンタマ論議」が展開され、「肉体的グローバリゼーション (globallization)」という英語の造語が生み出される（造語された英語の語感を伝えるには、globallization は「グロキンタマ化」とでも訳したほうが本当はいいのかもしれない）。また、偽造ブランド品の生産と消費の分析においては、論理としてのlogosは、商標としてのlogoの複数形に読み替えられ、さらにデリダのファロゴセントリズム（phallogocentrism、直訳すれば男根論理中心主義）という概念を多分に意識しつつ、グローバリズム（globalism）と組み合わされて、「グローバル・ブランド中心主義（glogocentrism）という英語が造語される。

これらの造語は、台湾にこだわることによって生み出された新しい概念なわけだが、それは決して特殊台湾的な状況のみを把握するための概念ではなく、再び台湾の外へと「出境」可能あるいは輸出可能な「普遍的」概念として提示されている。この点を理解することは、とても重要だ。そのために、著者は新しい英語を造語しているのであり、第二章と第三章は英文でも発表しているのである。著者は、台湾で、中国語読者のためだけに踊っているのではない。帝国の中央の英語人たちに向けても、懸命に踊っているのである。この点で、おそらく純粋に台湾向けの「ヒップホップ台」と著者の「ポストモダニズム／ポストコロニアリズム／ポスト構造主義フェミニズム台」とは、「似不像」である。

第四章の帝国論議に引きつけるなら、著者はグローバルな知の帝国の辺境にあって、懸命に帝国の学術語と闘っているのである。ポストモダニズムにせよ、ポストコロニアリズムにせよ、ポスト構造主義フェミニズムにせよ、いわば帝国の知的衣装である。アメリカに留学し、ミシガン大学で博士学位を取得している著者は、帝国の知的衣装を身にまとって台湾に戻ってきたわけである。ABCでもABTでもないが、AET（American Educated Taiwanese）というわけだ。

だが、AETとは、首から下は台湾人で頭は欧米人、あるいは衣装は帝国製だが包まれた身体は台湾生という、「四不像」ならぬ「二不像」ではないのか（製と生を日本語読みで掛けさせてもらった）？　あるいは、帝国の知的衣装を「台」化する著者は、偽造ブランド品そのものなのではないか？

それは、著者自身が一番痛切に感じている疑問だろう。そこで、著者は、帝国の知的衣装を台湾で縫い直し、「新しい帝国の知的衣装」を纏って、台湾から再び知の帝国に打って出ようとするのである。そこが、本書の野心的なところであり、この野心ゆえに多数の新概念が随所に散りばめられたのであろう。この点でも、著者のダンスは「ヒップホップ台」とは「似不像」かもしれない。

果たして、著者の生み出した諸概念は、帝国の中心で、あるいは他の周辺で、「再地引用」されるだろうか?

＊＊＊

最後に、いよいよ偽りの解説になるが、本書を通して台湾を再想像してみたい。

武侠映画『グリーン・デスティニー』を扱った第二章の主題は、「偽中国（フェイクチャイナ）」のグローバル化あるいは「中国性（Chineseness）」の偽グローバル化であって、台湾は前面に出てこない。ようやく章末で、「生え抜きの」台湾人でありながら、どこでも「外人」（台湾では外省人、アメリカでは外国人、中国では台湾同胞）という、監督のアン・リーの多元的で流動的なトランスナショナル・アイデンティティを通して、台湾が逆照射される。だが、そこでも著者は台湾について明示的には語らない。

しかし、アン・リーを語る著者のキーワードが「ひとつではない」（国／国民も、地球／全球も）という点から想像すると、台湾も台湾人も「ひとつではない」のであろう。単一の台湾、単一の台湾人は、武侠映画がグローバルに構築する「偽中国」同様、「偽台湾（フェイクタイワン）」なのだろう。

だが、「偽中国」の「偽」も、「偽台湾」の「偽」も、真／偽の二項対立における偽ではない！　そう捉えるのは、ナショナリティやナショナル・アイデンティティを固定的・本質的なものとする前提に立ち、本物の中国なり本物の台湾なりを仮定してしまうからなのだ。それに対して、グローバルに生産され、グローバルに流通し、グローバルに消費される武俠映画、「誰でもあり、誰でもない」アン・リー監督とともに、そのような捉え方を、突き崩したいというのが、著者の主張なのだろう。

同じ主張が、後続の三～四章でも繰り返される。武俠映画がグローバルに構築する「偽中国」（その裏面としての「偽台湾」）は、中港台で製造される偽造ブランド品とも、上海製の「唐装」（その裏面としての「台湾シャツ」）とも、「似不像」である。

どこが「似」かは繰り返す必要もなかろうが、どこが「不像」かは再確認が必要かもしれない。特に重要な「不像」は、「唐装」は「新しい帝国の衣装」となりうるが、「台湾シャツ」はそうではないところだろうか。さらに、「唐装」は「新しい国民服」でもありうるが、「台湾シャツ」はそうではないところだ。

「台湾シャツ」は「四大族群」の衣装／意匠の組み合わせでなければならず、それはまさに「四不像」であった。すると、「四大族群からなる新台湾人」というのも「四不像」ということになる。そうなると、台湾が「四不像」に見えてくる。だが、そう見えるのは、そもそも、「四大族群」のそれぞれが、固定的かつ本質的に想定されているからだ。台湾と台湾人が「ひとつではない」なら、外省人も福佬人も客家人も原住民も「ひとつではない」。にもかかわらず、外省人、福佬人、客家人、原住民の固定的で本質的な単一性を仮定しつつ、その「合一」としての「新台湾人」を想像するということは、武俠映画の「偽中国」並の「偽」ナショナリゼーションなのであろう。

第五章の「台客」論は、まさに偽ナショナリゼーション論として読める。ここでは「ヒップホップ台」が、偽りの台湾ネーションを浮き彫りにしているわけである。この章ではまた、「台妹」が「台客」と対比され、その「似不像」性が明るみに出され、偽ナショナリゼーションにおけるジェンダー権力の不均等性が暴かれる。

この章はまた、語らないことによって、「陸客」と「陸妹」を想起させずにはいない。第四章のＡＰＥＣ論における「唐装」と「台湾シャツ」の「似不像」は、中国と台湾との国際政治経済における不均等な力関係を象徴するのだが、第五章の語る「台客」／「台妹」と語られない「陸客」／「陸妹」の「似不像」は、両岸関係における別種の力の不均等を示さずにはいない。

本書を通して台湾を想像してみると、偽りのグローバリゼーションは偽りのナショナリゼーションと表裏一体であることに気づかざるをえない。繰り返すが、ここで「偽」は、真／偽の二項対立内の偽ではない。本物のナショナリゼーションに対して偽物のナショナリゼーションがあるわけではなく、ナショナリゼーションの真偽というアポリアから「逃走」する経路を示すのが偽りのナショナリゼーションなのだ。これは、必ずしも本書の主題ではないのだが、台湾研究者の視点から本書を読むと、偽りのグローバリゼーションそのものよりも、その背後に見え隠れする偽りのナショナリゼーションのことが気になって仕方がないのである。

しかし、著者の問題提起を正面から受け止めるならば、偽りのグローバリゼーション／偽りのナショナリゼーションという二項対立的な捉え方をも、我々台湾研究者は越えなければならないのであろう。その越え方の経路を必死に探せと、本書は強く訴えているのかもしれない。

◉ 訳者あとがき

本書は張小虹『假全球化』（台北：聯合文学、二〇〇七年一〇月）の全訳である。張小虹氏は台湾大学外国語文学系を卒業後、アメリカのミシガン大学で英文学の博士学位を取得し、現在は母校台湾大学外国語文学系の特聘教授（ディスティングイッシュトプロフェッサー）である。フェミニズムとカルチュラルスタディーズを専門領域とし、ファッションや消費理論、ポストモダン・ポストコロニアリズムの思想、ジェンダー、映画などを幅広く論じ、若いころから精力的に出版を重ねた単著はすでに一五冊を超える。学術書のカテゴリーとはいえ、その著作は台湾の書店では常に目立つところに配置され、張氏が台湾学術界のトップスターであることは一目瞭然である。

数年前のある日、そんな張氏の本を訳してみないかと、一橋大学の洪郁如先生と愛知大学の黄英哲先生から打診があり、うっかり二つ返事で引き受けてしまったのだが、その後、台湾人の友人知人に、今度、張小虹先生の本を訳すことになったと告げるや、異口同音に返ってきた答えが、「你很勇敢！」（勇気あるね！）だった。張先生の書いたものは難しくて、台湾人にだってよくわからないんだよ、というのがその理由だったが、後悔したときには後の祭りで、すでに断れるような状況ではなかった。それでも、「自序」の段階では、まあ大丈夫だろうと高をくくっていたのだが、第一章でもう音を上げ、第二章に進むうち、この仕事を引き受けたことを深く後悔した。それまでずっと戦前の台湾文学を研究対象としてきた私は、戦後の台湾、それも飛び切り新しい当代の台湾に関する研究には疎く、台湾に留学していたころから張氏の活躍ぶりは知っていたものの、それまで著作に触れたことはなかったのだ。

東方書店から「台湾学術文化研究叢書」の一環として本書を出すに当たり、訳者として私に白羽の矢が立ったのは、私がもともと仏文科出身であり、ここにちりばめられた欧米の理論に通じていそうなイメージがあったからだろう。残念ながら、それは大いなる誤解であり、学部時代はもちろん、フランス留学時代の指導教官からも、流行の思想には飛びつくな、ましてや論文には安易に使うなときつく戒められていたのである。つまり、本書のスタイルというのは明らかに私に禁じられていたものであり、私自身、無意識のうちに敬して遠ざけてきたものであった。その翻訳をあえて引き受けたのは、まだ若かった私が年長の男性知識人から言われるままにあっさり放棄したものは何だったのか、選択しなかった世界にはどんな可能性が潜んでいたのか、知りたいと思ったからかもしれない。果たしてそれは軽やかで、ときに硬直したアカデミズムを揺るがしうるほど自由奔放なダンスであった。「伝統的な学術」の「学術的な伝統」を守ろうとする年輩の男性たちであれば、思わず眉を顰め、文句のひとつでも言いたくなるようなな。けれど、地味な実証研究の重さを何年もかいくぐってきたすでに若くない私には、それに抗うだけの力も十分ついていたのである。結局、本書の翻訳を引き受けたことは、かつての恩師たちへの密かな「裏切り」となり、彼らの呪縛からの逃走にもなり、何よりも女だけで分かち合うダンスの喜びになった（遊び心たっぷりの「偽りの解説」により、沼崎一郎先生がダンスの輪に加わってくださったことは嬉しい限りだ）。男たちが長い間独占してきた知を軽やかに解き放ち、あらゆる権威や権力を揺るがし、本物と偽物の境界を曖昧にし、美しい逃走線を描くこと――。私はいつのまにか長いこと許されなかった世界を楽しんでいた。

だがもちろん、著者独特の論理展開やレトリックに慣れるまでにはそうとうの時間がかかり、あっという間に一年が過ぎ、二年が過ぎ、果てしないほど長い時間が経ってしまった。息切れしつつも何とか最後までたどり着けたのは、まず何といっても、私自身が一時期、外資系グローバル企業でブランド戦略の仕事に関わり、文字通り、グローバルとローカルな価値観のせめぎあいを何年も生きてきたことが大きい。この翻訳を通して、私はかつての仕事を振り返り、それを批判的に理解することができたのだが、その意味で、本書は学術界に生きる人だけでなく、現在、国境横断的な仕事に携わる幅広い人に読んでいただきたいと思う。

そしてもうひとつ、文学研究に戻ってから「比較文学」を学問の基礎としてきた私にとって、グローバルとローカルの間を批評的な姿勢で行き来する張氏の越境的な思想が非常に近しいものに思えたことだ。それが、翻訳を続ける上で最大の支えになった。国際文学史研究ともいわれる「比較文学」は、もともと文芸思潮や文学作品が国境を越えて複数の地域に伝播し、その先でいかなる影響を与え、あるいは張氏の言葉を借りるなら「再地引用」されて新たな文学をいかに創出したかを検証する学問である。ただし、そこには当初から西洋中心主義が構造化されており、常に文明度の高い方から低い方へともたらされる影響の「経路」routesを「根源」rootsへと遡行する作業には、文化現象を本物と偽物、本尊と分身に分別し、序列化する一種の植民地主義が含まれていた。だがそれは第二次大戦後、内在的な批判を通して、「根源」の確定ではなく、「経路」の探求そのものに価値を置く学問――張氏の言い方に倣うなら、「四不像」の腑分けではなく、「似不像」の豊かさや創造性を最大限引き出すことに価値を置く学問へと変貌を遂げていたのである。ここから本書の思考枠組みへの距離は決して遠くない。だが、張氏の研究は文学の領域をはるかに凌駕するスケールとパワーに溢れ、新たな思考の道筋を切り開こうとする底知れない力量にはただただ圧倒されるばかりであった。張氏が引用した文献については、なるべく目を通すようにしたが、学術書から一般書、新聞、雑誌まで実に面白いものを読まれており、当たり前のことではあるが、人は面白いものを大量に読まない限り、それ以上面白いものは書けないのだということを痛感した。本書の参考文献から十分おわかりいただけるであろうが、優れた材料をこれだけ豊富に揃えた上に、それを調理する腕も第一級とあれば、出来上がったものが不味いわけはないのである。それを存分味わっていただけるよう、翻訳はなるべくわかりやすい表現を心がけ、出来る限りの訳注を付したが、私の力の及ばない点については、読者諸賢のご批正を仰ぎたい。

実際、わかりやすい日本語に移す作業は難渋を極め、私の力不足のために本書の出版がこのように遅れてしまったことについては、いささかも弁解の余地はなく、深く反省するところである。ただ、本書のテーマは台湾での出版からちょうど一〇年を経て賞味期限切れになるどころか、グローバリゼーションの反動で世界の至る所に新たな境界が次々と生まれつつある現在、その価値はかえって高まっており、苦し紛れの言い訳であることを百も承知で言わせていただけば、二〇一七年の現在、これが日本に紹介される意義は大きく、むしろ不幸中の幸いに思えるのである。少なくとも私はそう信じたい。

一五世紀半ばの大航海時代に始まり、植民地獲得競争による帝国の膨張を経て二度の世界大戦に至る過去のグローバリゼーションの問題を未だに解決しえないまま、私たちは現在、資本主義の怪物が引き起こす歯止めのきかない新たなグローバリゼーションのうねりによって、かつてない複雑で危機的な状況に巻き込まれている。本書には、そんな「今」の世界を読み解くヒントがたくさん詰まっているのだ。これを機に、東アジアでグローバリゼーションを再考するための新たな対話が日本と台湾との間に生まれれば、訳者としてこれ以上の喜びはない。またこれに引き続き、独創的な魅力に溢れた張氏の他の著作が少しでも多く日本に紹介されることを願ってやまない。

翻訳にあたっては、多くの方にお世話になった。まずは、私の細かな質問に丁寧に答えてくださった著者の張小虹先生に感謝したい。先生には台北や東京で直接教えを請うた他、メールでも何度もやりとりし、面倒なこともきちんと教えていただいた。一橋大学言語社会研究科の台湾人留学生、呂美親さんと黄耀進さんにも助けていただいた。呂さんには博士論文を提出して帰国する前の慌ただしい時期に、その後は足掛け二年にわたり黄さんが私の質問に粘り強く付き合ってくださった。黄さんが立体的に解説してくれたおかげで、私の頭の中の混乱した糸がほどけていく過程は実にスリリングであった。また、校閲者の加藤浩志さんには、誤読や日本語の問題を逐一指摘していただいた上に、専門用語や様々な知識まで補っていただいた。初校から三校まで続けてくださった、加藤さんの粘り強いアドバイスには心より感謝したい。これだけたくさんの助けをいただいたにもかかわらず、読みにくい箇所や誤訳、誤植があれば、その責任はすべて訳者である私にあることをお断りしておく。

なお、フランス現代思想関連の資料については、一橋大学社会学研究科博士課程の淵田仁さんから貴重なアドバイスをいただいた。その他、お名前をいちいち挙げることは控えさせていただくが、お世話になったすべての方にお礼申し上げる。最後に、本書の翻訳という貴重な機会を与えてくださった洪郁如先生、黄英哲先生にも感謝したい。また、大幅に遅れた翻訳作業を根気よく見守ってくださった東方書店の家本奈都さん、川崎道雄さんに心からのお詫びと最大のお礼を申し上げる。

橋本恭子

二〇一七年四月

や

ら

な

は

ま

さ

た

索引

著者略歴

張小虹（Chang Hsiao-hung）

台湾大学外文系特聘教授（ディスティングイッシュトプロフェッサー）。比較文学会理事長、女性学会理事長を歴任。カリフォルニア大学バークレイ校客員教授。主要著書：『時尚現代性』（2016）、『假全球化』（2007）、『在百貨公司遇見狼』（2002）、『怪胎家庭羅曼史』（2000）、『性帝國主義』（1998）、『慾望新地圖：性別同志學』（1996）、『性別越界：女性主義文學理論與批評』（1995）、文化評論書：『資本主義有怪獸』（2010）、『情慾微物論』（1999）、『後現代女人：權力、慾望與性別表演』（1993）、散文創作：『身體褶學』（2009）、『感覺結構』（2005）、『膚淺』（2005）、『絕對衣性戀』（2001）、『自戀女人』（1996）など。著書は英語、日本語、韓国語に翻訳出版されている。

訳者略歴

橋本恭子（HASHIMOTO Kyoko）

一橋大学言語社会研究科特別研究員。学術博士。日本社会事業大学、津田塾大学、東洋大学、横浜創英大学非常勤講師。専門分野：比較文学、台湾文学。主な業績：『《華麗島文学志》とその時代——比較文学者島田謹二の台湾体験』（三元社、2012 年 2 月）、『島田謹二——華麗島文學的體驗與解讀』（涂翠花・李文卿訳、台湾：台大出版中心、2014 年 10 月）。

原書：《假全球化》張小虹 著，聯合文學出版社有限公司，2007年

台湾学術文化研究叢書

フェイク タイワン

偽《いつわ》りの台湾《たいわん》から偽《いつわ》りのグローバリゼーションへ

二〇一七年五月三一日　初版第一刷発行

著　者●張小虹
訳　者●橋本恭子
発行者●山田真史
発売所●株式会社東方書店
東京都千代田区神田神保町一―三 〒一〇一―〇〇五一
電話〇三―三二九四―一〇〇一
営業電話〇三―三九三七―〇三〇〇
編集協力●加藤浩志（木曜舎）
組　版●（株）シーフォース
装　幀●冨澤崇（EBranch）
印刷・製本●シナノパブリッシングプレス

定価はカバーに表示してあります

ISBN978-4-497-21708-0　C0036

「台湾学術文化研究叢書」刊行予定

【編集委員】

王徳威　ハーバード大学東アジア言語及び文明学科 Edward C. Henderson 講座教授、台湾・中央研究院院士
黄進興　台湾・中央研究院歴史語言研究所研究員兼所長、中央研究院院士
洪郁如　一橋大学大学院社会学研究科教授
黄英哲　愛知大学現代中国学部教授

王甫昌／松葉隼・洪郁如訳『族群　現代台湾のエスニック・イマジネーション』二〇一四年一一月刊行
（『当代台湾社会的族群想像』群学出版有限公司、二〇〇三年）

張小虹／橋本恭子訳『フェイク　タイワン　偽りの台湾から偽りのグローバリゼーションへ』二〇一七年五月刊行
（『假全球化』聯合文学、二〇〇七年）

王徳威／神谷まり子・上原かおり訳『抑圧されたモダニティ　清末小説新論』
（Fin-de-siècle Splendor: Repressed Modernities of Late Qing Fiction, 1849-1911. Stanford: Stanford University Press, 1997）

蕭阿勤／小笠原淳訳『現実へ回帰する世代　1970年代台湾文化政治論』
（『回帰現実――台湾1970年代的戦後世代与文化政治変遷』中央研究院社会学研究所、二〇〇八年初版、二〇一〇年二刷）

黄進興／中純夫訳『孔子廟と儒教　学術と信仰』
（『聖賢与聖徒――歴史与宗教論文集』『優入聖域――権力、信仰与正統性』允晨文化、二〇〇一年、一九九四年初版・二〇〇三年二刷より編集翻訳）
石守謙／木島史雄訳『移動する桃源郷　東アジア世界における山水画』
（『移動的桃花源――東亜世界中的山水画』允晨文化、二〇一二年）
李孝悌／野村鮎子訳『恋恋風塵 Dust in the Wind――中国の都市、欲望と生活』
（『昨日到城市――近世中国的逸楽与宗教』聯経出版、二〇〇八年）
夏曉鵑／前野清太郎訳『グローバリゼーション下の台湾「外国人花嫁」現象』
（『流離尋岸：資本国際化下的「外籍新娘」現象』唐山出版社、二〇〇二年）
許雪姫／羽田朝子訳『離散と回帰――満洲国の台湾人』
（『離散与回帰：台湾人在満洲国与台湾之間』、二〇一五年）
黄進興／工藤卓司訳『孔子廟と帝国――国家権力と宗教』
（『聖賢与聖徒――歴史与宗教論文集』『優入聖域――権力、信仰与正統性』允晨文化、二〇〇一年、一九九四年初版・二〇〇三年二刷より編集翻訳）

※書名は変更される場合があります。

東方書店出版案内

台湾新文学史　上下

陳芳明著／下村作次郎・野間信幸・三木直大・垂水千恵・池上貞子訳／ポストコロニアル史観に立った「台湾新文学の時期区分」をもとに、台湾の新文学の複雑な発展状況をダイナミックに語る。

Ａ５判四八〇頁・五六八頁◎本体各四五〇〇円＋税　*978-4-497-21314-3/978-4-497-21315-0*

近代台湾の経済社会の変遷　日本とのかかわりをめぐって

馬場毅・許雪姫・謝国興・黄英哲編／法制、文学、金融、企業経営、官僚、東亜同文書院、台湾協会など多岐にわたるテーマの論文一九篇を収録。多くの論考は日本とのかかわりを持って論述されている。

Ａ５判五六〇頁◎本体六〇〇〇円＋税　*978-4-497-21313-6*

民主と両岸関係についての東アジアの観点

馬場毅・謝政論編／東アジアの安全保障上、重要なカギとなる「両岸関係」について、民主化の比較、地政学的に見る関係性、文化面からの考察など、ユニークな視点からの論文一三篇を収録する。

Ａ５判二八八頁◎本体四〇〇〇円＋税　*978-4-497-21403-4*

台湾意識と台湾文化　台湾におけるアイデンティティーの歴史的変遷

黄俊傑著／臼井進訳／ポスト戒厳時代の台湾で注目される概念「台湾意識」について、明清から戦後に及ぶ歴史を辿り、その多層性と複雑性に分け入るとともに、二一世紀の新たなアイデンティティーを探る。

Ａ５判二〇八頁◎本体二八〇〇円＋税　*978-4-497-20804-0*